Che Guevara: Economía y política en la transición al socialismo

A Elena Gil Izquierdo
A Haydée Santamaría Cuadrado
A Celia Sánchez Manduley

Carlos Tablada

CHE GUEVARA: ECONOMIA Y POLITICA EN LA TRANSICION AL SOCIALISMO

Victor Gerardi
Sat. Oct 10/98 15:25 hrs

PATHFINDER
NUEVA YORK LONDRES MONTREAL SYDNEY

Edición: Martín Koppel
Foto de la portada: Elliott Erwitt/Magnum
Diseño de la portada: Eva Braiman
Diseño del libro: Toni Gorton y Eva Braiman

ISBN 0-87348-853-9

Impreso y hecho en Estados Unidos de Norteamérica
Manufactured in the United States of America
Primera edición, 1997

Pathfinder
410 West St., Nueva York, NY 10014, Estados Unidos
Fax: (212) 727-0150 • CompuServe: 73321,414
Internet: pathfinder@igc.apc.org

DISTRIBUIDORES DE PATHFINDER:
Australia (y Asia y Oceanía):
Pathfinder, 19 Terry St., Surry Hills, Sydney, N.S.W. 2010
Dirección postal: P.O. Box K879, Haymarket, N.S.W. 1240
Canadá:
Pathfinder, 851 Bloor St. West, Toronto, ON, M6G 1M3
Estados Unidos (y América Latina, el Caribe y Sudáfrica):
410 West St., Nueva York, NY 10014
Islandia:
Pathfinder, Klapparstíg 26, 2º piso, 101 Reikiavik
Dirección postal: P. Box 233, 121 Reikiavik
Nueva Zelanda:
Pathfinder, La Gonda Arcade, 203 Karangahape Road, Auckland
Dirección postal: P.O. Box 8730, Auckland
Reino Unido (y Africa, excepto Sudáfrica; Europa y el Medio Oriente):
Pathfinder, 47 The Cut, Londres, SE1 8LL
Suecia:
Pathfinder, Vikingagatan 10, S-113 42, Estocolmo

CONTENIDO

ERNESTO CHE GUEVARA

Ernesto Che Guevara nació en Rosario, Argentina, el 14 de junio de 1928. Antes y después de recibirse de médico en 1953, viajó por toda América Latina. En 1954, viviendo en Guatemala, participó en luchas políticas, oponiéndose a los intentos de la CIA de tumbar al gobierno de Jacobo Arbenz. Al ser derrocado Arbenz, Guevara se escapó a México. Ahí, en el verano de 1955, fue escogido por Fidel Castro como el tercer miembro confirmado de la fuerza expedicionaria que el Movimiento 26 de Julio estaba organizando para derrocar al dictador Fulgencio Batista.

A fines de noviembre de 1956, los 82 expedicionarios, entre ellos Castro y Guevara, partieron de Tuxpán, México, a bordo del yate *Granma*. El 2 de diciembre las fuerzas rebeldes desembarcaron en la costa sur de Cuba en la provincia de Oriente, para iniciar la guerra revolucionaria desde la Sierra Maestra. Desempeñándose al principio como médico de la tropa, Guevara fue nombrado comandante de la segunda columna del Ejército Rebelde (la Columna no. 4) en julio de 1957. A fines de agosto de 1958, dirigió la Columna no. 8 hacia la provincia de Las Villas en la región central de Cuba. La campaña de Las Villas culminó con la toma de Santa Clara, la tercera ciudad de Cuba, lo cual decidió el fin de la dictadura.

Tras la caída de Batista el 1 de enero de 1959, Guevara desempeñó diversas responsabilidades en el nuevo gobierno revolucionario, incluso como presidente del Banco Nacional y ministro de industrias, mientras seguía ejerciendo sus responsabilidades como oficial de las fuerzas armadas. En repetidas ocasiones representó a Cuba a nivel internacional, tanto en Naciones Unidas como en otros foros mundiales. Como dirigente del Movimiento 26 de Julio, contribuyó al reagrupamiento que llevó a la fundación del Partido Comunista de Cuba en octubre de 1965.

A principios de 1965 Guevara renunció a sus cargos en el gobierno y el partido, incluidos su grado y responsabilidades militares, y salió de Cuba para regresar a Sudamérica e impulsar las luchas antiimperialistas y anticapitalistas que en esos momentos se intensificaban en varios países. Junto con un grupo de voluntarios que más tarde lo acompañarían a Bolivia, Guevara fue primero al Congo, donde ayudó al movimiento antiimperialista fundado por Patricio Lumumba. Desde noviembre de 1966 hasta octubre de 1967, dirigió una guerrilla en Bolivia contra la dictadura militar en ese país. Herido y capturado por el ejército boliviano el 8 de octubre de 1967 en un operativo organizado por la CIA, fue asesinado al día siguiente.

CARLOS TABLADA

CARLOS TABLADA, nacido en La Habana en 1948, es investigador del Centro de Investigación de la Economía Mundial de La Habana y profesor adjunto de la Universidad de La Habana. De 1967 a 1971 estudió y enseñó en el Departamento de Filosofía de la Universidad de La Habana. Entre 1973 y 1990 fue director económico de empresas estatales cubanas, al tiempo que obtuvo su licenciatura en sociología en 1974 y su doctorado en ciencias económicas en 1986.

Al manuscrito de este libro, iniciado en 1969 y finalizado en 1984, le fue otorgado el Premio Extraordinario Ernesto Che Guevara en el concurso literario de 1987 de la institución cultural Casa de las Américas, con sede en La Habana. La primera edición del libro se publicó en Cuba en 1987 en dos tiradas limitadas con el título *El pensamiento económico de Ernesto Che Guevara*. Cuando la editorial Casa de las Américas publicó una segunda edición a principios de 1988, la tirada inicial de 250 mil ejemplares se agotó en Cuba en pocas semanas. Desde entonces el libro se ha publicado en siete idiomas, once países y veintiún ediciones.

En la última década Tablada ha viajado extensamente, hablando sobre los aportes políticos y teóricos de Che Guevara y su vigencia actual, defendiendo la revolución socialista de Cuba, y afirmando el derecho del pueblo cubano a seguir su propio camino político y económico independientemente de los intereses imperialistas. Ha hablado en cientos de seminarios, clases universitarias, conferencias académicas, encuentros sindicales y otros foros públicos en unos treinta países de Centro y Sudamérica, Europa occidental, Estados Unidos y Canadá.

PREFACIO

La lucha contra el imperialismo, por librarse de las trabas coloniales o neocoloniales, que se lleva a efecto por medio de las armas políticas, de las armas de fuego o por combinaciones de ambas, no está desligada de la lucha contra el atraso y la pobreza; ambas son etapas de un mismo camino que conduce a la creación de una sociedad nueva, rica y justa a la vez.

Es imperioso obtener el poder político y liquidar a las clases opresoras, pero, después hay que afrontar la segunda etapa de la lucha que adquiere características, si cabe, más difíciles que la anterior.[1]

Che Guevara
Argel, febrero de 1965

El Che creía en el hombre. Y si no se cree en el hombre, si se piensa que el hombre es un animalito incorregible, capaz de caminar sólo si le ponen hierba delante, si le ponen una zanahoria o le dan con un garrote, quien así piense, quien así crea, no será jamás revolucionario; no será jamás socialista; no será jamás comunista.[2]

Fidel Castro
La Habana, octubre de 1987

Ernesto Che Guevara, actuando como parte de la dirección central de la revolución cubana, se empeñó hace más de tres décadas en ayudar a que la vanguardia de la clase obrera diera respuesta a los problemas que siguen siendo los más apremiantes de nuestra época.

Guevara trazó una perspectiva para librar al mundo del sistema capitalista, con todos sus horrores, y abrir el camino para que los trabajadores y trabajadoras inicien una transición hacia una sociedad socialista, una sociedad más justa y humana, transformándose al hacerlo. Esa trayectoria definió cada uno de sus actos como ente político consciente.

Al igual que los jóvenes fundadores del movimiento comunista moderno, Che estaba profundamente convencido, y actuó en base a su convicción, de que "la revolución no sólo es necesaria porque la clase *dominante* no puede ser derrocada de otro modo, sino también porque únicamente por medio de una revolución logrará la clase que la *derriba* salir del cieno en que se hunde y volverse capaz de fundar la sociedad sobre nuevas bases".[3]

Che murió hace treinta años en la sierra boliviana, luchando para crear las condiciones de las cuales podría surgir el liderazgo de un movimiento a nivel latinoamericano de obreros y campesinos que fuese capaz de ganar las batallas por la reforma agraria y la independencia de la dominación imperialista, y de iniciar la revolución socialista. Sin embargo, a él no le resultaría ajeno el mundo de hoy. La agudización de los conflictos comerciales y financieros entre las potencias imperialistas y las crisis económicas que se ciernen sobre el mundo, el deterioro de los salarios y condiciones de vida que los trabajadores en todas partes deben enfrentar, los índices de desempleo y miseria —característicos de una depresión— que plagan gran parte de América Latina, la creciente polarización política y el desarrollo de movimientos fascistas incipientes que asoman la cabeza en los países imperialistas, la desintegración social que amenaza a grandes partes de Africa, y el tronar de los cañones de las potencias imperialistas, que descargan los primeros cañonazos de la tercera guerra mundial en Iraq y Yugoslavia: esta mortífera lógica histórica del capitalismo continúa desarrollándose. Desde los años sesenta han cambiado los detalles, pero no han cambiado los fundamentos de ese mundo para cuya transformación se esforzó Guevara en dirigir a los trabajadores.

Salvo una modificación importante: el imperialismo es más débil de lo que era hace treinta años, es más vulnerable, y la clase trabajadora constituye un mayor porcentaje de la población del mundo. Es más lo que está en juego.

Asimismo, el desmoronamiento de los regímenes y partidos burocráticos de Europa oriental y la Unión Soviética, que culminó en 1989–91, tampoco le habría resultado impensable a Che. Guevara era uno de los dirigentes cubanos que estaban más conscientes del hecho de que —a pesar de la apreciable ayuda que Cuba recibía del bloque soviético— la política económica, social y política de los dirigentes de esos países era ajena al rumbo proletario e internacionalista que se emprendía en Cuba. El presidente cubano Fidel Castro abordó este hecho al hablar ante un encuentro de la Unión de Jóvenes Comunistas de Cuba en abril de 1997. Refiriéndose a los sucesos que se desarrollaron en los países del bloque soviético a principios de esta década, señaló que hace casi cuarenta años, lo que más tarde había de ocurrir allá "nadie se lo habría podido imaginar entonces". Pero "tuvimos un adivino entre nosotros, y ese adivino fue el Che", dijo Castro.[4]

Durante varias décadas, la gran mayoría de los que alrededor del mundo se reclamaban comunistas habían promovido los métodos que se utilizaban en la organización de la producción, de la distribución, del trabajo y de la planificación en cada uno de los países del bloque soviético, con una u otra variante, como la única vía del capitalismo al socialismo. Sin embargo, la historia ya ha pronunciado su veredicto sobre el llamado modelo soviético: los sistemas de planificación y administración en la URSS y los países de Europa oriental —y la organización del trabajo que subyace estos sistemas— estaban *alejando* a estos pueblos del socialismo, y no acercándolos.

La otra opción, la perspectiva impulsada en Cuba por la dirección central durante los primeros años de la revolución y puesta sobre sus bases teóricas más firmes por Ernesto Che Guevara, es el tema de este libro. Hoy será estudiado por combatientes revolucionarios en todo el mundo con aún más interés a la luz del veredicto histórico que el propio Che no pudo presenciar.

* * *

Después de Fidel Castro —el dirigente histórico de las fuerzas revolucionarias cubanas de 1953 hasta el presente—, Ernesto Che Guevara era el dirigente más conocido de la revolución en los primeros años, cuando "[estábamos] habituados a convertir lo imposible en posible", según dijo Castro al rendirle honor a Guevara en octubre de 1987.[5]

Guevara nació en Argentina. Graduado de la escuela de medicina en Buenos Aires en 1953, conoció a Fidel Castro en México en julio de 1955 e inmediatamente aceptó integrarse al Movimiento 26 de Julio y sumarse a la fuerza expedicionaria que Castro estaba organizando para lanzar una guerra revolucionaria contra la dictadura de Fulgencio Batista, que era apoyada por Washington. Guevara, apodado "Che" por sus compañeros cubanos, al principio fue reclutado como médico de tropa, pero muy rápidamente demostró ser un extraordinario dirigente de combate y educador. En 1957 fue el primer combatiente promovido por Fidel para mandar una columna separada en el Ejército Rebelde. Guevara dirigió la campaña en diciembre de 1958 que culminó con la toma de la ciudad de Santa Clara en la zona central de Cuba, lo cual esencialmente decidió el fin de la dictadura batistiana.

No obstante, los aportes más importantes de Guevara a la revolución cubana no fueron en lo militar. Al honrar a Che en octubre de 1967, pocos días después de su muerte, Castro resaltó este hecho:

> Che era un jefe militar extraordinariamente capaz. Pero cuando nosotros recordamos al Che, cuando nosotros pensamos en el Che, no estamos pensando fundamentalmente en sus virtudes militares. ¡No! La guerra es un medio y no un fin, la guerra es un instrumento de los revolucionarios. ¡Lo importante es la revolución, lo importante es la causa revolucionaria, las ideas revolucionarias, los objetivos revolucionarios, los sentimientos revolucionarios, las virtudes revolucionarias!

> Y es en ese campo, en el campo de las ideas, en el campo de los sentimientos, en el campo de las virtudes revolucionarias, en el campo de la inteligencia, aparte de sus virtudes militares, donde nosotros sentimos la tremenda pérdida que para el movimiento revolucionario ha significado su muerte. . . .
>
> Che no sólo era un hombre de acción insuperable; Che era un hombre de pensamiento profundo, de inteligencia visionaria, un hombre de profunda cultura. Es decir, que reunía en su persona al hombre de ideas y al hombre de acción.[6]

Durante los primeros años de la revolución, Guevara asumió varias de las responsabilidades estatales más grandes y desafiantes. Ayudó a redactar la ley de reforma agraria de 1959, que más que cualquier otra medida, según las palabras de Castro, "definió a la revolución cubana".[7] Che encabezó el Departamento de Industrialización del Instituto Nacional de Reforma Agraria. Fue presidente del Banco Nacional durante el tumultuoso año 1960, cuando se nacionalizaron casi todos los bancos y principales industrias de propiedad extranjera y nacional, y se crearon los cimientos económicos para la producción y planificación socializadas. En 1961 asumió el cargo de ministro de industrias, siendo responsable de la reorganización, sobre bases nuevas y proletarias, de un 70 por ciento de las industrias en Cuba y, simultáneamente, de mantener la producción, conforme abandonaban el país los ex dueños y la mayoría del personal administrativo, tanto extranjeros como cubanos. Representó al gobierno revolucionario de Cuba en sus viajes a decenas de países y se pronunció, con una memorable y clara voz comunista, ante importantes foros y conferencias internacionales, desde la Asamblea General de Naciones Unidas hasta la Organización de Estados Americanos. Colaboró con revolucionarios de todas partes del mundo que se veían atraídos al ejemplo de la revolución cubana y buscaban orientación para aprender y aplicar las lecciones de esa lucha en sus propios países. Contribuyó a llevar a cabo la reagrupación revolucionaria que condujo en 1965 a la fundación del Partido Comunista de Cuba.

En medio de toda esta intensa labor práctica para ayudar a sentar las bases de una nueva sociedad, Guevara también organizó su tiempo a fin de escribir un número extraordinario de artículos y cartas. Dio cientos de discursos, muchos de los cuales fueron publicados en Cuba y traducidos y distribuidos por partidarios de la revolución alrededor del mundo. Concedió innumerables entrevistas.

En abril de 1965 Che partió de Cuba encabezando una misión de combatientes internacionalistas cubanos para asistir la lucha antiimperialista en el Congo. Su objetivo a más largo plazo era de retornar a América Latina para ayudar a impulsar las luchas revolucionarias que se venían gestando, de Tierra del Fuego al Río Bravo. Guevara renunció a sus responsabilidades y cargos de dirección en el gobierno, el partido y las fuerzas armadas de Cuba con el fin de asumir estos nuevos deberes revolucionarios, dejando un rico legado escrito de aportes políticos y teóricos a la economía y la política en la transición al socialismo. Este producto de la labor que realizó Che por varios años, como parte de la dirección comunista de la clase obrera cubana, fue cuidadosamente trabajado por Carlos Tablada al elaborar este libro. Entre las obras de Guevara que se citan en estas páginas hay escritos y transcripciones que aún no han sido publicados en su totalidad, y aún no están disponibles al público para estudiar o usar. Muchas otras obras citadas aquí se agotaron y no se han vuelto a publicar en mucho tiempo.

El autor de este libro, señaló Fidel Castro en su discurso de octubre de 1987 en conmemoración del vigésimo aniversario de la muerte de Che, "tiene el mérito de haber recopilado, estudiado y presentado en un libro la esencia de las ideas económicas del Che, recogidas de muchos de sus materiales hablados o escritos, artículos y discursos sobre cuestión tan decisiva para la construcción del socialismo".[8]

* * *

La revolución socialista iniciada por el pueblo trabajador cubano a principios de los años sesenta no cayó del cielo. Su larga lucha emancipadora se remonta a la primera guerra de independencia contra el colonialismo español, que comenzó en 1868 y estuvo estrechamente vinculada con la lucha revolucionaria de los esclavos para abolir el derecho de poseer seres humanos. Del crisol de ésta y posteriores batallas, surgieron dirigentes como Antonio Maceo, Máximo Gómez y José Martí, cuyas palabras y actos revolucionarios dejaron un legado de intransigencia antiimperialista, internacionalismo, integridad política, abnegación y valor.

El liderazgo que lanzó el asalto al cuartel Moncada y al de Bayamo del ejército de la tiranía batistiana el 26 de julio de 1953, y que más tarde dirigió al Ejército Rebelde y al pueblo trabajador de Cuba a la victoria, sacó fuerza de esta herencia revolucionaria y la enriqueció. Este legado ayudó a preparar a estos líderes revolucionarios para guiar sin vacilaciones una transición: de la revolución nacional democrática que en la segunda mitad de 1959 llevó al poder a un gobierno obrero y campesino, a la revolución socialista que se aceleró a mediados de 1960 y principios de 1961 dando una respuesta intrépida a las acciones hostiles de la reacción nacional y extranjera, especialmente las del imperialismo norteamericano.

El camino socialista que el pueblo trabajador cubano emprendió durante esos años había sido iniciado unas cuatro décadas antes en Rusia por la revolución de octubre de 1917. El liderazgo del Partido Bolchevique, encabezado por V.I. Lenin, dirigió los primeros esfuerzos en la historia por los obreros y campesinos para trazar un camino hacia el socialismo como parte íntegra de la lucha por impulsar la revolución mundial. Estos esfuerzos, desde la insurrección bolchevique a fines de 1917 hasta el fin de la vida política activa de Lenin en marzo de 1923, constituyen un valioso legado para otros revolucionarios que intenten avanzar por un camino similar. La historia del gobierno soviético, del Partido Comunista y de la Internacional Comunista en la época de Lenin está colmada de lecciones sobre la economía y política de la transición del capitalismo al socialismo, lecciones que Guevara exploró de forma disciplinada unos cuarenta años después.

Che "planteaba algo en que hemos insistido muchas veces", recalcó Fidel Castro en su discurso de 1987. "La construcción del socialismo y del comunismo no es sólo una cuestión de producir riquezas y distribuir riquezas, sino es también una cuestión de educación y de conciencia".[9]

La revolución socialista, según explica Guevara repetidamente en las obras citadas en estas páginas, representa la primera vez en la historia que la creciente participación política y el desarrollo de la conciencia revolucionaria de la mayoría trabajadora se convierten en necesidad para la organización económica de la sociedad. Al pueblo trabajador se le abre la posibilidad de dejar de ser objeto ciego de las leyes económicas que determinan las condiciones de vida y trabajo y las relaciones sociales de la humanidad, y que, en cambio, comience a poner las fuerzas productivas de la sociedad —y por tanto su vida— bajo su propio control consciente. Como dijera Che en 1964:

> Después de la Revolución de Octubre de 1917, de la revolución de Lenin, el hombre ya adquirió una nueva conciencia. Aquellos hombres de la Revolución Francesa, que tantas cosas bellas dieron a la humanidad, que tantos ejemplos dieron, y cuya tradición se conserva, eran, sin embargo, simples instrumentos de la historia. Las fuerzas económicas se movían y ellos interpretaban el sentir popular, el sentir de los hombres de aquella época, y algunos intuían más lejos aún, pero no eran capaces todavía de dirigir la historia, de construir su propia historia conscientemente.
>
> Después de la Revolución de Octubre se ha logrado eso.[10]

Según lo han confirmado abundantemente los acontecimientos del siglo XX, este camino —el camino bolchevique— no es simplemente una opción, no es una entre muchas vías por las cuales los obreros de vanguardia pueden impulsar la transición al socialismo tras una exitosa revolución popular. La vanguardia más comprometida y abnegada de los trabajadores, organizada en un partido comunista, *debe* dirigir a sectores cada vez más amplios de su clase para ejercer más y más control sobre el rumbo político y la administración del estado y la economía. Es la *única* forma en que los trabajadores pueden transformarse a medida que transforman colectivamente las relaciones sociales bajo las cuales trabajan, producen y viven. Es la única manera en que pueden hacer que estas relaciones sociales entre seres humanos sean más y más diáfanas y directas, arrancando los velos y fetiches detrás de los cuales el sistema capitalista esconde la realidad y las consecuencias brutales de su explotación de todos los trabajadores y oculta el aporte singular que representa el trabajo para el progreso social y cultural. De seguir cualquier otro camino, la sociedad no sólo no avanzará hacia el socialismo y el comunismo, sino que —atascada en la planificación y administración burocráticas— irá retrocediendo hacia el capitalismo.

"El socialismo no es una sociedad de beneficencia", explicó Che en uno de los discursos citados en estas páginas, "no es un régimen utópico, basado en la bondad del hombre como hombre. El socialismo es un régimen al que se llega históricamente, y que tiene como base la socialización de los bienes fundamentales de producción y la distribución equitativa de todas las riquezas de la sociedad, dentro de un marco en el cual haya producción de tipo social".[11]

El carácter fundamentalmente *político* de las cuestiones y decisiones económicas durante la transición al socialismo es una parte esencial de todo lo que Guevara escribió sobre este tema, así como de todo lo que hizo en la práctica. Sus contribuciones al respecto, como las de Lenin, van mucho más allá de lo que se considera normalmente, y de forma estrecha, como "economía". Che subrayó la relación inseparable y la dependencia mutua entre la transformación de las relaciones sociales de producción y la transformación de la conciencia política y social de los trabajadores que llevan a cabo este proceso revolucionario.

"En nuestra posición", resaltó Che en otro discurso citado por el autor,

> el comunismo es un fenómeno de conciencia y no solamente un fenómeno de producción; y que no se puede llegar al comunismo por la simple acumulación mecánica de cantidades de productos, puestos a disposición del pueblo. Ahí se llegará a algo, naturalmente, de alguna forma especial de socialismo.
>
> A eso que está definido por Marx como comunismo y lo que se aspira en general como comunismo, a eso no se

> puede llegar si el hombre no es consciente. Es decir, si no tiene una conciencia nueva frente a la sociedad.[12]

Tales referencias a las obras de Marx, Engels y Lenin se encuentran repetidamente en los discursos y escritos de Guevara, quien recurrió una y otra vez a las lecciones que sacaron otros dirigentes comunistas de las experiencias y luchas de las anteriores generaciones de trabajadores. Se dedicó incesantemente a profundizar su comprensión de los escritos de los grandes dirigentes históricos del marxismo, que él había empezado a estudiar bastante antes de conocer en México a Fidel Castro y a otros dirigentes del Movimiento 26 de Julio.

Al viajar por América durante los años previos y posteriores a su graduación de la escuela de medicina, Che asimiló la realidad de la dominación imperialista de estas naciones, las consecuencias humanas de la superexplotación y la terrible miseria impuestas sobre millones de sus compatriotas latinoamericanos. Conoció a trabajadores y otras personas de ideas revolucionarias con quienes discutió e intercambió ideas.

En las obras de Carlos Marx (a quien Guevara llama afectuosamente "San Carlos" en sus cartas juveniles a familiares y amigos) y Federico Engels, fundadores del movimiento comunista moderno, y de V.I. Lenin, Guevara fue hallando más y más observaciones y explicaciones sobre el funcionamiento del capitalismo que confirmaban sus propias experiencias. La concepción científica del mundo que descubrió le amplió su visión y le ayudó a comprender las relaciones de clases, basadas en la explotación, que existían en toda América Latina, realidad que él estaba cada vez menos dispuesto a aceptar y cada vez más comprometido a cambiar por todos los medios necesarios.

En los años que precedieron el inicio de la guerra revolucionaria en Cuba, Guevara se concentró en la economía política con un estudio intensivo de *El capital* de Marx. Más adelante, como parte de sus responsabilidades en Cuba, se dedicó a profundizar su conocimiento sobre los escritos y discursos de Lenin de los primeros años de la república obrera-campesina en Rusia soviética y de los congresos de la Internacional Comunista. Junto con varios colegas del Ministerio de Industrias y otros, dedicó cada jueves por la noche —muchas veces entre la medianoche y la madrugada— al estudio de *El capital*. En sus escritos y discursos, Che volvió una y otra vez a este libro, a *La crítica del Programa de Gotha* y a otras obras de Marx y Engels, incluidos sus fecundos escritos previos a 1847, redactados antes de que llegaran a ser consecuentemente científicos en su nueva perspectiva mundial.

Tras la victoria revolucionaria sobre la dictadura batistiana del 1 de enero de 1959, Guevara —que a la sazón tenía treinta años— se dedicó no sólo a sentar un ejemplo práctico sino a ayudar a sentar las bases teóricas para la transición al socialismo en Cuba. Al mismo tiempo, Guevara estaba en medio de las responsabilidades cotidianas de la dirección central del gobierno revolucionario y del partido. Muchas de las fotos reproducidas en este libro documentan las actividades que realizaba al desempeñar esta labor: sus frecuentes reuniones con asambleas obreras en diversas fábricas y empresas, su participación en las movilizaciones dominicales de trabajo voluntario en torno a proyectos sociales priorizados, sus responsabilidades internacionales, y más. Guevara se empapó en la literatura sobre los procesos industriales más modernos que se empleaban en otros países. Aprendió los principios de contabilidad y cursó clases de matemáticas para así promover la aplicación de la computarización a la planificación económica y a los controles financieros en Cuba, tarea que él consideraba vital.

Era normal, destacó Castro en su homenaje de octubre de 1967, ver las luces encendidas en la oficina de Guevara hasta altas horas de la noche, mientras trabajaba y estudiaba. "Porque era un estudioso de todos los problemas, era un lector infatigable. Su sed de abarcar conocimientos humanos era prácticamente insaciable, y las horas que le arrebataba al sueño las dedicaba al estudio".[13]

La perspectiva política y social que Guevara buscaba aplicar, mientras desempeñaba sus responsabilidades directivas, de ninguna manera gozaba del apoyo unánime o entusiasta de todo el mundo en Cuba. En 1963–64 se dio un debate, recogido en las páginas de varias publicaciones cubanas y recibiendo también bastante atención internacional, que abordó muchas de las cuestiones políticas y económicas que estaban en juego.

Este debate reflejaba un creciente conflicto entre dos enfoques políticamente irreconciliables sobre la planificación y gestión económica y la organización social del trabajo. Durante aquellos años se estaban utilizando en Cuba ambos enfoques.[14]

Guevara defendió lo que se llamaba el Sistema Presupuestario de Financiamiento, que se aplicaba bajo su dirección en las empresas estatales que respondían al Ministerio de Industrias. El otro se conocía como el sistema de Cálculo Económico (o a veces como el sistema de autogestión financiera). Basándose mucho en las experiencias contemporáneas de la URSS y de Europa oriental, se había decidido usar este sistema en las empresas organizadas por el Instituto Nacional de Reforma Agraria, encabezado en aquel entonces por Carlos Rafael Rodríguez, así como en las empresas que respondían al Ministerio de Comercio Exterior, dirigido por Alberto Mora. En su conjunto estos dos representaban un 30 por ciento de las industrias en Cuba.

Los artículos escritos por Guevara en el transcurso de este rico debate son citados generosamente por Tablada. Para Che, el Sistema Presupuestario de Financiamiento no era una "cosa", no era una serie de reglas administrativas que se contraponía a una serie distinta llamada el sistema de Cálculo Económico. Al contrario, la perspectiva que él defendía e intentaba aplicar era "parte de una concepción general del desarrollo de la construcción del socialismo" y debía ser evaluada así en términos de clase, que era lo esencial.[15]

El objetivo de Guevara no era de buscar formas de administrar la producción y la distribución económicas, abordando a la clase obrera desde afuera, como un "elemento" o un "factor de producción" (aunque fuese el más importante, el "factor humano", según la expresión frecuente de los economistas entrenados en la Unión Soviética después de Lenin). Su meta era, desde el seno de la vanguardia de la clase obrera, organizar y elevar la conciencia política de los trabajadores, permitiéndoles ejercer cada vez más control sobre las decisiones económicas y sociales que simultáneamente afectan la producción y su vida cotidiana. El objetivo era de aumentar el poder de los trabajadores para determinar las necesidades colectivas de la sociedad, así como su control consciente sobre la asignación de mano de obra y recursos para satisfacer esas necesidades. Mediante estos esfuerzos, el pueblo trabajador transformaría sus propios valores y actitudes; comenzaría a liberar su creatividad e imaginación de las limitantes y enajenantes condiciones de vida y trabajo que existen bajo las relaciones sociales capitalistas.

Así se comenzaría a salir del "cieno" del pasado.

* * *

En el discurso de 1987 que hace de prólogo a este libro, Castro comenta, "Algunas ideas del Che en cierto momento fueron mal interpretadas, e incluso mal aplicadas. Ciertamente nunca se intentó llevarlas seriamente a la práctica, y en determinado momento se fueron imponiendo ideas que eran diametralmente opuestas al pensamiento económico del Che".

Por lo tanto, dijo Castro, aunque "es tal el espacio que se ha destinado a recordar otras cualidades", el aporte de Che a estas cuestiones de economía y política "es bastante ignorado en nuestro país".[16] La publicación de este libro en una tirada de un cuarto de millón de ejemplares en 1987 contribuyó a la oportuna recuperación y discusión de las ideas de Guevara sobre política económica en el contexto de lo que en Cuba se llegó a conocer como el "proceso de rectificación".

Tras una serie de errores costosos a fines de los años sesenta, el gobierno y la dirección del partido en Cuba decidieron adoptar el sistema de planificación y gestión económica utilizado con una u otra variante en la Unión Soviética y toda Europa oriental. Desde principios de los años setenta hasta mediados de los ochenta, fue esta perspectiva política, y no el Sistema Presupuestario de Financiamiento, lo que predominó en las cuestiones de política económica. El valioso legado de actividad práctica y aportes teóricos por parte de Guevara quedó ocultado, en gran parte, detrás de la imagen pública de Che como Guerrillero Heroico y hombre de impecable pureza moral ("San Che", según han apodado este icono los partidarios cubanos de la perspectiva comunista de Guevara).

Sin embargo, para principios de los años ochenta, las devastadoras consecuencias políticas de la orientación que se había copiado e importado estaban quedando más y más evidentes, conforme flaqueaba la conciencia política comunista entre el pueblo trabajador de Cuba, se propagaba la desmoralización y crecía la corrupción. Una capa relativamente privilegiada de personal administrativo —en los aparatos del estado y del partido, en las empresas industriales, en las agencias de planificación económica, y en organizaciones de masas tales como los sindicatos— comenzó más y más a promover e implementar políticas que expresaban sus intereses y mejoraban su propio nivel de vida y condiciones de trabajo, al tiempo que hacían caso omiso de muchas de las necesidades más apremiantes de la gran mayoría del pueblo trabajador cubano.

Durante "ese periodo bochornoso . . . en la construcción del socialismo", según lo califica Castro en el discurso que aparece aquí,[17] los triunfos revolucionarios en otros países americanos liberaron simultáneamente nuevas energías entre el pueblo trabajador de Cuba. Decenas de miles de maestros, médicos, ingenieros, obreros de la construcción y otros se ofrecieron como voluntarios para arriesgar la vida participando en misiones internacionalistas destinadas a ayudar a los pueblos de Nicaragua y Granada. Al mismo tiempo, cientos de miles de cubanos respondían al pedido de ayuda del gobierno angolano para ayudar a derrotar a las fuerzas invasoras del régimen del apartheid en Sudáfrica, que pretendía impedir la consolidación del joven gobierno independiente en la ex colonia portuguesa.

Para 1986, la dirección comunista de Cuba, con Fidel Castro al frente, había lanzado la contraofensiva política revolucionaria en torno a cuestiones de política económica, que se llegó a conocer como el proceso de rectificación. Se abordó sistemáticamente y se redujo considerablemente la corrupción y los privilegios. Se dio renovada prioridad al cuidado de los niños y otras necesidades de las mujeres trabajadoras.

Desde el inicio del proceso de rectificación, se reanimó el trabajo voluntario en Cuba, "una de las mejores cosas que nos legó [Che] en su paso por nuestra patria y en su participación en nuestra revolución", dijo Castro. El liderazgo lo promovió como palanca de acción revolucionaria para dar pasos y avanzar, mediante esfuerzos colectivos, al abordar las necesidades más críticas, tales como la vivienda, las guarderías infantiles, las clínicas y las escuelas. Durante unos quince años, dijo Castro, estos esfuerzos habían decaído progresivamente por "el criterio burocrático, el criterio tecnocrático de que el trabajo voluntario no era cosa fundamental ni esencial" sino más bien "una especie de tontería y perdedera de tiempo". Sin embargo, a partir de 1986, renació el trabajo voluntario. Las "microbrigadas" de construcción, como se les se llamaba, asumieron una importancia aún mayor para la revolución y la clase trabajadora que los esfuerzos semejantes emprendidos durante los primeros años de las revoluciones cubana o rusa.

La rectificación adoptó el carácter de un creciente movimiento social dirigido por los trabajadores cubanos más conscientes y disciplinados que estaban convencidos de que las brigadas abrían el camino a un retorno a los métodos proletarios que podían hacer avanzar la revolución y fortalecer la conciencia social.

Justo cuando los partidos y regímenes burocráticos de Europa oriental y la URSS finalmente comenzaban a desmoronarse ante las irresolubles crisis económicas, sociales y políticas que se habían acumulado a lo largo de las décadas, la revolución cubana cobraba fuerza siguiendo el camino político comunista de la rectificación. Esta renovación, explicó Fidel en su homenaje de octubre de 1987, le habría dado a Che mucha alegría y confianza, al igual que se habría "horrorizado" por lo que le había precedido. Porque Che, dijo, "sabía que por esos caminos tan trillados del capitalismo no se podía marchar hacia el comunismo, que por esos caminos un día habría que olvidar toda idea de solidaridad humana e incluso de internacionalismo".[18]

En momentos en que el proceso de rectificación iba cobrando nuevo ímpetu en 1989, la revolución cubana enfrentó repentinamente la crisis económica más severa de su historia. La crisis fue precipitada por la reducción abrupta de la ayuda y del comercio bajo condiciones favorables con los regímenes del bloque soviético, los cuales se estaban desintegrando. El "periodo especial", como se le conoce en Cuba, resultó en una caída de producción económica calculada en un 35 por ciento. Esta baja fue igual o mayor que la caída de la producción en Estados Unidos durante los primeros años de la Gran Depresión de los años treinta. Al aumentar sus esfuerzos por encontrar nuevos socios comerciales y fuentes de capital para el desarrollo, el gobierno revolucionario de Cuba se topó con una intensificación de la guerra económica instigada y organizada por Washington.

Los enemigos de la clase obrera en todo el mundo pronosticaron jubilosos que el gobierno revolucionario cubano no tardaría en sufrir un destino semejante al de los regímenes de Europa oriental y la URSS. Nuevamente se equivocaron. No comprendieron —como había sucedido en muchas ocasiones anteriores— que la perspectiva proletaria e internacionalista con la cual se asociaba el nombre de Che en Cuba y alrededor del mundo no era únicamente suya, sino que era realmente la trayectoria del liderazgo comunista de Cuba, fuertemente arraigado entre la gran mayoría del pueblo trabajador cubano. No se trataba de una variante del camino seguido en la Unión Soviética, sino su antípoda.

Ningún otro gobierno en el mundo podría haber sobrevivido la prueba de apoyo popular que el liderazgo revolucionario de Cuba ha confrontado en los años noventa. Es más, al hacer frente al reto del periodo especial, la clase obrera cubana ha salido fortalecida y no debilitada. Hoy es más consciente de sus responsabilidades históricas, y tiene más confianza de su capacidad colectiva para resistir, luchar y vencer. El proceso de rectificación en la década anterior fue determinante en asegurar este resultado.

La recuperación económica lenta y difícil que se ha dado desde que la crisis tocó fondo en 1994 se ha logrado únicamente al realizar innumerables medidas que significan repliegues temporales pero dolorosos de posiciones conquistadas anteriormente por el pueblo trabajador cubano, como por ejemplo la autorización del uso del dólar estadounidense como una de las monedas legales dentro de Cuba. Esta y otras medidas, tomadas para aprovechar los recursos e inversiones de capital que hacen falta para trastocar el acelerado declive de la producción, han aumentado las desigualdades sociales, erosionado la solidaridad social y desestabilizado las relaciones sociales que surgieron sobre la base de las anteriores conquistas revolucionarias.

No obstante, lo que Cuba enfrenta hoy día no es una crisis del socialismo. Ante todo, los trabajadores cubanos están confrontando las realidades brutales de un país económicamente subdesarrollado, en un mundo aún dominado por el capitalismo, y las condiciones de lucha impuestas por las clases explotadoras sobre aquellos que están resueltos a trazar un camino para que la humanidad pueda avanzar.

"No es por nosotros que luchamos principalmente", dijo Fidel Castro ante un congreso de la Central de Trabajadores de Cuba en abril de 1996. Cuba, afirmó, se ha convertido en un abanderado de los explotados y oprimidos del mundo. "Por eso nos satisface tanto llamarnos internacionalistas, llamarnos socialistas, llamarnos comunistas. . . . Estas son tres cosas que nos fortalecen, . . . la expresión de lo que hemos querido ser, de lo que somos y de lo que seguiremos siendo siempre".

Es el mundo capitalista el que sufrirá la crisis más grave en los años que vienen. "Los explotadores empiezan a tener miedo otra vez", resaltó Castro. Tienen "miedo a los estallidos sociales, a las explosiones sociales, miedo al caos . . . porque no saben realmente qué es lo que va a pasar".[19]

Es por eso que la trayectoria de Che, la trayectoria de Fidel Castro, no es una cuestión de la historia pasada, ni un asunto que sólo le interesará a una futura sociedad comunista. Sigue siendo fundamental para la capacidad del pueblo trabajador cubano de resistir, de limitar el repliegue temporal que se le ha impuesto, de no dar un paso más de lo necesario para asegurar la supervivencia de su poder político, de su gobierno revolucionario.

La nueva edición de este libro, tan oportuna como necesaria, es un arma que ayudará a mejorar la disposición de combate y la eficacia política de una nueva generación de luchadores de espíritu revolucionario en toda América Latina, Estados Unidos y otros países del mundo donde los trabajadores de habla hispana siguen engrosando las filas del pueblo trabajador.

El legado de Che Guevara —parte irremplazable del conjunto de lecciones asimiladas por la clase obrera moderna a través de enormes esfuerzos y sacrificios— forma parte de nuestro patrimonio colectivo que la editorial Pathfinder tiene el honor de publicar.

Mary-Alice Waters
septiembre de 1997

LAS IDEAS DEL CHE SON DE UNA VIGENCIA ABSOLUTA Y TOTAL

Discurso pronunciado el 8 de octubre de 1987 por el presidente cubano Fidel Castro en la principal ceremonia conmemorativa del vigésimo aniversario de la muerte de Ernesto Che Guevara

HACE CASI 20 AÑOS, el 18 de octubre de 1967, nos reunimos en la Plaza de la Revolución, ante una enorme multitud, para rendir homenaje al compañero Ernesto Che Guevara. Fueron aquellos días muy amargos, muy duros, en que se recibían las noticias de los acontecimientos allá por Vado del Yeso, en la Quebrada del Yuro [en Bolivia], donde informaban las agencias cablegráficas que el Che había caído en combate.

No tardamos mucho tiempo en percatarnos de que aquellas noticias eran absolutamente fidedignas, por cuanto incluso aparecieron informaciones y fotos que hacían incuestionable la realidad del hecho. Durante varios días se recibieron noticias, hasta que ya, con todos aquellos elementos, aunque sin

El acto se realizó en una nueva fábrica de componentes electrónicos en la ciudad de Pinar del Río. El texto fue publicado originalmente en la edición del 12 de octubre de 1987 de Granma, *órgano del Partido Comunista de Cuba.*

que se supieran muchos de los detalles que se conocen hoy, tuvo lugar aquella gran concentración de masas, aquel acto tan solemne en que le rendíamos postrer tributo al compañero caído.

Han pasado desde entonces casi 20 años, hoy 8 de octubre; lo que esta vez estamos conmemorando es el día, precisamente, en que cayó en combate. Según los informes fidedignos que hoy se poseen, en realidad lo asesinaron al día siguiente, después que lo hicieron prisionero, por encontrarse desarmado y además herido; su arma había sido anulada en el combate. Por eso ha quedado ya como una tradición que sea el 8 de octubre el día en que se conmemore el aniversario de aquel dramático hecho.

Pasó el primer año, pasaron los 5 primeros años, 10 años, 15 años, 20 años, y se hacía necesario en esta señalada ocasión efectuar un acto, o, mejor dicho, se hacía necesario recordar en toda su dimensión histórica, aquel hecho y, sobre todo, al principal protagonista de aquel hecho. Así, de una manera natural, no muy pensada, no muy deliberada, de una manera espontánea, todos los sectores, todo el pueblo ha estado recordando durante los últimos meses aquella fecha. Y se podía conmemorar este vigésimo aniversario con cosas solemnes como las que hemos visto hoy: el toque de silencio, el himno, el magnífico poema de Nicolás Guillén, que escuchamos hoy con el mismo acento, con la misma voz con que lo escuchamos hace 20 años.

Se podría tratar de hacer aquí un discurso también muy solemne, muy grandilocuente, tal vez escrito, en estos tiempos en que, en realidad, el gran cúmulo de trabajo apenas deja un minuto no ya para escribir un discurso, sino, incluso, para meditar con más profundidad sobre todos aquellos acontecimientos y sobre las cosas que aquí podrían decirse.

Por eso quiero más bien en este acto recordar al Che reflexionando con ustedes, porque he reflexionado, he reflexionado mucho en torno al Che.

En un reportaje, parte del cual salió ayer publicado en nuestro país, respondiendo a las preguntas de un periodista italiano que me tuvo casi 16 horas consecutivas frente a las cámaras de televisión, más que de televisión de cine, porque en su interés de buscar una calidad superior a la imagen de todo lo que hacía no utilizó el videocassette, que a veces tiene un rollo que dura dos horas, sino la cámara de cine, cambiando la película cada 20 ó 25 minutos, y así fue bastante fatigosa aquella entrevista. Algo que teníamos que haber hecho en tres días fue necesario hacerlo en un día porque no hubo más tiempo. Tuvo lugar un domingo; comenzó antes del mediodía y terminó alrededor de las cinco de la mañana siguiente: más de 100 preguntas. Entre los diversos y variados temas, el periodista tenía mucho interés en hablar del Che, y fue ya entre las tres y las cuatro de la mañana cuando realmente se abordó aquel tema. Yo hice el correspondiente esfuerzo para ir satisfaciendo cada una de las preguntas, y, por cierto, de manera especial, hice un esfuerzo para sintetizar los recuerdos que tenía del Che.

Le conté algo que me ocurría, que pienso que le ocurra también a muchos compañeros, relacionados con la perenne permanencia del Che. Hay que tener en cuenta las relaciones peculiares con el Che, el afecto, los vínculos fraternales de compañerismo, la lucha unida durante casi 12 años, desde el momento en que lo conocimos en México hasta el final, una etapa rica en acontecimientos históricos, algunos de los cuales han sido revelados por primera vez en estos días.

Fue una historia llena de episodios heroicos, de hechos gloriosos, desde que el Che se unió a nosotros para la expedición del *Granma:* el desembarco, los reveses, los días más difíciles, la reanudación de la lucha en las montañas, la reconstrucción de un ejército a partir, prácticamente, de la nada; los primeros combates y las últimas batallas.

Todo aquel periodo impactante que siguió al triunfo, las primeras leyes revolucionarias, en que supimos ser absolutamente fieles a los compromisos que hicimos con el pueblo y llevamos a cabo un cambio realmente radical en la vida del país, aquellos episodios que se sucedían uno tras otro, como fueron: el inicio de la hostilidad imperialista, el bloqueo, las campañas de calumnias contra la revolución apenas empezamos a hacer justicia a los criminales y a los esbirros que habían asesinado a miles de nuestros compatriotas, el bloqueo económico, la invasión de Girón, la proclamación del carácter socialista de la revolución, la lucha contra los mercenarios, la crisis de octubre, los primeros pasos en la construcción del socialismo cuando no había nada, ni experiencias, ni cuadros, ni ingenieros, ni economistas, ni técnicos apenas; cuando nos quedamos, incluso, casi sin médicos, porque se habían marchado 3 mil de los 6 mil que había en el país; las primera y segunda Declaración de La Habana, el inicio del aislamiento impuesto a nuestra patria, la ruptura colectiva de relaciones diplomáticas por parte de todos los gobiernos latinoamericanos y Cuba, a excepción de México. Un periodo en el que, en medio de todo aquel conjunto de acontecimientos, fue también necesario organizar la economía del país, periodo relativamente breve, pero fecundo, lleno de hechos y de acontecimientos inolvidables.[1]

Es preciso tener en cuenta aquella persistencia del Che en cumplir con su viejo anhelo, una vieja idea, la de regresar hacia América del Sur, hacia su patria, para hacer la revolución, a partir de toda la experiencia adquirida en nuestro país; la forma, incluso, clandestina en que tiene que organizarse su salida; el barraje de calumnias contra la revolución, cuando se dijo que había conflictos, diferencias con el Che, que el Che había desaparecido. Hasta se habló, incluso, de que el Che había sido asesinado por divisiones en el seno de la revolución, mientras la revolución, firme y ecuánime, soportaba y soportaba la feroz embestida porque por encima de la irritación y la amargura que podían producir aquellas campañas, lo importante era que el Che pudiera cumplir sus objetivos, lo importante era preservar su seguridad y la de los compatriotas que lo acompañaban en sus históricas misiones.

Expliqué en la referida entrevista cuáles eran los orígenes de aquella idea, cómo él había planteado en el momento en que se unió a nosotros una sola condición: que una vez finalizada la revolución, cuando él quisiera regresar a Suramérica, no surgiera ninguna conveniencia de estado o razón de estado que interfiriera en ese anhelo, que no se le prohibiera hacer eso. Se le respondió que sí, que podría hacerlo, de que lo apoyaríamos; compromiso alguna que otra vez recordado por él, hasta que llegó el momento en que él creía que debía ya partir.

No sólo se cumplió la promesa de acceder a su partida, sino también se le ayudó en todo lo que fue posible a llevar a cabo ese empeño. Se trató, incluso, de dilatar un poco el momento; se le dieron otras tareas que habrían de enriquecer su experiencia guerrillera y se trataba de crear el mínimo de condiciones para que él no tuviera que pasar la etapa más difícil, de los primeros días en la organización de un movimiento guerrillero, algo que nosotros conocíamos perfectamente bien por nuestra propia experiencia.

Valorábamos el talento, la experiencia y la figura del Che, un cuadro para grandes tareas estratégicas, y que tal vez sería más apropiado que otros compañeros llevasen a cabo aquella primera tarea de organización y que él se incorporara en un periodo más avanzado del proceso. Esto tiene que ver, incluso, con la práctica que seguimos durante la guerra de preservar a los cuadros a medida que se destacaban, para misiones cada vez más importantes, cada vez más estratégicas. No eran muchos los hombres con que contábamos, los cuadros experimentados, y a medida que se iban destacando no los enviábamos con una escuadra a una emboscada todos los días, sino que les asignábamos otras responsabilidades más importantes y acordes, realmente, con su capacidad y su experiencia.

Así, recuerdo que en los días de la última ofensiva de [Fulgencio] Batista en la Sierra Maestra contra nuestras combativas pero reducidas fuerzas, a los cuadros más experimentados no los situamos en las primeras trincheras, sino que les encomendamos otras tareas de dirección estratégicas preservándolos, precisamente, para nuestra fulminante contraofensiva. No tenía ya sentido situar al Che, a Camilo [Cienfuegos][2] o a otros compañeros que habían participado en numerosos combates al frente de una escuadra, sino que los preservábamos para dirigir después columnas que iban a cumplir arriesgadas misiones de gran trascendencia y, entonces, sí los enviábamos al territorio enemigo, con toda la responsabilidad y con todos los riesgos, como cuando se inició la invasión de Las Villas por Camilo y el Che, una misión extraordinariamente difícil que requería hombres de enorme experiencia y autoridad, como jefes de aquellas columnas, capaces de llegar a la meta.

Siguiendo esa lógica, tal vez habría sido mejor, con vistas a los objetivos que se perseguían, que se hubiese cumplido ese mismo principio y él se hubiese incorporado más adelante. No había, realmente, tanta necesidad de que él hiciera toda la tarea desde el principio. Pero él estaba impaciente, realmente, muy impaciente. Algunos compañeros argentinos habían muerto en los primeros esfuerzos realizados por él años antes, entre ellos, Ricardo Masetti, fundador de Prensa Latina.[3] El recordaba mucho eso y estaba, realmente, impaciente por realizar con su participación personal aquella tarea, y como siempre respetamos los compromisos, sus puntos de vista, pues siempre existieron relaciones de absoluta confianza, de absoluta hermandad, independientemente de nuestras ideas sobre cuál sería el momento ideal para que él se incorporara. Le dimos en consecuencia toda la ayuda y todas la facilidades para que iniciara aquella lucha.

Después vinieron las noticias de los primeros combates y las comunicaciones quedaron totalmente interrumpidas; en una fase precoz de la organización de aquel movimiento guerrillero, el enemigo lo pudo detectar, y se inició una etapa que duró muchos meses en que las noticias que se recibían eran casi exclusivamente las que venían por los cables internacionales. Cables que había que interpretar, tarea en la que nuestra revolución ha adquirido ya una gran experiencia para conocer cuándo una noticia puede ser fidedigna o es una noticia inventada, una noticia falsa.

Recuerdo, por ejemplo, cuando llegó por cable público la noticia de la muerte del grupo de Joaquín, el compañero Vilo Acuña, su nombre real, y nosotros la analizamos, yo llegué de inmediato a la convicción de que era verídica, y esa veracidad emanaba de la forma en que, según se explicaba, había sido liquidado aquel grupo, cruzando un río.[4] Por nuestra experiencia guerrillera, por todo lo que habíamos vivido, nosotros sabíamos cómo se podía liquidar a un pequeño grupo de guerrilleros, las pocas y excepcionales formas en que tal grupo podía ser liquidado.

Y cuando allí se explicaba que un campesino había hecho contacto con el ejército, que había informado en detalles noticias sobre ubicación e intenciones del grupo buscando un paso de río, cómo el ejército se había emboscado en la orilla opuesta del río en el paso indicado por el propio campesino a los guerrilleros y la forma en que dispararon sobre éstos en medio del cruce, la explicación ofrecida no admitía dudas; porque suponiendo que los inventores de partes falsos, lo cual hicieron muchas veces, trataran de hacerlo una vez más, era imposible admitir en ellos, tan burdos por lo general en sus mentiras, suficiente inteligencia y suficiente experiencia para inventar las circunstancias exactas en que únicamente se podía liquidar a ese grupo. Llegamos por ello a la convicción de que aquella noticia era verídica.

Largos años de experiencia revolucionaria nos habían enseñado a descifrar los cables, discernir entre la verdad y la mentira en cada uno de los acontecimientos, tomando en cuenta desde luego también otros elementos de juicio. Pero ese era el tipo de noticias que teníamos sobre la situación hasta que vinieron las noticias de la muerte del Che.

Nosotros teníamos esperanzas —como hemos explicado— de que, aun cuando quedaban 20 hombres, aun cuando las circunstancias eran muy difíciles, todavía quedaban posibilidades al movimiento guerrillero.

Ellos se encaminaban hacia una zona donde había sectores campesinos organizados, donde algunos cuadros bolivianos que se habían destacado tenían influencia, y hasta ese momento, casi al final, se mantenían las posibilidades de que el movimiento se consolidara y se desarrollara.

Pero fueron en fin tan peculiares las circunstancias de nuestras relaciones con el Che, la historia casi irreal de la breve pero intensa epopeya vivida en nuestros primeros años de la revolución, habituados a convertir lo imposible en posible, que yo le explicaba al periodista mencionado que uno experimentaba la permanente impresión de que el Che no había muerto, que el Che seguía viviendo. Por tratarse de una personalidad tan ejemplar, tan inolvidable, tan familiar, era difícil resignarse a la idea de la muerte física, y a veces soñaba —todos soñamos con episodios relacionados con nuestra vida y nuestras luchas— que veíamos al Che, que el Che regresaba, que el Che estaba vivo, ¡cuántas veces!, le decía. Y le referí esos sentimientos que uno raras veces cuenta, lo que da también idea del impacto de la personalidad del Che, e idea también del grado tan alto en que el Che está vivo realmente, casi como si su presencia fuera física, con sus ideas, con sus hechos, con sus ejemplos, con todas las cosas que creó, esa vigencia de su figura y el respeto hacia él no sólo en América Latina, sino en Europa y en todas partes del mundo.

Como habíamos pronosticado aquel 18 de octubre, hace 20 años, se convirtió en un símbolo de todas las personas oprimidas, de todas las personas explotadas, de todos los patriotas, de todos los demócratas, de todos los revolucionarios; en un símbolo permanente e invencible.

Por todos esos factores, por esa vigencia real que tiene hoy mismo en el ánimo de todos nosotros a pesar de que han transcurrido 20 años, cuando escuchamos el poema, cuando escuchamos el himno o cuando escuchamos el toque de silencio, cuando abrimos nuestra prensa y vemos las fotos del Che en cada una de las etapas, su imagen, tan conocida en todo el mundo —porque hay que decir que el Che tenía no sólo todas las virtudes y todas la cualidades humanas y morales para ser un símbolo, sino que el Che tenía, además, la estampa del símbolo, la imagen del símbolo: su mirada, la franqueza y la fuerza de su mirada; su rostro, que refleja carácter, una determinación para la acción incontenible a la vez que una gran inteligencia y una gran pureza—, cuando vemos los poemas que se han escrito, los episodios que se cuentan y las historias que se repiten, palpamos esa realidad de la vigencia del Che, de la presencia del Che.

No tiene nada de extraño si uno, no sólo en la vida de cada día palpa su presencia, sino hasta en sueños se imagina que el Che está vivo, que el Che está actuando y que su muerte no existió nunca. Al fin y al cabo debemos sacar la convicción a todos los efectos en la vida de nuestra revolución de que el Che no murió nunca y que el Che, en la realidad de los hechos, vive más que nunca, está más presente que nunca, influye más que nunca y es un adversario del imperialismo más que nunca.

Aquellos que desaparecieron su cadáver para evitar que fuera símbolo; aquellos que, siguiendo la orientación y los métodos de sus amos imperiales, no quisieron que quedara una sola huella, se encuentran con que, aunque no haya tumba conocida, aunque no haya restos, aunque no haya cadáver, existe, sin embargo, un temible adversario del imperio, un símbolo, una fuerza, una presencia que no podrán ver jamás destruida.

Ellos demostraron su debilidad y su cobardía cuando desaparecieron al Che, porque demostraron también su miedo al ejemplo y al símbolo. No quisieron que los campesinos explotados, los obreros, los estudiantes, los intelectuales, los demócratas, los progresistas, los patriotas de este hemisferio tuvieran un lugar donde ir a rendir tributo al Che. Y hoy, en el mundo de hoy, en que no se le rinde tributo a los restos del Che en un lugar específico, se le rinde tributo en todas partes. [*Aplausos*]

Hoy no se le rinde tributo al Che una vez al año, ni una vez cada 5, 10, 15, 20 años. Hoy se le rinde homenaje al Che todos los años, todos los meses, todos los días, en todas partes, en una fábrica, en una escuela, en una unidad militar, en el seno de un hogar, entre los niños, entre los pioneros que quién puede calcular cuántos millones de veces han dicho, en estos 20 años: "¡Pioneros por el comunismo, seremos como el Che!" [*Aplausos*]

Ese solo hecho que acabo de mencionar, esa sola idea, ese solo hábito por sí solo constituye una presencia permanente y grandiosa del Che. Y creo que no sólo nuestros pioneros, no sólo nuestros niños, creo que todos los niños de este hemisferio, todos los niños del mundo podrían repetir esa misma consigna: "¡Pioneros por el comunismo, seremos como el Che!" [*Aplausos*]

Es que realmente no puede haber un símbolo superior, no puede haber una imagen mejor, no puede haber una idea más precisa para buscar un modelo de hombre revolucionario y para buscar un modelo de hombre comunista. Expreso esto porque tengo la más profunda convicción, la he tenido siempre y la tengo hoy, igual o más que cuando hablé aquel 18 de octubre y preguntaba cómo querían que fueran nuestros combatientes, nuestros revolucionarios, nuestros militantes, nuestros hijos, y dije que queríamos que fueran como el Che, porque el Che es la personificación, es la imagen de ese hombre nuevo, es la imagen de ese ser humano si se quiere hablar de la sociedad comunista; [*Aplausos*] si vamos a proponernos realmente construir, no ya el socialismo, sino las etapas más avanzadas del socialismo, si la humanidad no va a renunciar a la hermosa y extraordinaria idea de vivir algún día en la sociedad comunista.

Si hace falta un paradigma, si hace falta un modelo, si hace falta un ejemplo a imitar para llegar a esos tan elevados objetivos, son imprescindibles hombres como el Che. Hombres y mujeres que lo imiten, que sean como él, que piensen como él, que actúen como él y se comporten como él en el cumplimiento del deber, en cada cosa, en cada detalle, en cada actividad; en su espíritu de trabajo, en su hábito de enseñar y educar con el ejemplo; en el espíritu de ser el primero en todo, el primer voluntario para las tareas más difíciles, las más duras, las más abnegadas, el individuo que se entrega en cuerpo y alma a una causa, el individuo que se entrega en cuerpo y alma a los demás, el individuo verdaderamente solidario, el individuo que no abandona jamás a un compañero, el individuo austero; el individuo sin una sola mancha, sin una sola contradicción entre lo que hace y lo que dice, entre lo que practica y lo que proclama; el hombre de acción y pensamiento que simboliza el Che. [*Aplausos*]

Constituye para nuestro país un honor y un gran privilegio haber contado entre sus hijos, aunque no hubiera nacido en esta tierra, ¡entre sus hijos!, porque se ganó el derecho a considerarse y ser considerado hijo de nuestra patria, es un honor y un privilegio para nuestro pueblo, para nuestro país, para nuestra historia, para nuestra revolución, haber contado entre sus filas con un hombre verdaderamente excepcional como el Che.

Y no es que piense que los hombres excepcionales son escasos, no es que piense que en las grandes masas no haya hombres y mujeres excepcionales por cientos, por miles e incluso por millones. Lo dije ya una vez cuando en aquella amarga circunstancia de la desaparición de Camilo, al hacer la historia de cómo surgió Camilo, dije: "en el pueblo hay muchos Camilo". Podría decir también: en nuestro pueblo, en los pueblos de América Latina y en los pueblos del mundo hay muchos Che.

Pero, ¿por qué los llamamos hombres excepcionales? Porque realmente, en el mundo en que vivieron, en las circunstancias que vivieron, tuvieron la posibilidad y la oportunidad de demostrar todo lo que el hombre con su generosidad y su solidaridad es capaz de sí. Y es que, verdaderamente, pocas veces se dan las circunstancias ideales en que el hombre tiene la oportunidad de expresarse y de reflejar todo lo que lleva dentro, como la tuvo el Che.

Claro está que en las masas hay incontables hombres y mujeres que como resultado, entre otras cosas, del ejemplo de otros hombres, de ciertos valores que se han ido creando, son capaces del heroísmo, incluso de un tipo de heroísmo que yo admiro mucho, el heroísmo silencioso, el heroísmo anónimo, la virtud silenciosa, la virtud anónima. Pero siendo extraño, raro, que se pueda dar todo ese conjunto de circunstancias que produzcan una figura como la del Che, que hoy es un símbolo mayor, es un gran honor y un privilegio que esa figura haya nacido del seno de nuestra revolución.

Y como una prueba de lo que anteriormente decía acerca de la presencia y vigencia del Che, yo podría preguntar: ¿habría un momento más oportuno para recordar al Che con toda la fuerza, con el más profundo sentimiento de reconocimiento y de gratitud que una fecha como esta, un aniversario como este? ¿Habría algún momento mejor que este, en pleno proceso de rectificación?

¿Y qué estamos rectificando? Estamos rectificando precisamente todas aquellas cosas —y son muchas— que se apartaron del espíritu revolucionario, de la creación revolucionaria, de la virtud revolucionaria, del esfuerzo revolucionario, de la responsabilidad revolucionaria; que se apartaron del espíritu de solidaridad entre los hombres. Estamos rectificando todo tipo de chapucerías y de mediocridades que eran precisamente la negación de las ideas del Che, del pensamiento revolucionario del Che, del estilo del Che, del espíritu del Che y del ejemplo del Che.

Creo, realmente, lo digo con toda satisfacción, que si el Che estuviera sentado aquí en esta silla se sentiría, realmente, jubiloso, se sentiría feliz de lo que estamos haciendo en estos tiempos; como se habría sentido muy desgraciado en ese periodo bochornoso en que aquí empezaron a prevalecer una serie de criterios, de mecanismos y de vicios en la construcción del socialismo que habrían constituido motivo de profunda, de terrible amargura para el Che. [*Aplausos*]

Por ejemplo, el trabajo voluntario, que fue una creación del Che y una de las mejores cosas que nos legó en su paso por nuestra patria y en su participación en nuestra revolución, decaía cada vez más. Ya era casi un formalismo, en ocasión de una fecha tal y más cual, un domingo, un correcorre en ocasiones para hacer cosas desorganizadas, y prevalecía cada vez más el criterio burocrático, el criterio tecnocrático de que el trabajo voluntario no era cosa fundamental ni esencial; la idea, prácticamente, de que el trabajo voluntario fuera una especie de tontería y perdedera de tiempo, que los problemas había que resolverlos con horas extra, con más y más horas extra, mientras ni siquiera se aprovechaba de una forma correcta la jornada laboral. Ya habíamos caído en el pantano del burocratismo, de las plantillas infladas, de las normas anacrónicas, de la trampa, de la mentira, habíamos caído en un montón de vicios que, realmente, habrían horrorizado al Che.

Porque si al Che le hubiesen dicho que algún día en la revolución cubana iban a existir unas empresas que por ser rentables robaban, se habría horrorizado; que unas empresas que por ser rentables y repartir premios, no sé cuántas cosas, y primas, vendían los materiales con que tenían que construir y los cobraban como si hubieran construido, el Che se habría horrorizado.

Y les digo que eso pasó en los 15 municipios de la capital de la república, con las 15 empresas de mantenimiento de la vivienda para citar sólo algunas. Aparecían produciendo 8 mil pesos al año, y cuando se acabó el relajo y se puso fin a todo eso, aparecían produciendo 4 mil o menos, entonces ya no eran rentables; eran rentables sólo robando.

Si al Che le hubieran dicho que aparecían unas empresas en que, para cumplir y sobrecumplir fraudulentamente el plan, asignaban al mes de diciembre la producción del mes de enero, el Che se habría horrorizado.

Si al Che le hubieran dicho que había unas empresas que

cumplían el plan y repartían premios por cumplir el plan en valores, pero no en surtido, y que se dedicaban a hacer las cosas que les daban más valores y no hacían aquellas que les daban menor ganancia, aunque unas sin otras no sirvieran para nada, el Che se habría horrorizado.

Si al Che le hubieran dicho que iban a aparecer unas normas tan flojas, tan blandengues y tan inmorales que, en ciertas ocasiones, la totalidad casi de los trabajadores las cumplían dos veces, y tres veces, el Che se habría horrorizado.

Si le hubieran dicho que el dinero se iba a empezar a convertir en el instrumento principal, la fundamental motivación del hombre, él, que tanto advirtió contra eso, se habría horrorizado; que las jornadas no se cumplían y aparecían los millones de horas extra; que la mentalidad de nuestros trabajadores se estaba corrompiendo, y que los hombres iban teniendo cada vez más un signo de peso en el cerebro, el Che se habría horrorizado. Porque él sabía que por esos caminos tan trillados del capitalismo no se podía marchar hacia el comunismo, que por esos caminos un día habría que olvidar toda idea de solidaridad humana e incluso de internacionalismo; que por aquellos caminos no se marcharía jamás hacia un hombre y una sociedad nuevos.

Si al Che le hubieran dicho que un día se pagarían primas y más primas, y primas de todas clases, sin que aquello tuviera nada que ver con la producción, el Che se habría horrorizado.

Si hubiese visto un día un conjunto de empresas, plagadas de capitalistas de pacotilla —como les llamamos nosotros—, que se ponen a jugar con el capitalismo, que empiezan a razonar y a actuar como capitalistas, olvidándose del país, olvidándose del pueblo, olvidándose de la calidad, porque la calidad no importaba para nada, sino el montón de dinero que ganara con aquella vinculación; y que un día se iba a vincular no ya sólo el trabajo manual, que tiene cierta lógica, como cortar caña y otras numerosas actividades manuales y físicas, sino que hasta el trabajo intelectual se iba a vincular; que hasta los trabajadores de la radio y la televisión iban a terminar vinculados, y que aquí terminaría por ese camino hasta el cirujano vinculado, sacándole tripas a cualquiera para ganar el doble y el triple.

Digo la verdad, el Che se habría horrorizado, porque esos caminos no conducirán jamás al comunismo, esos caminos conducen a todos los vicios y a todas las enajenaciones del capitalismo. Esos caminos —repito—, y el Che lo sabía bien, no conducirían jamás a la construcción de un verdadero socialismo, como etapa previa y de tránsito hacia el comunismo.

Pero no se imaginen al Che una persona ilusa, una persona idealista, una persona desconocedora de las realidades; el Che comprendía y tomaba en cuenta las realidades; el Che creía en el hombre, y si no se cree en el hombre, si se piensa que el hombre es un animalito incorregible, capaz de caminar sólo si le ponen hierba delante, si le ponen una zanahoria o le dan con un garrote, quien así piense, quien así crea, no será jamás revolucionario; quien así piense, quien así crea, no será jamás socialista; quien así piense, quien así crea, no será jamás comunista. [*Aplausos*]

Y nuestra propia revolución es un ejemplo de lo que significa la fe en el hombre, porque nuestra propia revolución surge de cero, surge de la nada; no se tenía un arma, no se tenía un centavo, no eran siquiera conocidos los hombres que empezaron aquella lucha, y frente a todo aquel poderío, frente a los cientos de millones de pesos, frente a las decenas de miles de soldados, porque nosotros creíamos en el hombre, la revolución fue posible. No sólo fue posible la victoria, fue posible enfrentarse al imperio, llegar hasta aquí y estar acercándose la revolución al vigésimo noveno aniversario de su triunfo. ¿Cómo podía haber sido posible esto sin la fe en el hombre?

Y el Che tenía una gran fe en el hombre, a la vez que era realista. El Che no rechazaba los estímulos materiales, los consideraba necesarios en la etapa de tránsito, en la construcción del socialismo; pero el Che le daba un peso importante, y cada vez mayor, al factor conciencia, al factor moral.

Sería sin embargo una caricatura del Che imaginarse que no era realista y no conocía las realidades de la sociedad y del hombre recién surgidos del seno del capitalismo.

Pero al Che se lo conoce fundamentalmente como hombre de acción, como soldado, como jefe, como militar, como guerrillero, como individuo ejemplar, que era primero en todo, que nunca le pedía a los demás algo que no fuera capaz de hacer él primero; como modelo de hombre virtuoso, honrado, puro, valiente, solidario, todo ese conjunto de virtudes por las cuales lo recordamos y lo conocemos.

El Che era un hombre de pensamiento muy profundo, y el Che tuvo una excepcional posibilidad durante los primeros años de la revolución de profundizar en aspectos muy importantes de la construcción del socialismo porque, por sus cualidades, cada vez que hacía falta un hombre para un cargo importante, ahí estaba el Che. Era, realmente, multifacético, y cualquier tarea que se le asignara la cumplía con una seriedad y una responsabilidad total.

Estuvo en el INRA [Instituto Nacional de Reforma Agraria], al frente de unas pocas industrias a cargo de esa institución cuando todavía no se habían nacionalizado las industrias fundamentales y sólo había un grupo de fábricas intervenidas; estuvo en el Banco Nacional, otra de las responsabilidades que desempeñó, y estuvo al frente del Ministerio de Industrias, cuando se creó este organismo. Se habían nacionalizado ya casi todas las fábricas, había que organizar todo aquello, había que mantener la producción, y el Che se vio ante aquella tarea, como se vio ante otras muchas. La tomó con una consagración total, le dedicaba día, noche, sábado y domingo, todas las horas, y se propuso realmente resolver trascendentes problemas. Fue cuando se enfrentó a la tarea de aplicar a la organización de la producción los principios del marxismo-leninismo, tal como él lo entendía, tal como él lo veía.

Estuvo años en eso, habló mucho, escribió mucho sobre todos aquellos temas y realmente llegó a desarrollar una teoría bastante elaborada y muy profunda sobre la forma en que, a su juicio, se debía construir el socialismo y marchar hacia la sociedad comunista.

Recientemente se hizo una compilación de todas estas ideas y un economista escribió una obra por la cual recibió un premio en la Casa de las Américas, que tiene el mérito de haber recopilado, estudiado y presentado en un libro la esencia de las ideas económicas del Che, recogidas de muchos de sus materiales hablados o escritos, artículos y discursos sobre cuestión tan decisiva para la construcción del socialismo. La obra se titula *El pensamiento económico de Ernesto Che Guevara.* Es tal el espacio que se ha destinado a recordar otras cualidades, que ese aspecto —pienso yo— es bastante ignorado en nuestro país. Y Che tenía ideas verdaderamente profundas, valientes, audaces, que se apartaban de muchos caminos trillados.

Pero en esencia, ¡en esencia!, el Che era radicalmente opuesto a utilizar y desarrollar las leyes y las categorías económicas del capitalismo en la construcción del socialismo; y planteaba algo en que hemos insistido muchas veces: que la construcción del socialismo y del comunismo no es sólo una cuestión de producir riquezas y distribuir riquezas, sino es también una cuestión de educación y de conciencia. Era terminantemente opuesto al uso de esas categorías que han sido trasladadas del capitalismo al socialismo como instrumentos de la construcción de la nueva sociedad.

Algunas ideas del Che en cierto momento fueron mal interpretadas, e incluso mal aplicadas. Ciertamente nunca se intentó llevarlas seriamente a la práctica, y en determinado momento se fueron imponiendo ideas que eran diametralmente opuestas al pensamiento económico del Che.

No es ésta la ocasión de profundizar sobre el tema; me interesa, especialmente, expresar una idea: hoy, en este vigésimo aniversario de la muerte del Che; hoy, en medio del profundo proceso de rectificación en que estamos enfrascados y comprendiendo cabalmente que rectificación no significa extremismo; que rectificación no puede significar idealismo; que rectificación no puede implicar, bajo ningún concepto, falta de realismo; que rectificación, incluso, no puede implicar cambios abruptos.

Partiendo de que rectificación significa —como he dicho— buscar soluciones nuevas a problemas viejos, rectificar muchas tendencias negativas que venían desarrollándose; que rectificación implica hacer un uso más correcto del sistema y los mecanismos con que contamos ahora —un Sistema de Dirección y Planificación de la Economía que, como decíamos en la reunión con las empresas,[5] era un caballo, un penco, cojo, con muchas mataduras, y que estábamos untándole mercurio cromo, recetándole medicinas, entablillándole una pata, arreglando en fin el penco, arreglando el caballo— lo que procedía ahora era seguir con ese caballo, sabiendo los vicios del caballo, los peligros del caballo, las patadas del caballo, los corcoveos del caballo, y tratar de llevar ese caballo por nuestro camino y no que vayamos por dondequiera marchar el caballo. Hemos planteado: ¡Tomemos las riendas! [*Aplausos*]

Estas cosas son muy serias, muy complicadas, y en esto no se puede estar dando bandazos, ni se pueden realizar aventuras de ninguna clase. De algo vale la experiencia de tantos años, que unos cuantos de nosotros tenemos el privilegio de haber vivido en un proceso revolucionario. Y por eso ahora decimos: no se puede estar cumpliendo el plan en valores, hay que cumplir el plan en surtidos. ¡Lo exigimos terminantemente, y el que no lo cumpla vuela de donde esté, porque no tiene otra alternativa! [*Aplausos*]

Decimos: las obras hay que empezarlas y terminarlas rápido, que no vuelva jamás a suceder lo que nos pasó de los resabios del penco: aquello de que se hacían movimientos de tierra y se ponían unas columnas porque valía mucho, y jamás se terminaba un edificio porque valía poco; aquellas tendencias a decir "cumplí en valores, pero no terminé una sola obra", con lo cual hemos estado enterrando cientos de millones, miles de millones, y no se terminaba nada.

¡Catorce años para construir un hotel! Catorce años enterrando cabillas, arena piedra, cemento, goma, combustible, fuerza de trabajo, antes de que entrara un solo centavo en el país por la utilización del hotel. ¡Once años en terminar nuestro hospital aquí en Pinar de Río! Es verdad que al fin se terminó, y se terminó con calidad, pero cosas de ese tipo no deben volver a ocurrir jamás.

Las microbrigadas,[6] que fueron destruidas en nombre de tales mecanismos, están surgiendo de sus cenizas como el ave Fénix y demostrando lo que significa ese movimiento de masas, lo que significa ese camino revolucionario de resolver problemas que los teóricos, los tecnócratas, los que no creen en el hombre y los que creen en los métodos del mercachiflismo, habían frenado y habían desbaratado. Así iban conduciéndonos a situaciones críticas, y en la capital, donde surgieron una vez —porque duele pensar que hace más de 15 años se había encontrado una excelente solución a un vital problema—, en pleno apogeo fueron destruidas. Así, no había ya ni fuerza para construir viviendas en la capital; los problemas acumulándose, decenas de miles de viviendas apuntaladas y con riesgo de derrumbarse y sacrificar vidas.

Ahora resurgieron las microbrigadas, hay ya más de 20 mil microbrigadistas en la capital, y no están en contradicción con el penco, no están en contradicción con el Sistema de Dirección y Planificación de la Economía, sencillamente porque la fábrica o centro de trabajo que los envió les paga, pero el estado le reintegra a la fábrica o al centro de trabajo en cuestión lo que haga por ese salario del microbrigadista; sólo que el microbrigadista allí trabajaba 5 ó 6 horas y aquí trabaja 10, 11 y 12 horas, trabaja por dos hombres, trabaja por tres hombres, y la empresa ahorra.

Nuestro capitalista de pacotilla no puede decir que le están arruinando su empresa; puede decir, por el contrario: "Están ayudando a la empresa, estoy haciendo la producción con 30, 40, 50 hombres menos, gasto menos salario". Puede decir: "Voy a ser rentable, o voy a ser menos irrentable; voy a repartir más premios y primas, puesto que ahora reduzco el gasto en salario". Racionaliza, consigue viviendas para el colectivo de los trabajadores y el trabajador está más satisfecho porque tiene ya la vivienda; construye obras sociales, escuelas especiales, policlínicas, círculos infantiles para los hijos de las mujeres trabajadoras, para la familia. En fin, tantas cosas extraordinariamente útiles como se están haciendo hoy, y el estado impulsa todas esas obras sin gastar un centavo más en salario. ¡Esos sí son milagros!

Podría preguntarles a los mercachifleros, a los capitalistas de pacotilla, a los que tienen fe ciega en los mecanismos y en las categorías del capitalismo: ¿podrían ustedes obrar ese milagro? ¿Podrían ustedes llegar a construir 20 mil viviendas en la capital sin un centavo más de salario? ¿Podrían construir 50 círculos en un año sin un centavo más de salario?, cuando antes había planificados sólo cinco en el quinquenio y no se construían, y cuando 19 500 madres esperaban por el círculo, que no se sabe cuándo llegaría.

Porque al ritmo en que se alcanzaría esa capacidad de matrícula, ¡necesitaríamos 100 años!, fecha para la cual se habrían muerto hace rato, y por suerte, todos los tecnócratas, capitalistas de pacotilla y burócratas que obstruyen la construcción del socialismo. [*Aplausos*] Se habrían muerto, el círculo número 100 no lo habrían conocido jamás. Los trabajadores de la capital, en dos años, van a tener los 100 círculos. Y los trabajadores de toda la isla, en tres años, van a tener los 300 y tantos que necesitan, y van a elevar la capacidad de matrícula en los círculos a 70 u 80 mil, fácilmente, sencillamente, sin gastar un centavo más de salario, sin importar fuerza de trabajo. Porque a ese paso, con las plantillas infladas por todas partes, terminaban trayendo fuerza de trabajo de Jamaica, de Haití, de algunas islas del Caribe, de algún lugar del mundo; a eso era adonde único podían parar.

Hoy se demuestra que en la capital se podría movilizar uno de cada ocho trabajadores, estoy seguro; sería innecesario, porque no habría suficiente material para darles tareas a 100 mil habaneros trabajando, y trabajando cada uno como tres. Estamos viendo ya ejemplos impresionantes de proezas de trabajo, y eso se logra con métodos de masa, con métodos revolucionarios, con métodos comunistas, combinando el interés de las personas que tienen necesidades con el interés de las fábricas y con el interés de toda la sociedad.

No quiero convertirme en juez de las diversas teorías, aunque tengo mis teorías, y sé las cosas en que creo y en las que no creo ni puedo creer. En el mundo se discuten hoy mucho estas cuestiones. Yo sólo pido modestamente, en medio de este proceso de rectificación, en medio de este proceso y de esta lucha —en que vamos a seguir como les explicábamos: con el penco, mientras el penco camine, si camina, y mientras no podamos echar a un lado el penco y sustituirlo por un caballo mejor, pues pienso que nada es bueno si se hace con precipitación, sin análisis y meditación profunda— yo lo que pido modestamente, en este vigésimo aniversario, es que el pensamiento económico del Che se conozca. [*Aplausos*] Se conozca aquí, se conozca en América Latina, se conozca en el mundo: en el mundo capitalista desarrollado, en el tercer mundo y en el mundo socialista. ¡Que también se conozca allí!

Que del mismo modo que nosotros leemos muchos textos de todas clases y muchos manuales, también en el campo socialista se conozca el pensamiento económico del Che, ¡que se conozca! [*Aplausos*] No digo que se adopte, nosotros no tenemos que inmiscuirnos en eso. Cada cual debe adoptar el pensamiento, la teoría, la tesis que considere más adecuada, la que más le convenga, a juicio de cada país. ¡Respeto de manera absoluta el derecho de cada cual a aplicar el método o el sistema que considere conveniente, lo respeto de manera cabal!

Pido simplemente que en un país culto, en un mundo culto, en un mundo donde las ideas se debaten, el pensamiento económico del Che se conozca. [*Aplausos*] En especial que nuestros estudiantes de economía, de los que tenemos tantos y que leen toda clase de folletos, de manuales, de teorías, de categorías capitalistas y de leyes capitalistas, se dignen, para enriquecer su cultura, conocer el pensamiento económico del Che.

Porque sería una incultura creer que hay un solo modo de hacer las cosas y que tiene que ser ese solo modo, surgido de la práctica concreta en determinado tiempo y circunstancias históricas. Lo que pido, lo que me limito a pedir es un poco de más cultura, consistente en conocer otros puntos de vista, puntos de vista tan respetados, tan dignos y tan coherentes como los puntos de vista del Che. [*Aplausos*]

No concibo que nuestros futuros economistas, que nuestras futuras generaciones actúen y vivan y se desarrollen como otra especie de animalito, en este caso el mulo, que tiene sólo las orejeras que le ponen delante para que no pueda mirar a los lados; mulo, además, con la hierba y la zanahoria delante como única motivación, sino que lean, que no se intoxiquen sólo de determinadas ideas, sino que vean otras ideas, analicen y mediten.

Porque si estuviéramos conversando con el Che y le dijéramos: "Mira, nos ha pasado todo esto" —todas esas cosas que yo estuve reflejando anteriormente, qué nos pasó con las construcciones, en la agricultura y en la industria, con los surtidos, con la calidad, con todo eso—, el Che habría dicho: "Yo lo dije, ¡yo lo dije!" El Che habría dicho: "Yo lo advertí, les está pasando precisamente lo que yo creía que les iba a pasar", porque así ha sido, sencillamente. [*Aplausos*]

Quiero que nuestro pueblo sea un pueblo de ideas, de nociones, de conceptos; que analice esas ideas, las medite, si quiere, las discuta. Considero que estas son cosas esenciales.

Puede haber alguna de las ideas del Che muy asociadas al momento inicial de la revolución, como el relacionado con su criterio de que, cuando se sobrecumplía una norma, el salario no sobrepasara los ingresos que le correspondería a la escala inmediata superior, porque él quería que el trabajador estudiara, y él asociaba su concepción a la idea de que la gente entonces con muy bajos niveles culturales y técnicos se superara. Hoy tenemos un pueblo mucho más preparado, más culto. Se podría discutir si debe ser igual a la escala superior, o a mayores escalas. Se podrían discutir aspectos y cuestiones que se asocien más a nuestras realidades de un pueblo mucho más culto, de un pueblo con mucha mejor preparación técnica, aun cuando no se debe renunciar jamás a la idea de una constante superación cultural y técnica.

Pero hay muchas ideas del Che que son de una vigencia absoluta y total, ideas sin las cuales estoy convencido de que no se puede construir el comunismo, como aquella idea de que el hombre no debe ser corrompido, de que el hombre no debe ser enajenado, aquella idea de que sin la conciencia, y sólo produciendo riquezas, no se podrá construir el socialismo como sociedad superior y no se podrá construir jamás el comunismo. [*Aplausos*]

Pienso que muchas de las ideas del Che, ¡muchas de las ideas del Che!, tienen una gran vigencia. Si hubiéramos conocido, si conociéramos el pensamiento económico del Che, estaríamos 100 veces más alertas, incluso, para conducir el caballo, y cuando el caballo quiera torcer a la derecha o a la izquierda, donde quiera torcer el caballo —aunque sin duda en este caso se trataba de un caballo derechista—, darle un buen halón de freno al caballo y situarlo en su camino, y cuando el caballo no quiera caminar, darle un buen espuelazo. [*Aplausos*]

Creo que un jinete, vale decir un economista, vale decir un cuadro del partido, vale decir un cuadro administrativo armado de las ideas del Che, sería más capaz de conducir el caballo por el camino correcto.

El solo conocimiento de su pensamiento, el solo conocimiento de sus ideas, le permitiría poder decir: "Voy mal por aquí, voy mal por allá, esto es una consecuencia de esto, una consecuencia de lo otro", en tanto el sistema y los mecanismos para construir el socialismo y el comunismo realmente se desarrollen, realmente se perfeccionen.

Y lo digo porque tengo la más profunda convicción que si se ignora ese pensamiento difícilmente se pueda llegar muy lejos, difícilmente se pueda llegar al socialismo verdadero, al socialismo verdaderamente revolucionario, al socialismo con socialistas, al socialismo y al comunismo con comunistas. Estoy absolutamente convencido de que ignorar esas ideas sería un crimen, eso es lo que nosotros planteamos.

Tenemos suficiente experiencia para saber cómo hacer las cosas, y en las ideas del Che, en el pensamiento del Che hay principios valiosísimos, de un valor inmenso, que rebasan simplemente ese marco que muchos puedan tener de la imagen del Che como un hombre valiente, heroico, puro; del Che como un santo por sus virtudes, y un mártir por su desinterés y heroísmo, sino del Che como revolucionario, del Che como pensador, del Che como hombre de doctrina, como hombre de grandes ideas que con una gran consecuencia fue capaz de elaborar instrumentos, principios que, sin duda, son esenciales en el camino revolucionario.

Los capitalistas se sienten muy felices cuando se les empieza a hablar de renta, de ganancia, de interés, de primas, de superprimas; cuando se les empieza a hablar de mercados, de oferta y de demanda, como elementos reguladores de la producción y promotores de la calidad, la eficiencia y todas esas cosas. Porque dicen: eso es lo mío, esa es mi filosofía, esa es mi doctrina, y son felices del énfasis que el socialismo pueda poner en ellos porque saben que son aspectos esenciales de la teoría, de las leyes y de las categorías del capitalismo.

A nosotros mismos nos critican unos cuantos capitalistas; tratan de hacer pensar que no hay realismo en los revolucionarios cubanos, que hay que irse detrás de todos los señuelos del capitalismo y nos enfilan por ello los cañones, pero ya veremos adónde llegamos, incluso, con el penco lleno de mataduras, pero bien conducido el penco, mientras no tengamos nada mejor que el penco; veremos adónde llegamos en este proceso de rectificación con los pasos que estamos dando hoy.

Y por eso, en este vigésimo aniversario, es que hago una apelación a nuestros militantes, a nuestros jóvenes, a nuestros estudiantes, a nuestros economistas, para que estudien ¡y conozcan el pensamiento político y el pensamiento económico del Che!

El Che es una figura de un prestigio enorme, el Che es una figura que tendrá una ascendencia cada vez mayor. ¡Ah!, y desde luego, los frustrados y los que se atreven a combatir las ideas del Che, o a utilizar determinados calificativos con el Che, o a presentarlo como un iluso, como alguien irreal, no merecen el respeto de los revolucionarios. Por eso es que nosotros queremos que nuestros jóvenes tengan ese instrumento, tengan esa arma en la mano, aunque no fuera por ahora más que para decir: no siga este camino errado previsto por el Che; aunque no fuera más que para enriquecer nuestra cultura; aunque no fuera más que para obligarnos a meditar; aunque no fuera más que para profundizar en nuestro pensamiento revolucionario.

Creo, sinceramente, que más que el acto, más que las cosas formales, más que los honores, lo que estamos haciendo con los hechos es, realmente, el mejor homenaje que podemos rendirle al Che. Este espíritu de trabajo que se empieza a ver en tantas partes y del cual esta provincia tiene numerosos ejemplos; esos trabajadores que allá en Viñales trabajan 12 y 14 horas haciendo micropresas, empezándolas y terminándolas unas detrás de otras, y haciéndolas con un gasto equivalente a la mitad de su valor, con lo cual pudiera hablarse de que en comparación con otras obras, si fuéramos a utilizar un término capitalista, aunque el Che era opuesto, incluso, al uso de terminología capitalista para analizar las cuestiones del socialismo, si fuéramos a usar el término de rentabilidad, podríamos decir que aquellos hombres de la brigada de construcción de micropresas que están en Viñales, tienen más de un 100 por ciento de rentabilidad, ¡más de un 100 por ciento de rentabilidad! [*Aplausos*]

¡Ah!, porque algo a lo que el Che le prestó una atención absoluta, total, preeminente, fue a la contabilidad, al análisis de los gastos, al análisis de los costos, centavo a centavo. Che no concebía la construcción del socialismo y el manejo de la economía sin la organización adecuada, el control eficiente y la contabilidad estricta de cada centavo. Che no concebía el desarrollo sin la elevación de la productividad del trabajo. Che, incluso, estudiaba matemática para aplicar fórmulas matemáticas al control de la economía y fórmulas matemáticas para medir la eficiencia de la economía. Che, algo más, soñó con la computación aplicada al manejo de la economía como cosa esencial, fundamental, decisiva para medir la eficiencia en el socialismo.

Y esos hombres que mencionaba han hecho un aporte; por cada peso que cuesta, producen dos pesos; por cada millón de gastos, producen dos millones. Ellos, y los que están trabajando en la presa Guamá, los que están trabajando en el canal, los que están trabajando en la autopista hacia Pinar del Río, los que van a trabajar en la presa del Patate, los que han empezado a trabajar en vías y en la red de agua de la ciudad, hay una serie de colectivos de trabajadores que están llevando a cabo verdaderas proezas; como hombres de vergüenza, hombres de honor, hombres disciplinados, hombres leales al trabajo, están laborando con una enorme productividad.

En días recientes nos reunimos con un grupo de constructores de una avenida en la capital que son todos militantes del partido, o de la juventud, u obreros destacados, alrededor de 200 hombres, de esos hombres a los que en vez de vincularlos —y no digo que la vinculación sea negativa, hay una serie de actividades en que es absolutamente correcta la vinculación—, como estos hombres andan en camiones y máquinas potentes, no les tenemos que decir: "trabajen más", más bien les tenemos que decir: "trabajen menos". Es mucho lo que están haciendo hombres como ellos, es demasiado a veces el esfuerzo, hombres a los que tenemos a veces que decirles: "trabajen menos"; hombres a los que tendríamos que decirles: "den menos viajes", porque ustedes, yendo a la velocidad a la que deben ir, no pueden dar 25 viajes de camión con material de mejoramiento, sino 20, pues no queremos que se maten. Y lo que nos interesa no es lo que hagan, sino la calidad con que lo hagan. Y les decimos: nos interesa mucho más la calidad que la cantidad. [*Aplausos*] La cantidad sin la calidad es botar los recursos, botar el trabajo, botar los materiales.

La voluntad hidráulica que murió —pudiéramos decir— en esos días bochornosos, en ese periodo bochornoso en que no se terminaba nada, se está recuperando, y en la recuperación de la voluntad hidráulica marcha a la vanguardia la provincia de Pinar del Río. [*Aplausos*]

Con el mismo espíritu están trabajando las brigadas de camino en las montañas de Pinar del Río, y con el mismo espíritu se extiende por todo el país este propósito de rescatar la voluntad hidráulica y la voluntad de hacer caminos y carreteras, mejorar la eficiencia de nuestra economía, de nuestras fábricas, de nuestra agricultura, de nuestros centros hospitalarios, de nuestras escuelas, de llevar adelante con energía el desarrollo económico y social del país.

Afortunadamente, en estos años se ha creado un enorme caudal de personas con elevado nivel técnico, un caudal de conocimientos, de experiencias, de técnicos de nivel universitario, de técnicos de nivel medio. Lo que tenemos hoy, cómo se compara con lo que teníamos aquellos primeros años de la revolución. Cuando el Che estaba al frente del Ministerio de Industrias, cuántos ingenieros tenía el país, cuántos técnicos, cuántos proyectistas, cuántos investigadores, cuántos científicos. Hoy debemos tener alrededor de 20 veces lo que teníamos entonces, quizás más. Si él hubiera dispuesto de la experiencia colectiva de todos estos cuadros de que disponemos hoy, cuánto no habría imaginado que podía hacerse.

Si analizamos sólo en el sector de la medicina, teníamos entonces 3 mil médicos, y hoy tenemos 28 mil. Hoy cada año, en nuestras 21 facultades, graduamos tantos médicos como los que quedaron en nuestro país. ¡Qué privilegio, qué potencia, qué fuerza! Y a partir del año que viene estaremos graduando más médicos cada año que los que quedaron en nuestro país. ¿Podremos o no podremos hacer ahora en el campo de la salud pública lo que nos propongamos hacer? ¡Y qué médicos, que van al campo, que van a las montañas, que van a Nicaragua, que van a Angola, que van a Mozambique,

que van a Etiopía, que van a Vietnam, que van a Kampuchea [Camboya], que van al fin del mundo! ¡Esos son los médicos que ha ido formando la revolución! [*Aplausos*]

Estoy seguro de que el Che se sentiría orgulloso, no de las chapucerías que se han hecho con tanto mercachiflismo; se sentiría orgulloso del nivel cultural que tiene hoy nuestro pueblo, del nivel técnico, de nuestros maestros que fueron a Nicaragua y en número de 100 mil se llegaron a ofrecer a ir a Nicaragua. Se sentiría orgulloso de nuestros médicos dispuestos a ir a cualquier parte del mundo, de nuestros técnicos, ¡de nuestros cientos de miles de compatriotas que han cumplido misiones internacionalistas! [*Aplausos*]

Estoy seguro de que el Che se sentiría orgulloso de ese espíritu, como nos sentimos todos. Pero lo que hemos creado con la cabeza y con el corazón, no podemos permitir que se desbarate con los pies. [*Aplausos*] De eso se trata, y de que con todos estos recursos que hemos creado, con toda esta fuerza, podamos avanzar y podamos aprovechar todas las posibilidades del socialismo, todas la posibilidades de la revolución, para mover al hombre y marchar adelante. Quiero saber si los capitalistas tienen ese tipo de hombre como el que hemos mencionado aquí.

Como internacionalistas o como trabajadores hay que verlos; hay que reunirse con ellos para ver cómo sienten, cómo piensan, para conocer lo enamorados que están de su tarea, y no es por vicio de trabajar que actúan así, sino por la necesidad de recuperar el tiempo perdido; tiempo perdido en los años de revolución, tiempo perdido durante casi 60 años de república neocolonizada, tiempo perdido en siglos de colonialismo.

¡Tenemos que recuperarlo! Y no hay otra forma de recuperarlo que trabajando duro, no esperar 100 años para hacer 100 círculos en la capital si, realmente, con nuestro trabajo los podemos hacer en dos; no esperar 100 años para hacer 350 en todo el país si, realmente, con nuestro trabajo los podemos hacer en tres; no hay que esperar 100 años para resolver el problema de la vivienda si con nuestro trabajo, nuestra piedra, nuestra arena, nuestros materiales, nuestro cemento producido, incluso, con nuestro petróleo, y nuestro acero producido por nuestros trabajadores, podemos hacerlo en unos pocos años.

Como decía esta tarde en el acto del hospital, el año 2000 está a la vuelta. Tenemos que proponernos ambiciosas metas para el año 2000, no para el año 3000, ni para el 2100 o para el año 2050, y al que nos venga a sugerir tales cosas, decirle: "Tú podrás conformarte, ¡nosotros no!, a los que nos ha tocado la misión histórica de crear un país nuevo, una sociedad nueva; a los que nos ha tocado la misión histórica de hacer una revolución y de desarrollar el país; a los que nos ha tocado el honor y el privilegio no sólo de llevar a cabo el desarrollo, sino de llevar a cabo un desarrollo socialista y de trabajar por una sociedad más humana, una sociedad superior".

A los que nos vengan alentando a la holgazanería y a la frivolidad, les vamos a decir: "Vamos a vivir incluso más que tú, no sólo mejor que tú, o lo que se viviría si la gente fuera como tú; vamos a vivir más años que tú y vamos a ser más saludables que tú, porque tú, con tu holgazanería, vas a ser un sedentario, un obeso, vas a padecer de problemas cardiacos, problemas circulatorios y todo tipo de calamidades, porque el trabajo no daña la salud, el trabajo ayuda la salud, protege la salud, el trabajo hizo al hombre".

De modo que estos hombres que están haciendo proezas tenemos que convertirlos en modelos; diríamos que estos hombres están cumpliendo la consigna de "¡Seremos como el Che!" Trabajan como trabajó el Che, trabajan como trabajaría el Che. [*Aplausos*]

Cuando se discutía dónde celebrar el acto, había muchos posibles lugares: podía ser en la capital, en la Plaza de la Revolución; podía ser en una provincia; podía ser en muchos de los centros o fábricas en que los trabajadores querían ponerles el nombre del Che.

Analizamos, meditamos, y pensando en esta nueva fábrica, en esta importante fábrica, orgullo de Pinar del Río, orgullo del país, ejemplo de lo que pueden hacer el progreso, el estudio, la educación, cuando en esta provincia hace pocos años tan olvidada y atrasada han sido capaces sus jóvenes trabajadores de manejar una industria tan compleja y tan sofisticada. Baste decir que los salones donde se imprimen esos circuitos tienen 10 veces más limpieza que un salón de operaciones, para poderlos hacer con la calidad requerida. Qué complejas construcciones, qué obra fue necesario hacer, con qué calidad, qué equipamiento y qué trabajo maravilloso están haciendo allí los pinareños. [*Aplausos*]

Cuando nosotros vinimos de visita y lo recorrimos, nos llevamos una impresión inolvidable que trasmitimos a muchos compañeros, que trasmitimos a los compañeros del Comité Central, lo que estaban haciendo en esta fábrica, lo que estaban haciendo en la industria mecánica, industria que también se desarrolla a gran ritmo; lo que estaban haciendo en las construcciones. Veíamos el porvenir de esta industria, como productora de componentes, de tecnología de vanguardia, que va a tener una incidencia enorme en el desarrollo, una incidencia enorme en la productividad, una incidencia enorme en la automatización de los procesos productivos.

Cuando vimos la excelente fábrica que poseían, cuando vimos las ideas que se elaboran y se ejecutan en torno a esta fábrica, que llegará a ser un gran combinado de miles y miles de obreros, orgullo de la provincia y orgullo del país, que en los próximos cinco años recibirá inversiones por valor de más de 100 millones de pesos para convertir esta industria en un gigante. Y cuando supimos que sus trabajadores querían que esta fábrica llevara el nombre del Che, que tanto se preocupó por la electrónica, por la computación, por las matemáticas, la dirección de nuestro partido decidió que fuese aquí el acto de recordación del vigésimo aniversario de la caída del Che, [*Aplausos*] y que esta fábrica lleve el glorioso y querido nombre de Ernesto Che Guevara. [*Aplausos*]

Sé que sus obreros, sus jóvenes trabajadores, sus decenas y decenas de ingenieros, sus cientos de técnicos sabrán honrar ese nombre y sabrán trabajar como hay que trabajar. Y cuando hablamos de trabajo no quiere decir que trabajo sólo sea trabajar 14 horas, 12 ó 10. Muchas veces determinado trabajo, en jornadas de 8 horas, bien realizado, es una proeza. Y hemos visto compañeros y compañeras, sobre todo muchas compañeras, haciendo microsoldaduras, un trabajo duro, un trabajo verdaderamente tenso que requiere un rigor, una atención y una concentración tremenda. Hemos visto y así no nos imaginamos cómo pueden estar 8 horas realizando esa tarea compañeras que hacen hasta 5 mil microsoldaduras en una jornada.

No piensen que creemos, compañeras y compañeros, que sólo trabajando 12 ó 14 horas resolvemos los problemas. Hay actividades en que no se puede trabajar 12 ni 14 horas; hay actividades en que, incluso, 8 horas pueden ser muchas. Y esperamos que un día todas las jornadas no sean iguales; esperamos, incluso, que en ciertas actividades, si tenemos fuerza de trabajo suficiente —y la tendremos si somos racionales en su empleo—, podamos establecer, en ciertas actividades, turnos de 6 horas.

Lo que quiero decir es que ser dignos del ejemplo y del nombre del Che es también saber aprovechar la jornada laboral con adecuada intensidad, velar por la calidad, aplicar el multioficio, evitar los excesos de plantilla, trabajar organizadamente, desarrollar la conciencia.

Yo estoy seguro de que el colectivo de esta fábrica sabrá ser acreedor al honor de que el combinado lleve el nombre del Che; [*Aplausos*] como estamos seguros de que esta provincia ha sido acreedora y será acreedora a que este aniversario se haya celebrado aquí.

Si algo nos faltara por decir esta noche, es que pese a las dificultades; pese a que contamos con menos recursos en divisas convertibles que nunca, por factores que ya hemos explicado; pese a la sequía; pese al recrudecimiento del bloqueo imperialista, a medida que veo cómo reacciona el pueblo, a medida que veo cómo surgen más y más posibilidades, nos sentimos seguros, nos sentimos optimistas, y experimentamos la más profunda convicción de que todo lo que nos propongamos hacer ¡lo haremos! [*Aplausos*]

¡Y lo haremos con el pueblo, lo haremos con las masas, lo haremos con los principios; lo haremos con la vergüenza y el honor de cada uno de nuestros militantes, de nuestros trabajadores, de nuestros jóvenes, de nuestros campesinos, de nuestros intelectuales!

Y digo así, con satisfacción, hoy, que estamos rindiéndole al Che el honor que merece, el tributo que merece; ¡y si él vive más que nunca, la patria vivirá también más que nunca! ¡Si él es un adversario más poderoso que nunca frente al imperialismo, la patria será también más fuerte que nunca frente a ese mismo imperialismo y frente a su podrida ideología! [*Aplausos*] ¡Y si un día escogimos el camino de la revolución, de la revolución socialista, el camino del comunismo, de la construcción del comunismo, hoy estamos más orgullos de haber escogido ese camino porque sólo ese camino es capaz de crear hombres como el Che, es capaz de forjar un pueblo de millones de hombres y mujeres capaces de ser como el Che! [*Aplausos*]

Como decía Martí:[7] ¡Si hay hombres sin decoro, hay hombres que llevan en sí el decoro de muchos hombres! Podríamos añadir: hay hombres que llevan en sí el decoro del mundo, ¡y ese hombre es el Che!

¡Patria o muerte!

¡Venceremos! [*Ovación*]

PRIMERA PARTE

El sistema de dirección de la economía en el socialismo: cuestiones teóricas y metodológicas en el pensamiento de Che

CAPITULO 1

El sistema de dirección económica y sus categorías

UNO DE LOS GRANDES MERITOS teóricos de Che radica en haber realizado la síntesis, en sus trabajos sobre el periodo de transición, de dos elementos que en la teoría de Marx y Engels en la estructuración de su obra aparecen *indisolublemente ligados,* como un todo único.

El primero de estos dos elementos es la producción económica. El segundo es la producción y reproducción de las relaciones sociales mediante las cuales se realiza la producción económica; esto es, las relaciones económicas y el resto de las relaciones sociales que los hombres establecen en el proceso de producción y fuera de éste.

En la teoría de Marx y Engels estos elementos adquieren vida cuando son estimados como elementos de una totalidad (la formación social). Fueron separados por los teóricos burgueses y la socialdemocracia de la Segunda Internacional, vueltos a unir por Lenin en medio de la construcción del primer poder proletario y separados nuevamente por algunos teóricos contemporáneos.

Del divorcio de estos dos elementos desde la época de la Segunda Internacional resulta la desnaturalización más brutal a la que fue sometida la teoría de Marx y Engels. Constituye el retorno a posiciones filosóficas premarxistas, lo que da origen a la desunión entre teoría y práctica revolucionarias, las que, una sin la otra, pierden su fuerza revolucionaria y sus potencialidades.

La originalidad de Che descansa, entre otras cosas, en el hecho de haber defendido estos y otros importantes principios del marxismo-leninismo en la teoría económica del periodo de transición al comunismo a partir de las nuevas variables presentes, derivadas del sistema socio-económico político que le tocó vivir.

Che sentó las bases para una teoría del periodo de transición al comunismo cuyo sistema de dirección económica sustenta la posibilidad de edificar la nueva sociedad en un país subdesarrollado por caminos legítimamente revolucionarios. Este sistema considera que la palanca fundamental de la construcción del socialismo en la sociedad humana debe ser la de los estímulos morales, "sin olvidar una correcta utilización del estímulo material, sobre todo de naturaleza social".[1] Modelo que permite, a su vez, desarrollar constantemente la propia teoría como única vía para crear una ciencia marxista-leninista del periodo de transición útil a cada práctica revolucionaria.

Su quehacer revolucionario en las distintas y multifacéticas tareas que como constructor hubo de desempeñar, unido a su incisivo espíritu crítico, su profundo y original pensamiento, lo llevó no sólo a pensar la revolución en la que él —como miembro de la vanguardia— tenía una destacada participación, sino a aportar sus elementos teóricos en la construcción de la sociedad comunista. Esto implicaba poseer y cultivar un alto espíritu crítico para evitar errores, que obstaculizarían el rápido proceso de creación y desarrollo de nuevas relaciones humanas. La apología, por poner sólo un ejemplo, podría devenir freno del proceso revolucionario.

> Desgraciadamente, a los ojos de la mayoría de nuestro pueblo, y a los míos propios, llega más la apología de un sistema que el análisis científico de él. Esto no nos ayuda en el trabajo de esclarecimiento y todo nuestro esfuerzo está destinado a invitar a pensar, a abordar el marxismo con la seriedad que esta gigantesca doctrina merece.[2]

Algún tiempo después, en 1965, Che afirmaría:

> Si a esto se agrega el escolasticismo que ha frenado el desarrollo de la filosofía marxista e impedido el tratamiento sistemático del periodo, cuya economía

> política no se ha desarrollado, debemos convenir en que todavía estamos en pañales y es preciso dedicarse a investigar todas las características primordiales del mismo antes de elaborar una teoría económica y política de mayor alcance.[3]

Desde muy temprano Che había tomado conciencia de uno de los hechos teóricos más angustiosos de su época: el estancamiento del pensamiento marxista divulgado.

La revolución cubana representa un momento crucial en la historia del pensamiento marxista-leninista, momento en que el marxismo-leninismo echó, definitivamente, raíces en *Nuestra América,* al entroncar, coherentemente, con las mejores tradiciones revolucionarias. Lo que de forma peyorativa denominan los imperialistas *castrismo* es, en efecto, una etapa —vital, por cierto— en el desarrollo de la teoría y la práctica marxista-leninistas.

Al igual que Lenin rescató las ideas revolucionarias del cieno reformista socialdemócrata, Fidel Castro revitalizó el marxismo-leninismo y lo desarrolló de acuerdo con las peculiaridades y exigencias de la revolución latinoamericana. Y pudo hacerlo porque la revolución cubana, mera apertura de la revolución continental, fue desde el Moncada[4] "rebelión contra las oligarquías y contra los dogmas revolucionarios", como caracterizara Che aquella épica gesta.[5]

Che fue el más brillante y genial modelo de esa escuela de pensamiento y acción revolucionarios, en muchas de cuyas formulaciones y pasajes participó primero, para suscribirlas luego con su sangre. Y Che sería por ello, como Fidel, como Lenin, un profundo crítico de los dogmas y desviaciones que abrían grietas por las que el enemigo de clase pretendía infiltrarse.

Che comprendió la necesidad del análisis crítico en la construcción del socialismo y el comunismo, por lo que se dio a la profundización en el estudio de la teoría revolucionaria, como necesidad insoslayable para preservarla de las desviaciones teóricas, ideológicas y políticas y hacer de su desarrollo un arma para la construcción práctica de la nueva sociedad.

El espíritu que impregnaba las despiadadas críticas de

Marx a la tendencia apologética de la ciencia burguesa guiaría la asunción del marxismo-leninismo por los revolucionarios cubanos. Como dijo Che: "Se debe ser marxista con la misma naturalidad con que se es 'newtoniano' en física, o 'pasteuriano' en biología".[6]

¿Cuál es la economía política de la transición? ¿Existe tal economía política con una especificidad propia? ¿Necesariamente se debe formular una economía política del periodo de transición? En caso afirmativo, ¿sobreviviría al periodo de transición o desaparecería en la sociedad comunista, siendo sustituida por una suerte de "tecnología social"? ¿Qué *políticas económicas* adoptar? ¿Qué relación guardan éstas con la economía política del periodo de transición? ¿Cómo se organiza el nuevo orden? Estas y otras interrogantes hervían en los cerebros de los jóvenes revolucionarios quienes buscando en vano la obra en que aparecieran contestadas, se remitirían a los clásicos.

Buscaron en los clásicos. Es conveniente puntualizar que esta búsqueda de Marx en Cuba tuvo motivaciones diferentes que la europea. Allá se trataba de una *vuelta* al Marx joven, en quien algunos creyeron encontrar las especulaciones antropológicas con que justificar el retorno a viejas posiciones humanistas como vía de escape a las simplificaciones teóricas de algunos manuales y monografías.

Sin embargo en Marx, como veremos, tampoco encontrarían la "Economía Política de la Transición", pero sí las indicaciones del dirigente del proletariado mundial sobre el condicionamiento histórico de todo pensamiento. A su vez, Marx les haría ver que su objeto de estudio siempre fue "el modo de producción capitalista y las relaciones de producción e intercambio a él correspondientes"[7] con vistas a realizar la revolución comunista y que el presente explica el pasado, pero no siempre hay que conocer el pasado para comprender el presente.

> La sociedad burguesa es la más compleja y desarrollada organización histórica de la producción. Las categorías que expresan sus condiciones y la comprensión de su organización permiten al mismo

> tiempo comprender la organización y las relaciones de producción de todas las formas de sociedad pasadas, sobre cuyas ruinas y elementos ella fue edificada y cuyos vestigios, aún no superados, continúa arrastrando, a la vez que meros indicios previos han desarrollado en ella su significación plena, etcétera.
>
> La anatomía del hombre es una clave para la anatomía del mono. Por el contrario, los indicios de las formas superiores en las especies animales inferiores pueden ser comprendidos sólo cuando se conoce la forma superior.
> La economía burguesa suministra así la clave de la economía antigua, etcétera. Pero no ciertamente al modo de los economistas, que cancelan todas las diferencias históricas y ven la forma burguesa en todas las formas de sociedad. Se puede comprender el tributo, el diezmo, etcétera, cuando se conoce la renta del suelo. Pero no hay por qué identificarlos.
> Además, como la sociedad burguesa no es en sí más que una forma antagónica de desarrollo, ciertas relaciones pertenecientes a formas de sociedad anteriores aparecen en ella sólo de manera atrofiada o hasta disfrazadas. Por ejemplo la propiedad comunal. En consecuencia, si es verdad que las categorías de la economía burguesa poseen cierto grado de validez para todas las otras formas de sociedad, esto debe ser tomado *cum grano salis* [con humor]. Ellas pueden contener estas formas de un modo desarrollado, atrofiado, caricaturizado, etcétera, pero la diferencia será siempre esencial.[8]

Así, la idea de la especificidad del nuevo régimen se perfilaba cada vez con mayor nitidez. La instauración de la dictadura del proletariado expresa un viraje, no sólo en la historia sino en la *forma* de hacer la historia. Por primera vez el hombre asume *conscientemente* la tarea de la organización social. Con la posibilidad de decisión sobre los niveles económico-políticos, se convierte en arquitecto de su destino. Hasta ese momento, la sociedad escindida y disparada en distintas direcciones, sin conciencia de las fuerzas que entraban en juego en el devenir histórico, había sido en gran medida juguete de estas fuerzas.

Una imagen exacta de esta forma "ciega" de hacer historia nos la brindan Marx y Engels en el *Manifiesto del Partido Comunista:*

> Las relaciones burguesas de producción y cambio, las relaciones burguesas de propiedad, toda esta sociedad burguesa moderna, que ha hecho surgir como por encanto tan potentes medios de producción y de cambio, se asemeja al mago que ya no es capaz de dominar los poderes infernales que ha desencadenado con sus conjuros.[9]

La sociedad producía una historia aparentemente incoherente y contradictoria como ella misma, en la que las fuerzas económicas, entonces ajenas a toda conciencia, se imponían como leyes suprahumanas, y eran por ello la única pista posible para que la ciencia social desembrollara aquel lío, y sacara sus primeras conclusiones. Las tendencias y regularidades que en los distintos niveles caracterizan al régimen capitalista sólo fueron captados y explicados racionalmente con la aparición de la economía política como ciencia social. Aún entonces la apologética de la ciencia burguesa impidió detectar muchos de sus rasgos significativos. El marxismo, como conciencia crítica de la realidad capitalista, logró en gran medida aprehenderla finalmente.

Sin embargo, es obvio que el conocimiento de la problemática social no era un factor suficiente —aunque sí importante— para su sujeción a la voluntad humana. Conocer el significado de la plusvalía no elimina, per se, su existencia; se precisa barrer con las estructuras que la originan.

Para apropiarse de su existencia las fuerzas revolucionarias encontraron dos instrumentos: la revolución y la dictadura del proletariado. Con el primero derrocarían al gobierno burgués, con el segundo destruirían su estado, lo sustituirían y someterían a las fuerzas sociales a su arbitrio, iniciando una nueva forma de hacer historia: el proyecto revolucionario se expresaba ahora a través del plan económico. A la conciencia de la realidad se le sumaba el poder de decisión sobre ella.

En esta situación, ¿cuáles son los elementos de la posible teoría?

Todo indica que las decisiones que se toman centralmente pueden ayudar a organizar progresivamente los distintos elementos de la sociedad, permitiendo, con el tiempo, brindarles a estos elementos algunas de las regularidades y tendencias más significativas del pensamiento científico. Pero estas tendencias ya no se "impondrán con férrea necesidad" sobre los hombres puesto que han sido, de hecho, el fruto de su acción consciente y continúan dependiendo de ella.

> Después de la Revolución de Octubre de 1917, de la revolución de Lenin, el hombre ya adquirió una nueva conciencia. Aquellos hombres de la Revolución Francesa, que tantas cosas bellas dieron a la humanidad, que tantos ejemplos dieron, y cuya tradición se conserva, eran, sin embargo, simples instrumentos de la historia. Las fuerzas económicas se movían y ellos interpretaban el sentir popular, el sentir de los hombres de aquella época, y algunos intuían más lejos aún, pero no eran capaces todavía de dirigir la historia, de construir su propia historia conscientemente.
>
> Después de la Revolución de Octubre se ha logrado eso, y después de la Segunda Guerra Mundial, ya el bloque de los países que integran el campo de la paz y del socialismo es muy fuerte. Ya hay mil millones de hombres que dirigen la historia, que la construyen, que saben lo que están haciendo. Y entre esos mil millones, como una gota, pero como una gota diferenciable, con características propias y con todo nuestro orgullo, están los siete millones de cubanos.[10]

De esta primera conclusión se deducía un corolario: cada proceso de transición al comunismo —si bien enmarcado en la semejanza que le otorgan sus premisas (dictadura del proletariado, socialización de los medios de producción, etcétera) y sus objetivos (creación de la sociedad comunista)— reviste una especificidad incuestionable que brota de las decisiones particulares que las distintas direcciones políticas toman como respuesta a los problemas que le sugieren sus diferentes realidades.

Las implicaciones metodológicas de este descubrimiento eran grandes. Por un lado quedaba al desnudo un peligro: la importación de respuestas extrapoladas a los problemas reales que había que enfrentar. Por otro lado, quedaba claro que los problemas que cada proceso revolucionario ha debido afrontar se relacionan íntimamente con el marco histórico en el que ha tenido lugar y deben ser captados como experiencias en esa dimensión.

Había, pues, que estructurar un modelo de construcción comunista que respondiera a las leyes generales que rigen el periodo de transición, a las regularidades de la revolución y de la construcción socialistas formuladas en la Declaración de la Conferencia de los Partidos Comunistas y Obreros de los países socialistas en 1957, y a las características socio-económicas, históricas, ideológicas y culturales de la revolución cubana comenzada en 1868.[11]

Se trataba, por tanto, de formular una concepción general del *modo* en que se realizaría la transición al comunismo, por lo que el modelo debía ser *integral*, esto es, debía abarcar todos los niveles (económico, político, jurídico, ideológico, etcétera) de la formación social, de modo coherente. Tal modelo debía tender, además, a generar la conciencia de su provisionalidad: es un instrumento que requiere de su renovación constante para revolucionar la realidad.

En su formulación, la ideología establece las metas, y la ciencia puntualiza las posibilidades de alcanzarlas y estructura las vías de hacerlo. Nadie puede hacer ciencia de lo inexistente; por ello la ideología y la conciencia de *lo que se quiere superar* desempeñan un papel importante.

Para Che, "El sistema presupuestario *es parte de una concepción general* del desarrollo de la construcción del socialismo y debe ser estudiado entonces en su conjunto".[12]

La racionalidad del modelo económico debía, pues, estar en consecuencia con la *racionalidad social* del modelo y no a la inversa. Dicho de otro modo, la racionalidad social requiere la económica como premisa, pero la racionalidad económica no expresa la racionalidad social *per se*. No se trata aquí de la cantidad y calidad de bienes materiales elaborados sino del *modo* en que se producen, y de las relaciones sociales que se desprenden de dicha manera de producir.

La concepción general en la que se formularía el modelo quedaba sintetizada en la respuesta tajante de Che a una pregunta periodística:

> El socialismo económico sin la moral comunista no me interesa. Luchamos contra la miseria, pero al mismo tiempo luchamos contra la alienación. Uno de los objetivos fundamentales del marxismo es hacer desaparecer el interés, el factor "interés individual" y provecho de las motivaciones sicológicas.
>
> Marx se preocupaba tanto de los hechos económicos como de su traducción en la mente. El llamaba eso un "hecho de conciencia". Si el comunismo descuida los hechos de conciencia puede ser un método de repartición, pero deja de ser una moral revolucionaria.[13]

En esta certera negación conceptual, Che fijaba el objetivo estratégico, y con éste, la concepción general de nuestra transición.

Así quedaba establecido el objetivo último de todo esfuerzo: la estructuración social que provocara el condicionamiento óptimo para el *tipo* de "naturaleza humana" al que se aspiraba. El hombre *nuevo* surgiría como resultado de la labor revolucionaria y del nivel de conciencia inherente a las estructuras creadas por él mismo, se apropiaría de su misma existencia al dominar las fuerzas que antes le imponían su destino y que ahora dominaría y dirigiría. La dirección de los procesos sociales se haría consciente y masiva. La masa se elevaría al nivel de la actual vanguardia y a escalones aún más altos.[14] El poder no sería solamente *popular;* sería el poder del pueblo. Che tenía confianza en la capacidad de autotransformación humana.

Marx y Engels expresaron en *La ideología alemana* lo siguiente:

> Que tanto para engendrar en masa esta conciencia comunista como para llevar adelante la cosa misma, *es*

> *necesaria una transformación en masa de los hombres, que sólo podrá conseguirse mediante un movimiento práctico, mediante una revolución;* y que, por consiguiente, la revolución no sólo es necesaria porque la clase *dominante* no puede ser derrocada de otro modo, sino también porque *únicamente por medio de una revolución logrará la clase que derriba salir del cieno* en que se hunde y volverse capaz de fundar la sociedad sobre nuevas bases.[15]

Che pensaba que la transformación de la conciencia humana debía de empezarse en la primera fase del periodo de transición: del capitalismo al comunismo. El era del criterio que la nueva conciencia social no se obtendría como un resultado final de una primera etapa de desarrollo de la base material y técnica, de la eficiencia económica.

Che entendía que la creación de la nueva conciencia social requería el mismo esfuerzo que el que dedicáramos al desarrollo de la base material del socialismo. Y veía en la conciencia un elemento activo, una fuerza material, un motor de desarrollo de la base material y técnica. No concebía que pudiera relegarse a un segundo plano la conciencia y cuidaba de que los métodos y los medios a utilizar para lograr el *fin* no fueran a alejarlo o desnaturalizarlo.

Che no idealizaba a los hombres ni a las clases ni a la masa. Conocía bien teórica y prácticamente sus aspiraciones, sus anhelos, su sicología, su ideología y la "herencia" que arrastraban de la sociedad capitalista. Tenía presente el sentido histórico de todo pensamiento y conducta y era fiel a los principios marxista-leninistas en la interpretación que hacía al respecto.[16]

La sociedad socialista hay que construirla con los hombres que luchan por salir del cieno burgués pero no sometiéndose a sus motivaciones pasadas. Hay que conjugar lo viejo y lo nuevo de forma dialéctica.

Para Che no son idénticos los conceptos siguientes: base *material* y riqueza *económica*, desarrollo de *las fuerzas productivas* y desarrollo de la *producción*,[17] relaciones *sociales* de producción y relaciones *económicas*, producción y reproducción de la *vida material* y producción y reproducción de *bienes de consumo*. Es por ello que la riqueza de las categorías marxistas, que desbordan el elemento económico para brindar una visión compleja e inteligible de la realidad, no es reductible a conceptos económicos cuyos equivalentes pueden hallarse fácilmente en cualquier historia del pensamiento económico burgués. Son las relaciones sociales de producción las que condicionan la conciencia social de una época y no las relaciones puramente *económicas.* Che creía que la equiparación de conceptos diversos como los anteriormente mencionados puede conducir a la formulación de modelos de construcción socialista que no incluyen el elemento político-ideológico y que, por referirse exclusivamente al nivel económico, olvidan la importancia de los factores superestructurales.

Che entendía que si se seguía esta lógica de pensamiento, la primera fase del comunismo se podía identificar como una etapa de transformaciones *económicas,* o para ser más exacto, de desarrollo *económico,* de la cual surgirían de forma *natural,* en la segunda etapa, las nuevas formas de conciencia social. Y esta manera de abordar el problema de la transición podía indicar que la *base* y la *superestructura* son fenómenos independientes que pueden ser abordados en etapas diferenciadas, o al menos, que el segundo es un elemento pasivo.[18] Coincidía con Marx en el sentido "de que, por tanto, *las circunstancias hacen al hombre* en la misma medida en que éste hace a las circunstancias".[19] Y coincidía en el ordenamiento de factores que hace Marx en su *Crítica del Programa de Gotha* para caracterizar el comunismo:

> En la fase superior de la sociedad comunista, cuando haya desaparecido la subordinación esclavizadora, de los individuos a la división del trabajo, y con ella, la oposición entre el trabajo intelectual y el trabajo manual; *cuando el trabajo no sea solamente un medio de vida, sino la primera necesidad vital; cuando, con el desarrollo de los individuos en todos sus aspectos, crezcan también las fuerzas productivas* y corran a chorro lleno los manantiales de la riqueza colectiva.[20]

Como se puede apreciar, el factor "riqueza colectiva" está antecedido por toda una serie de elementos que la condicionan, entre los cuales, y precediéndolo directamente, se sitúa "el desarrollo de los individuos en todos sus aspectos".

Che pensó en lo que se entiende por racionalidad económica; comprobó cómo ésta siempre gira sobre los conceptos de eficiencia, productividad, utilidad máxima, decisión óptima, beneficio, etcétera, y se percató de que falta, sin embargo, la pregunta: ¿Cuál es el objetivo que se persigue con la aplicación de estos métodos económicos? Si se trata simplemente del *desarrollo* económico entonces no importarían los *métodos* que se emplearan con ese fin, ya que este objetivo se identifica con la racionalidad social. No es lo mismo si se entiende que la sociedad persigue objetivos superiores y más complejos que el desarrollo del nivel económico. De esta forma de razonar se desprendería que entre esos objetivos de mayor alcance y la gestión económica existe una vinculación orgánica que se relaciona con la pregunta: ¿En qué forma han de comportarse los elementos económicos para lograr los objetivos que la sociedad persigue en su conjunto?

Así quedaría delimitado el papel de la racionalidad económica, que parecería como uno de los elementos a través de los cuales se establece la racionalidad social, a la cual se subordina.

> Si el estímulo material se opone al desarrollo de la conciencia, pero es una gran palanca para obtener logros en la producción, ¿debe entenderse que la atención preferente al desarrollo de la conciencia retarda la producción? En términos comparativos, en una época dada, es posible, aunque nadie ha hecho los cálculos pertinentes; nosotros afirmamos que en tiempo relativamente corto el desarrollo de la conciencia hace más por el desarrollo de la producción que el estímulo material y lo hacemos basados en la proyección general del desarrollo de la sociedad para entrar al comunismo, lo que presupone que el trabajo deje de ser una penosa necesidad para convertirse en un agradable imperativo.[21]

No se trata, pues, de una opción inocente entre una u otra posición teórica que pudiera resultar de nuestro agrado; la dimensión real del problema se capta al tomar conciencia de que la opción implica de inmediato la estructuración del conjunto de relaciones materiales ideológicas que sellarán la producción de la vida y la conciencia futura. No basta, por tanto, con que la propiedad de los medios de producción sea estatal para suscribir la afirmación socialista de un régimen de producción.

Había que ver, pues, las formas en que está estructurado el aparato de dirección estatal, el carácter de los incentivos empleados, las formas mismas de propiedad que coexistan o no y su extensión (social o cooperativa, por ejemplo), la existencia y acción del mercado y/o del plan, según sea el caso, la existencia o no de una vasta producción mercantil, etcétera. Estos son los elementos que configuran un determinado modo de producción, un determinado modo de actividad, un determinado modo de manifestar su vida los individuos, cuya formación ideológica brotará continuamente de tal estructura.

Che pensaba que los avances, estancamientos o retrocesos operados en el plano ideológico no pueden explicarse de manera simplista a partir del mejor o peor trabajo político y de educación ideológica que se haya realizado. Aquellos se hallan condicionados por ese conjunto de relaciones materiales al que nos referimos.

La formación de generaciones que trascienden los egoísmos y ambiciones que movieron al hombre en las sociedades de clase, no es consecuente con el principio del interés material directo como palanca *fundamental* impulsora de la construcción de la sociedad nueva. Che insistía en la necesidad de tener presentes algunos asertos esenciales del marxismo: aquellos de la coincidencia de la producción de la vida material y la conciencia, de las relaciones entre la base y la superestructura, de la "coincidencia de la modificación de las circunstancias y de la actividad humana".

Che prevenía contra el peligroso sendero del pragmatismo ante estas realidades, por lo que la búsqueda de los parámetros de nuestra transición seguía siendo para él una necesidad vital.

Uno de los principales méritos teóricos de Che es, sin duda, su comprensión de las complejas relaciones entre la base y la superestructura durante la transición (socialismo).

En *La ideología alemana,* primer genial escrito conjunto de Marx y Engels, había quedado develado el modo en que las relaciones materiales (estructura), y dentro de éstas particularmente las económicas, sobredeterminaban, condicionaban, las relaciones ideológicas (superestructura) propias de aquellas. Este descubrimiento, de cardinal importancia, hacía posible la aparición de una genuina ciencia social: el materialismo histórico.

Sin embargo, resulta curioso que en la bibliografía llegada a manos de Che sobre la transición, publicada en las más diversas latitudes y con variadas procedencias ideológicas, no se aborde claramente la cuestión del modo en que la nueva organización económica de la sociedad y la remodelación de las relaciones sociales en general condicionan las formas en conciencia social.

En la bibliografía a la que nos referimos predominan dos tipos de aproximación al problema:

Primero, la instauración de la dictadura del proletariado garantiza *per se* la aparición progresiva de la conciencia comunista.

Segundo, la cuestión económica es tratada de modo independiente de las formas superestructurales que la acompañan.

Ambas concepciones expresan una incomprensión de la medular tesis marxista-leninista sobre la base y la superestructura sociales, y pueden ser fuente de graves errores no sólo de orden teórico, sino también —y principalmente— de carácter práctico.

En el primer caso hay que comenzar por decir que "dictadura del proletariado" es una abstracción, síntesis de muchas otras, que expresa un fenómeno objetivo compuesto por multitud de aspectos. Por ello no hay que identificar el triunfo revolucionario con la instauración de la dictadura revolucionaria en su forma más compleja y acabada. El triunfo permite la iniciación del proceso de instauración progresiva de esa dictadura, proceso que tiene sus etapas y que sin duda tiene que concentrar su esfuerzo principal en la lucha contra los elementos contrarrevolucionarios y en la consolidación del poder revolucionario en su primera fase.

La dictadura del proletariado, tal y como fue concebida por los clásicos del marxismo, era el proceso mediante el cual, una vez tomado el poder, se liquidarían las relaciones sociales de producción que caracterizan al capitalismo sustituyéndolas por otras de nuevo tipo (comunistas).

En ese sentido sí puede decirse que la dictadura proletaria *implica* la formación de la conciencia comunista. Pero se trata de una implicación *programática*, de una meta a ser alcanzada.

Ahora bien, la cuestión de si se alcanza o no, si se logra en un plazo más breve o más largo, depende de la práctica misma de dicha dictadura, de la visión política de sus líderes, de las posibilidades reales endógenas y exógenas que se les presenten para su realización y de muchos otros factores.

De todo ello se desprende una enseñanza: el triunfo revolucionario inicial abre la *posibilidad* del cambio social pero no es una garantía *per se* de éste. La vanguardia deberá promover de modo dirigido y consciente la creación de las estructuras que permitan generar la actitud comunista en las nuevas generaciones y no abandonar a la espontaneidad este delicado proceso.

En relación con la segunda concepción a la que hacíamos referencia, aquella que tiende a abordar las cuestiones de la economía de la transición de modo independiente, desvinculadas de los aspectos superestructurales, es preciso subrayar que Che afirmaba que esta concepción tiende a provocar peligrosos errores conceptuales y prácticos.

Existe la tendencia entre algunos economistas a tratar de modo técnico, académico, los asuntos que competen a su campo de estudio, procurando dejar a un lado las consideraciones de orden político, ideológico o filosófico, por considerar que la inclusión de tales elementos reduce y/o vicia el nivel de cientificidad de sus aseveraciones teóricas. Se trata de una posición falsa y equivocada en cualquier caso, pero cuando además el asunto analizado es precisamente la economía socialista (de transición), tal actitud es fuente de numerosos errores de consecuencias incalculables.

Esta actitud explica la existencia de una bibliografía sobre la economía de la transición en la que los problemas de orden político e ideológico y el juego de relaciones complejas de la base y la superestructura en esa etapa son dejadas al margen de toda consideración.

Como aseverara Che, es precisamente esa actitud la que hace posible el peligro de que "los árboles impidan ver el bosque" y que persiguiendo el desarrollo económico se haga uso indiscriminado de las "armas melladas que nos legara el capitalismo", sólo para descubrir más tarde que las nuevas formas y *estructuras económicas* establecidas han hecho su trabajo de zapa sobre la conciencia.[22] En suma, es esa actitud tecnocrática, administrativista la que, por una ausencia total de análisis de la problemática base-superestructura en el tránsito, abre ancho cauce al revisionismo en el terreno teórico y a la contrarrevolución en el práctico, de modo consciente e inconsciente, propóngaselo o no el autor.

La forma en que cada una de las nuevas estructuras económicas e instituciones condiciona y se expresa en las motivaciones del hombre corriente, resulta un aspecto vital que debe ser estudiado en cualquier ensayo sobre el periodo de transición.

Esta comprensión del fenómeno base-superestructura en esa etapa le permitía a Che asumir una posición revolucionaria en relación con la economía socialista en la que la racionalidad económica *per se* no aparecía como indicador seguro de la transformación revolucionaria.

Sucede en ocasiones que en el análisis de determinadas causas de tensiones o anomalías ocurridas de modo ocasional y que pueden estar vinculadas a la actividad enemiga o ser aprovechadas por el enemigo, se utiliza un punto de vista estrechamente superestructural, y se las achaca a métodos políticos erróneos, falta de relación orgánica entre el gobierno y la masa, mal trabajo político partidario, etcétera.

En ningún momento se incluye el análisis de la *estructura económica* de esa sociedad, la que aparece "más allá de toda sospecha" por su declarado carácter socialista. Sin embargo resulta claro que dicha estructura es el resultado de acciones humanas tan conscientes como la puesta en marcha de un programa de instrucción política, y que es, por lo tanto, factible que posea defectos, deficiencias, o desviaciones debidos a errores y malas interpretaciones por parte de los seres humanos que la crearon: defectos y deficiencias que en modo alguno son inherentes al carácter socialista de la economía y que es preciso detectar y corregir para hacer más saludable ésta y la sociedad en general. Es más, la existencia de tales deficiencias o defectos en la estructura económica afecta toda la superestructura, y dentro de ella, el propio trabajo político, el cual resulta la base condicionadora de la conciencia social de esta etapa.

Che pensaba que la perpetuación y el desarrollo de las leyes y categorías económicas del capitalismo prolongan las relaciones sociales de producción burguesas y con ellas los hábitos de pensamiento y motivaciones de la sociedad capitalista, aunque ahora el fenómeno se ha metamorfoseado bajo formas socialistas.

No se trata tampoco de que un vulgar economicismo nos lleve a achacar a la estructura económica la causa de cualquier anomalía en el terreno superestructural, pero sí de que aquella, en tanto *base,* no sólo no debe colocarse "al margen de toda sospecha" cuando algo ocurre, sino que debe ser "el primer sospechoso" a ser "interrogado".

Sin embargo, en muchas ocasiones el debate no ha transitado de modo consecuente ese camino de análisis integral y riguroso. Por lo general el planteo o replanteo del problema se produce al detectarse una crisis en el funcionamiento de la economía y por ello la discusión tiende inevitablemente a girar en torno a la eficiencia económica y a apoyarse en la conciencia de la necesidad de optar por un nuevo modelo de dirección económica que sea capaz de alcanzar dicha eficiencia, superando así al modelo que prevaleció hasta entonces.

A pesar de ello no se trata aquí de un monopolio o estado capitalista sino de una revolución, que persigue como objetivo estratégico supremo el establecimiento de un nuevo orden de relaciones humanas: las comunistas. Por ello la discusión tiene en este caso profundas y complejas implicaciones que trascienden al campo económico y que precisan de un delicado, detallado y comprensivo examen.

No obstante repetimos: la bibliografía a la que hicimos referencia, que nos informa sobre los debates de este tipo ocurridos en diversos momentos históricos, tiende en su casi totalidad a concentrarse en los aspectos técnicos y administrativos del problema y a omitir la dimensión socio-política de las opciones debatidas. Esto acarrea a su vez nuevos defectos en los análisis futuros, ya que la legitimidad, validez u operatividad del sistema de dirección aplicado se mide en términos estrictos de eficiencia económica y todas las investigaciones que se realizan para comprobar lo acertado o no de la opción tomada se centran en el análisis de los índices de eficiencia económica.

El peligro contenido en esta deficiencia metodológica consiste en que, de verse afectada negativamente la superestructura por las relaciones económicas existentes y de no ser además analizado este elemento en cualquier posterior debate sobre una posible transformación de estas relaciones, la posibilidad de que se establezca una dinámica de progresivas regresiones en la conciencia social se acrecienta de modo dramático.

A esta relación dialéctica era a la que hacía alusión Che al recalcar que los mecanismos de la economía de mercado y el uso indiscriminado e irreflexivo del incentivo material directo como propulsor de la producción tendían a adquirir fisonomía propia e imponer su dinámica independiente en el conjunto de las relaciones sociales. A tal posibilidad era a la que se refería también Lenin cuando después de implantada la necesaria Nueva Política Económica clamaba por dar término al repliegue y pasar nuevamente a la ofensiva contra el capitalismo. Desgraciadamente, Lenin no vivió lo bastante para elaborar la estrategia y la táctica del repliegue y de la ofensiva.[23]

Era preciso, por tanto, un modelo para la transición con el cual transformar las estructuras capitalistas y avanzar hacia formas de conciencia y producción comunistas.

La primera dificultad saltó de inmediato: ¿cómo elaborar una teoría sobre una *transición no realizada?* ¿Cómo ejecutar el análisis científico de un objeto inexistente? La solución sería darse a la transformación práctica de las circunstancias *dentro de una concepción general* de los fines perseguidos. De esta manera, las medidas prácticas tendrían una coherencia interna dada por la concepción que las enmarcaba. Así adquirían el nivel de un sistema[24] cuyo modelo[25] sería establecido por tal concepción general. Esta concepción funcionaría como premisa teórica, en la que se producirían los reajustes necesarios a partir de la información recibida en la retroalimentación del modelo.

Mientras, la concepción general del modelo le fijaba su objetivo estratégico: la configuración de un nuevo modo de producción, de un conjunto nuevo de relaciones sociales esencialmente antagónico del capitalista; en suma, el cambio de las circunstancias y la coincidente transformación de los hombres en comunistas, antípodas del *homo economicus* de las sociedades de clase, en particular del régimen capitalista, desde un país subdesarrollado como Cuba.

No se trata aquí del romanticismo revolucionario que sueña con paraísos utópicos: es evidente que el objetivo estratégico de la primera sociedad construida en forma consciente ha de ser, precisamente, el desarrollo de la conciencia.

Por otro lado, es cierto que el *hombre nuevo* no puede ser exactamente definido, pero es perfectamente claro *cómo no queremos que sea*. Así, el hombre nuevo es la antípoda del *homo economicus* de la "prehistoria de la humanidad", como definiera Marx este largo camino de miserias y luchas por darle al mundo una nueva faz.

Por esta razón de lo que se trata es de detectar las estructuras que engendran los egoísmos y ambiciones humanas para barrerlas, suplantándolas por nuevas instituciones y mecanismos sociales capaces de moldear las generaciones venideras en sentido diferente.

Una vez más: no es romanticismo, sino la comprensión marxista-leninista de que el ser social determina la conciencia social y de que la transformación de ambos sólo puede resolverse en la práctica y en forma coincidente.

Una vez fijada la meta, se precisaba evaluar las posibilidades de alcanzarla, esto es, evaluar el conjunto de elementos que objetivamente condicionaban la voluntad de transformación revolucionaria estableciendo el marco probabilístico de su acción *en aquel momento*. Estos factores objetivos establecían, pues, los límites y posibilidades *iniciales* de la actividad revolucionaria. Los comunistas, reconociendo desde un principio esta realidad objetiva, se proponían transformarla, apoyándose en los elementos de ésta que le resultaban favorables, con lo que hacía mayor tal marco probabilístico.

Se trataba, por tanto, de la adopción de la más genuina posición marxista ante la falsa dicotomía "determinista-voluntarista". El hombre, en efecto, se encuentra siempre en una situación *histórica* dada en cuya creación no participó directamente, sino que "hereda" de las generaciones que lo precedieron; tales son las condiciones *objetivas* que *enfrenta* de manera ajena a su voluntad y que condicionan *en cada momento* su acción; pero precisamente *es su acción la que moviéndose en ese marco probabilístico lo transforma, creando una nueva situación objetiva en la que se le abren opciones y posibilidades.*

Por esta razón, el modelo transicional realizado por Che esquiva felizmente los polos de la dicotomía mencionada. No es voluntarista, porque está concebido sobre el estricto conocimiento de la realidad objetiva que tendría que enfrentar en la observancia de las leyes que rigen la formación económico-social comunista y de las experiencias de los países socialistas hermanos. No es determinista porque el modelo no está concebido para *adecuarse* a esa realidad, sino para transformarla.

¿Y cuál era la fisonomía de la realidad cubana a principios de la década del 60?

Cuba era un país de agricultura atrasada y monoproductora, de escasa industria; con notable retraso tecnológico y bajos índices de productividad, incapaz de autoabastecerse; de economía abierta; con absoluta dependencia de comercio exterior, pero sin flota mercante; con una fuerza laboral poco calificada, nutrida por escasos técnicos e ingenieros; sin fuentes energéticas y sin una organización de los recursos hidráulicos que permitiera a la agricultura —pilar básico de la economía nacional— enfrentar los fenómenos temporales y climáticos; con necesidades sociales de todo tipo que se habían acumulado durante décadas; y con un grave problema de desempleo pendiente de solución. Además, éramos una neocolonia.

Cuba también era un país pequeño con una aceptable red vial si la comparamos con la de otros países latinoamericanos en aquel momento; con una notable red de comunicaciones que iban desde el télex hasta el teléfono pasando por el radio, la microonda, el cable, el telégrafo y la televisión. Durante la década del 50, las compañías norteamericanas tomaron a Cuba como campo experimental donde poner a pruebas sus últimas innovaciones en materias de comunicaciones, lo que determinó un crecimiento desproporcionado de éstas en comparación con cualquier país latinoamericano e incluso —proporcionalmente— con los propios Estados Unidos, donde en ocasiones nunca llegaron a aplicarse sistemas de comunicaciones instalados en Cuba. Algunas corporaciones extranjeras habían implantado las últimas innovaciones técnicas en lo que a contabilidad, organización y dirección de la producción y control económico se refiere.

En su artículo "Sobre el Sistema Presupuestario de Financiamiento", Che transcribe una larga cita del economista polaco Oscar Lange en la que este hace un inventario de las últimas adquisiciones técnico-económicas del capitalismo de Estado. Che agrega de inmediato: "Es de hacer notar que Cuba no había efectuado su tránsito, ni siquiera iniciado su revolución cuando esto se escribía. Muchos de los adelantos técnicos que Lange describe existían en Cuba".[26]

Por otro lado, la revolución cubana se inauguraba en un momento histórico singular: coincidía con la existencia de un ya poderoso campo socialista cuya consolidación económica, militar y política era notoria e incuestionable. También coincidía con un desarrollo inusitado de la ciencia y la tecnología mundial, en particular el de la cibernética, la electrónica y la informática, muy importante a los efectos de la organización económica. He aquí, pues, un hecho vital de nuestra realidad objetiva: Cuba no estaba sola, como lo había estado la Rusia bolchevique.

Este conjunto de factores indicaba la posibilidad y la necesidad de construir un modelo de dirección de la economía que —apoyándose en la experiencia de los países socialistas, en el sistema de comunicaciones existente, en la magnitud geográfica de la nación y en los últimos adelantos de las técnicas económicas de análisis, control y organización de la producción— centralizase la gestión administrativa, lo que, contando con indicadores adecuados, permitiría el pase a la consolidación de una economía planificada.

Resulta conveniente destacar que las exigencias de Che no eran fruto de un extremismo dogmático, ni del temor al "contagio" capitalista. Al mismo tiempo que denunciaba con vehemencia los peligros implícitos en el intento por parte de algunos economistas de entender la economía socialista mediante las categorías de la economía política del capitalismo, señalaba la posibilidad de apoderarse de las últimas adquisiciones técnico-económicas capitalistas en materia de control, organización y contabilidad de las empresas y la producción. Así, refiriéndose a estos sistemas de control afirmaba:

> Nos decía que no íbamos a inventar nada nuevo, que esa era la contabilidad de los monopolios, y es verdad, tiene mucha similitud con la contabilidad de los monopolios, pero nadie puede negar que los monopolios tienen un sistema de control muy eficiente y los centavitos los cuidan mucho, no les importa tener muchos millones, siempre cuidan mucho los centavos y las técnicas de determinación de los costos son muy rigurosas.[27]

Sin embargo, cuando se trataba de la utilización de categorías de la economía política del capitalismo, tales como mercado, interés, estímulo material directo, beneficio, Che pensaba que no se puede construir el socialismo con elementos del capitalismo sin cambiar realmente la significación del socialismo. Transitar esa vía nos puede producir un sistema híbrido que obligue a nuevas concesiones a las palancas económicas capitalistas y, por ende, a un retroceso.

En ese sentido es de recalcar también la insistencia de Che en que no se empleasen términos tomados de la economía política capitalista para describir o expresar los fenómenos de la transición, no sólo por la confusión que esto implica en el análisis, sino porque el empleo de tales categorías va configurando una lógica en la que el pensamiento marxista queda desnaturalizado.

El problema, pues, no era nada sencillo. Se trataba de la estructuración de las formas específicas de nuestra transición en momentos en que no existía siquiera una teoría desarrollada sobre el periodo, sino solamente el arsenal de las experiencias previas de los otros países del campo socialista.

CAPITULO 2

El concepto marxista de la política como la expresión concentrada de la economía y su importancia para la dirección de la economía en el socialismo

LA CONSTRUCCION DEL MODELO al que hemos hecho referencia debería vincularse orgánicamente con la concepción general que de la especificidad de nuestra transición tenía la dirección revolucionaria, de manera que pudiera inscribirse coherentemente en ella, para funcionar de esa forma como uno de sus mecanismos.[28] Esto es, el sistema de dirección de la economía que se sugería debería contribuir, de manera esencial, al objetivo estratégico perseguido: la estructuración de un nuevo orden social y la formación de un nuevo tipo de hombre, el comunista.

La relación coherente entre el subsistema de funcionamiento económico y el sistema de dirección socialista era vital para garantizar que la batalla contra la miseria implicara la simultánea creación de la nueva conciencia comunista. La medida en que el modelo de funcionamiento económico propuesto (sistema presupuestario de financiamiento) contribuyera al logro de los objetivos estratégicos enmarcados en la concepción general de nuestra transición, indicaría su capacidad para armonizar la racionalidad social y la económica.

El Sistema Presupuestario de Fianciamiento, considerado como un modelo de funcionamiento de la economía socialista, debería, pues, demostrar su éxito en dos terrenos. Desde el punto de vista técnico, debería mostrar su capacidad para realizar la gestión administrativa de manera eficiente; desde el punto de vista estructural, debería integrarse de manera tal que cumpliese con los requisitos político-ideológicos del periodo de transición en que se insertaba, impulsando, de manera esencial, la transformación comunista del conjunto de las relaciones sociales. Sus éxitos en el campo económico garantizaban la posibilidad de construcción del nuevo orden, pero la *manera* en que tales éxitos se lograban tenía una importancia esencial: ésta condicionaba la remodelación social que se pretendía. En otras palabras: los éxitos económicos serían realmente tales en la medida en que, tanto por sus resultados finales como por la manera en que fueran logrados, implicaran un impulso decisivo a la formación de relaciones sociales comunistas y, por tanto, de nuevas formas de conciencia social.

De aquí un hecho importante a tener en cuenta: la efectividad del Sistema Presupuestario de Financiamiento no se evalúa exclusivamente por la optimización de los recursos a su alcance, ni por el monto cuantitativo de los beneficios y utilidades obtenidos por sus empresas, sino además por su capacidad para optimizar la gestión económica *en función* del desarrollo de la educación comunista, por su capacidad para armonizar los objetivos estratégicos y tácticos, sociales y económicos; en suma: por su capacidad para armonizar la racionalidad social y la económica.

Como economista revolucionario, Che no perdía de vista ni un instante que la racionalidad económica *per se* no podía ser en el socialismo el indicador de la racionalidad social; la formación de un nuevo tipo de relación humana habría de ser el objetivo central de todo esfuerzo y los demás factores serían positivos o negativos en la medida en que contribuyeran a acelerarlo o alejarlo. De otro modo se corría el gravísimo riesgo de que la necesidad de trascender la miseria acumulada durante siglos llevara a la vanguardia revolucionaria a situar el éxito productivo como la única meta central, perdiendo de vista la razón de ser de la revolución. La persecución de logros puramente económicos podría llevar en tal caso a la aplicación de métodos que, aunque resultaran económicamente exitosos a corto plazo, podrían hipotecar el futuro revolucionario, por el progresivo deterioro del proceso de concientización. Nadie como Che para describir este fenómeno.

> En estos países no se ha producido todavía una educación completa para el trabajo social y la riqueza dista de estar al alcance de las masas mediante el simple proceso de apropiación. El subdesarrollo por un lado y la habitual fuga de capitales hacia países "civilizados" por otro, hacen imposible un cambio rápido y sin sacrificios. Resta un gran tramo a recorrer en la construcción de la base económica y la tentación de seguir los caminos trillados del interés material, como palanca impulsora de un desarrollo acelerado, es muy grande.
>
> Se corre el peligro de que los árboles impidan ver el bosque. Persiguiendo la quimera de realizar el socialismo con la ayuda de las armas melladas que nos legara el capitalismo (la mercancía como célula económica, la rentabilidad, el interés material individual como palanca, etcétera), se puede llegar a un callejón sin salida. Y se arriba allí tras de recorrer una larga distancia en la que los caminos se entrecruzan muchas veces y donde es difícil percibir el momento en que se equivocó la ruta. Entre tanto, la base económica adoptada ha hecho su trabajo de zapa sobre el desarrollo de la conciencia. Para construir el comunismo, simultáneamente con la base material, hay que hacer al hombre nuevo.[29]

Y, una vez más, puntualizaba:

> No se trata de cuántos kilogramos de carne se come o de cuántas veces por año pueda ir alguien a pasearse en la playa, ni de cuántas bellezas que vienen del exterior puedan comprarse con los salarios actuales. Se trata, precisamente, de que el individuo se sienta más pleno, con mucha más riqueza interior y con mucha más responsabilidad.[30]

La racionalidad económica, por tanto, se expresaba para Che en la óptima utilización posible de los recursos en función del desarrollo multilateral de la sociedad y de la educación comunista.

No se trata de que la construcción comunista sea compatible

con la quiebra económica, sino de que la eficiencia de la gestión administrativa en el socialismo no puede medirse *exclusivamente* por el monto de valores creados, sino por la medida en que las estructuras de funcionamiento económico contribuyen a aproximar la sociedad nueva, mediante la transformación de los hombres, ahora condicionados socialmente en un sentido comunista, a partir, precisamente, de tales estructuras.

El peso que respectivamente tienen los logros económicos y aquellos obtenidos en el proceso de concientización, en relación con el comunismo, quedan claramente fijados por Che.

> El socialismo no es una sociedad de beneficencia, no es un régimen utópico, basado en la bondad del hombre como hombre. El socialismo es un régimen al *que se llega históricamente,* y que tiene como base la socialización de los bienes fundamentales de producción y la distribución equitativa de todas las riquezas de la sociedad, dentro de un marco en el cual haya producción de tipo social.[31]
>
> En nuestra posición *el comunismo es un fenómeno de conciencia y no solamente un fenómeno de producción;* y que no se puede llegar al comunismo por la simple acumulación mecánica de cantidades de productos, puestos a disposición del pueblo. Ahí se llegará a algo, naturalmente, de alguna forma especial de socialismo. A eso que está definido por Marx como comunismo y lo que se aspira en general como comunismo, a eso no se puede llegar si el hombre no es consciente. Es decir, si no tiene una conciencia nueva frente a la sociedad.[32]

La concepción antes expuesta es posible sintetizarla apretadamente en la frase que a continuación transcribimos, dicha por Che en su discurso pronunciado en homenaje a obreros destacados y trabajadores de la República Democrática Alemana, el 21 de agosto de 1962:

> Productividad, más producción, conciencia, eso es la síntesis sobre la que se puede formar la sociedad nueva.[33]

Resulta en extremo importante el esclarecimiento de esta cuestión, pues el revisionismo en las teorías sobre la transición, a veces encubierto bajo fórmulas tecnocráticas asociadas con teorías que utilizan sociólogos burgueses con el fin de argumentar la caducidad del marxismo-leninismo, tiene su base en la separación de los elementos económicos y político-ideológicos y en la primacía que en dichas teorías adquiere la formulación de los modelos de funcionamiento económico cuyo objetivo central es la optimización de los beneficios, y en las que la razón de ser de la revolución queda francamente al margen del debate. "Ocupémonos de optimizar el crecimiento económico, que lo otro vendrá después", es su consigna; y así intenta introducir de contrabando la fruta podrida del capitalismo.

Bastaría con analizar las motivaciones del ciudadano común de la "sociedad de consumo" norteamericana para comprender que opulencia y conciencia comunista no guardan una relación automática.

El 4 de abril de 1982, en la clausura del IV Congreso de la Unión de Jóvenes Comunistas, Fidel expresaba:

> El marxismo-leninismo tiene que continuar desarrollándose en la práctica de todos los días en un sentido revolucionario, y veremos si hay revolución que retroceda si se aplican correctamente los principios del marxismo-leninismo, y si se aplican creadoramente y, sobre todo, si se aplica el principio de aplicar los principios. Porque luego surgen los problemitas, cuando no se aplican correctamente los principios que tanto explotan los enemigos del socialismo, que tanto explotan los capitalistas para tratar de darle oxígeno a su sistema decrépito, inhumano y prehistórico.
>
> Pero esa parte nos corresponde a nosotros, los revolucionarios. Porque es fácil equivocarse, y muchas veces se cometen equivocaciones, y las equivocaciones son el resultado de falta de análisis serio, profundo; resultado de falta de análisis colectivo, que es uno de los principios fundamentales también del marxismo-leninismo. . . .
>
> Sin embargo, nosotros hemos tenido que adoptar determinadas medidas, porque nos las impone la

> necesidad y nos las impone la realidad. Ayudan, desarrollan la economía, el desarrollo de la economía aumenta los recursos, aumenta las posibilidades de desarrollo de la sociedad y aumenta la riqueza de la sociedad. Si no hay riqueza, habrá pocas cosas que distribuir.
>
> Esa es una realidad, y la revolución, en la rectificación de sus errores de idealismo, abordó valientemente y adoptó las medidas pertinentes; pero se producen contradicciones. Y tenemos que evitar que las fórmulas socialistas comprometan la conciencia comunista; tenemos que evitar que las fórmulas socialistas comprometan nuestros más hermosos objetivos, nuestras aspiraciones, nuestros sueños comunistas; tenemos que evitar que el descuido ideológico y la no comprensión de estas verdades hipotequen la meta de formar un hombre comunista. . . .
>
> No sólo sobre la base de la abundancia de riquezas se puede hablar de conciencia comunista, ni nadie puede esperar por eso.
>
> A mi juicio, el desarrollo de la sociedad comunista es algo en que el crecimiento de las riquezas y de la base material tiene que ir aparejado con la conciencia, porque puede ocurrir, incluso, que crezcan las riquezas y bajen las conciencias . . . y tengo la convicción de que no es sólo la riqueza o el desarrollo de la base material lo que va a crear una conciencia ni mucho menos. Hay países con mucha más riqueza que nosotros, hay algunos. No quiero hacer comparaciones de ninguna clase, no es correcto. Pero hay experiencias de países revolucionarios donde la riqueza avanzó más que la conciencia, y después vienen, incluso, problemas de contrarrevoluciones y cosas por el estilo. Puede haber, quizás, sin mucha riqueza mucha conciencia. . . .
>
> Hay que buscar fórmulas socialistas a los problemas y no fórmulas capitalistas, porque no nos damos cuenta y empiezan a corroernos, empiezan a contaminarnos.[34]

Con clara conciencia de estos problemas, Che seleccionaba

cuidadosamente los elementos que integrarían el sistema presupuestario de dirección de la economía, sus formas institucionales, sus mecanismos de control y motivación, etcétera. A 90 millas de las costas imperialistas el socialismo cubano no se podía dar el lujo de no ver el bosque y errar el camino.

CAPITULO 3

La correlación entre el Sistema Presupuestario de Financiamiento y el Cálculo Económico en la dirección de la economía socialista

UNO DE LOS MOMENTOS más controvertidos en la literatura del periodo de transición al comunismo lo constituye, sin lugar a dudas, la serie de medidas que fueron tomadas en Rusia en los primeros años de la década del 20 y que fueron bautizadas como Nueva Política Económica (NEP).[35]

Che, en su trabajo titulado "Sobre el Sistema Presupuestario de Financiamiento", escribía:

> Las tesis de Lenin[36] se demuestran en la práctica logrando el triunfo en Rusia dando nacimiento a la URSS.
>
> Estamos frente a un fenómeno nuevo: el advenimiento de la revolución socialista en un solo país, económicamente atrasado, con 22 millones de kilómetros cuadrados, poca densidad de población, agudización de la pobreza por la guerra y, como si todo esto fuera poco, agredido por las potencias imperialistas.
>
> Después de un periodo de comunismo de guerra, Lenin sienta las bases de la NEP y, con ella, las bases del desarrollo de la sociedad soviética hasta nuestros días.
>
> Aquí precisa señalar el momento que vivía la Unión Soviética y nadie mejor que Lenin para ello:
>
> "Así, pues, en 1918 mantenía la opinión de que el capitalismo de estado constituía un paso adelante en comparación con la situación existente entonces en la

república soviética. Esto suena muy extraño y, seguramente, hasta absurdo, pues nuestra república era ya entonces una república socialista; entonces adoptábamos cada día con el mayor apresuramiento —quizás con un apresuramiento excesivo— diversas medidas económicas nuevas, que no podían ser calificadas más que de medidas socialistas.

"Y, sin embargo, pensaba que el capitalismo de estado representaba un paso adelante, en comparación con aquella situación económica de la república soviética, y explicaba esta idea enumerando simplemente los elementos del régimen económico de Rusia. Estos elementos eran, a mi juicio, los siguientes: (1) forma patriarcal, es decir, más primitiva, de la agricultura; (2) pequeña producción mercantil (incluidos la mayoría de los campesinos que venden su trigo); (3) capitalismo privado; (4) capitalismo de estado; y (5) socialismo.

"Todos estos elementos económicos existían, a la sazón, en Rusia. Entonces me planteé la tarea de explicar las relaciones que existían entre esos elementos y si no sería oportuno considerar a algunos de los elementos no socialistas, precisamente al capitalismo de estado, superior al socialismo. Repito: a todos les parece muy extraño que un elemento no socialista sea apreciado en más y considerado superior al socialismo en una república que se proclama socialista.

"Pero comprenderéis la cuestión si recordáis que nosotros no considerábamos, ni mucho menos, el régimen económico de Rusia como algo homogéneo y altamente desarrollado, sino que teníamos plena conciencia de que, al lado de la forma socialista, existía en Rusia la agricultura patriarcal, es decir, la forma más primitiva de economía agrícola. ¿Qué papel podía desempeñar el capitalismo de estado en semejante situación?. . . .

"Después de haber subrayado que ya en 1918 considerábamos el capitalismo de estado como una posible línea de repliegue, paso a analizar los resultados de nuestra Nueva Política Económica. Repito: entonces era una idea todavía muy vaga; pero en 1921, después de haber superado la etapa más importante de la guerra civil, y de haberla superado victoriosamente, nos enfrentamos con una gran crisis política interna —yo supongo que es la mayor— de la Rusia Soviética, crisis que suscitó el descontento no sólo de una parte considerable de los campesinos, sino también de los obreros. Fue la primera vez, y confío en que será la última en la historia de la Rusia Soviética, que grandes masas de campesinos estaban contra nosotros, no de modo consciente, sino instintivo, por su estado de ánimo.

"¿A qué se debía esta situación tan original y, claro es, tan desagradable para nosotros? La causa consistía en que habíamos avanzado demasiado en nuestra ofensiva económica, en que no nos habíamos asegurado una base suficiente, en que las masas sentían lo que nosotros no supimos entonces formular de manera consciente, pero que muy pronto, unas semanas después, reconocimos: que el paso directo a formas puramente socialistas de economía, a la distribución puramente socialista, era superior a nuestras fuerzas y que si no estábamos en condiciones de efectuar un repliegue, para limitarnos a tareas más fáciles, nos amenazaría la bancarrota".[37]

Como se ve, la situación económica y política de la Unión Soviética hacía necesario el repliegue de que hablara Lenin. *Por lo que se puede caracterizar toda esta política como una táctica estrechamente ligada a la situación histórica del país, y, por tanto, no se le debe dar validez universal a todas sus afirmaciones. Nos luce que hay que considerar dos factores de extraordinaria importancia para su implantación en otros países:*

(1) Las características de la Rusia zarista en el momento de la revolución, incluyendo aquí el desarrollo de la técnica a todos los niveles, el carácter especial de su pueblo, las condiciones generales del país, en que se agrega el destrozo de una guerra mundial, las devastaciones de las hordas blancas y los invasores imperialistas.[38]

(2) Las características generales de la época en cuanto

> a las técnicas de dirección y control de la economía.[39]

Evidentemente, Che pensaba que la Nueva Política Económica constituía una política de *emergencia,* de carácter *transitorio* y que no fue *nunca* considerada por Lenin como una fase del periodo de transición al comunismo, obligada para todo país que comenzase la construcción de la sociedad comunista. Era la respuesta táctica a la situación política, económica, social, e histórica *específica* de la Rusia de esos años.

Wlodzimierz Brus,[40] uno de los más notables representantes de una de las corrientes de opinión distintas a la de Che, planteaba:

> El paso a la Nueva Política Económica cambió parcialmente la situación entre los teóricos. Apareció la necesidad de elaborar teóricamente la función de las formas de relación de mercado entre ciudad y campo, y las consecuencias motivadas por el resurgimiento de la economía mercantil-monetaria en el mismo sector socialista (cálculo económico). El análisis de los procesos de mercado y de las conclusiones que resultan para la planificación va a ocupar un lugar importante, tanto en la política económica como en las discusiones teóricas. Se tomó en consideración especialmente la problemática monetaria.
>
> En este momento empiezan a aparecer los primeros signos indicadores de un cambio de opinión en los economistas marxistas sobre las relaciones entre plan y mercado. En algunos, la idea de que el mercado y las formas mercantil-monetarias sean lo contrario de la planificación, empieza a transformarse en el concepto de mercado como mecanismo partiendo del plan.[41]

Pero entre la opinión de Lenin y la posición de los economistas que sustentan una apreciación de la Nueva Política Económica y del periodo de transición distinta a la de Che, hay una enorme diferencia.

Desde las *Tesis de Abril*[42] el líder bolchevique había planteado la imposibilidad, sin ayuda de la revolución internacional y dadas las condiciones rusas, de acometer la construcción socialista, *i.e.*, la primera fase de la revolución comunista, una vez derrocado el poder burgués. Cuando los seudorrevolucionarios mencheviques[43] comenzaron a mofarse de la revolución *que ellos no supieron hacer,* por su impotencia temporal para acometer las tareas transicionales, Lenin ripostaba certero:

> "Rusia no ha alcanzado tal nivel de desarrollo de las fuerzas productivas que haga posible el socialismo". Todos los héroes de la Segunda Internacional, y entre ellos, naturalmente, Sujánov, van y vienen con esta tesis como chico con zapatos nuevos. Repiten de mil maneras esta tesis indiscutible y les parece decisiva para enjuiciar nuestra revolución.
>
> Pero ¿y si lo peculiar de la situación llevó a Rusia a la guerra imperialista mundial, en la que intervinieron todos los países más o menos importantes de Europa Occidental, y puso su desarrollo al borde de las revoluciones de Oriente que estaban comenzando y en parte habían comenzado ya, en unas condiciones que nos permitían poner en práctica precisamente esa alianza de la "guerra campesina" con el movimiento obrero, de la que escribió como de una perspectiva probable en 1856 un "marxista" como Marx, refiriéndose a Prusia?[44]
>
> ¿Y si una situación absolutamente sin salida que, por lo mismo, decuplicaba las fuerzas de los obreros y los campesinos, nos brindaba la posibilidad de pasar de manera distinta de lo ocurrido en todos los demás países del Occidente de Europa a la creación de las premisas fundamentales de la civilización? ¿Ha cambiado a causa de eso la pauta general del devenir de la historia universal? ¿Ha cambiado por ello la correlación esencial de las clases fundamentales en cada país que entra, que ha entrado ya en el curso general de la historia universal?
>
> Si para crear el socialismo se exige un determinado nivel cultural (aunque nadie puede decir cuál es este determinado "nivel cultural", ya que es diferente en cada uno de los países de Europa Occidental), ¿por qué,

> pues, no podemos comenzar primero por la conquista revolucionaria de las premisas para este determinado nivel, y lanzarnos *luego*, respaldados con el poder obrero y campesino y con el régimen soviético, a alcanzar a otros pueblos?[45]

Los vaivenes a los que se vio sometida la revolución (guerra civil, invasión extranjera, caos económico, sabotaje, etcétera), y que la obligaron a adoptar líneas de acción necesarias para la supervivencia pero para las cuales no estaba preparada (nacionalizaciones punitivas, requisición agrícola forzosa), nunca lo llevaron a Lenin al olvido de aquella realidad.

En el otoño de 1921, la situación era, por otro lado, demasiado patética para que el más romántico revolucionario pudiera desconocerla. Las sublevaciones campesinas se sucedían, el proletariado virtualmente había desaparecido, los marineros de Kronstadt se rebelaban contra el poder revolucionario, el país se hallaba agotado por las guerras (la Primera Guerra Mundial, luego la guerra civil), millones de rusos morían literalmente de hambre,[46] la economía sufría un colapso que tendía a perpetuarse y la revolución internacional no se había producido: "[Estamos] completamente 'solos', nos dijimos".[47]

Es en medio de ese indescriptible y angustioso contexto donde se plantea la opción: "o relaciones económicas de este tipo o nada".[48]

Resulta entonces importante volver a subrayar dos cosas:

- la Nueva Política Económica fue el resultado de una coyuntura en la historia del movimiento revolucionario.
- Lenin la concibió como un repliegue táctico que le permitiría crear "las premisas fundamentales de la civilización"[49] para luego abordar las tareas socialistas.

La coyuntura se expresaba en la ruptura de la alianza obrero-campesina en un momento en que, además, ésta era casi inexistente. Ello se sumaba a la ausencia de la revolución internacional, condición inexcusable para llevar la rusa a sus últimas consecuencias. La afirmación de Lenin al respecto era tajante:

> Cuando nosotros estipulamos una política que ha de

> existir largos años, no olvidamos un momento siquiera que la revolución internacional, el ritmo y las condiciones de su desenvolvimiento pueden cambiarlo todo.[50]

Se trataba, pues, de construir al comienzo en un país de pequeños campesinos sólidos puentes "que, en un país de pequeños campesinos, lleven al socialismo a través del capitalismo de estado".[51]

No era el periodo de transición al comunismo. Dos factores, no previstos en la teoría, se habían conjugado para darle existencia a esta fase. Primero, la revolución se había producido en un país imperialista de desarrollo muy desigual. Segundo, el triunfo revolucionario no había rebasado las fronteras del país. El que la NEP no representaba en modo alguno la transición al comunismo sino que era un intento desesperado y audaz por lograr las "premisas fundamentales de la civilización", para entonces abordar la problemática transicional, no siempre resultaba evidente, por lo que algunos perdían la conexión entre el repliegue y la aspiración ofensiva:

> Hay que mostrar esta ligazón, para que la veamos con claridad nosotros, para que la vea todo el pueblo y para que toda la masa campesina vea que existe un vínculo entre la vida presente, dura, inauditamente desolada, extremadamente miserable y angustiosa, y el trabajo que se lleva a cabo *en aras de remotos ideales socialistas*.[52]

El que las medidas tomadas implicaban un "retroceso hacia el capitalismo"[53] fue lo suficientemente obvio como para provocar el apoyo de la contrarrevolución a estas medidas. Lenin afirmó:

> En este sentido es en el que hay que hablar sobre la suspensión del repliegue, y de una u otra manera sería justo convertir esta consigna en resolución del congreso.
>
> En relación con esto quisiera referirme al problema siguiente ¿qué es la Nueva Política Económica de los bolcheviques: evolución o táctica? Así planteaban el problema los de *Smena Vej*,[54] los cuales, como saben ustedes, representan una corriente que ha prendido entre

los emigrados rusos, una corriente sociopolítica encabezada por los dirigentes demócratas constitucionalistas más destacados, por algunos ministros del ex gobierno de Kolchak, gentes que llegaron a la convicción de que el poder soviético construye un estado ruso, razón por la cual hay que seguirlo. "Pero, ¿qué estado construye este poder soviético? Los comunistas dicen que un estado comunista, asegurando que se trata de una cuestión de táctica: en el momento difícil, los bolcheviques engatusarán a los capitalistas privados; y luego, dicen, se saldrán con la suya. Los bolcheviques pueden decir todo cuanto les plazca, *pero, en realidad, esto no es táctica, sino evolución, una degeneración interna, llegarán a un estado burgués común, y nosotros debemos apoyarlos*. La historia sigue diferentes derroteros", así razonan los de *Smena Vej*.

Algunos de ellos se hacen pasar por comunistas, pero hay personas más francas, entre ellas Ustriálov. Creo que fue ministro en el gobierno de Kolchak. Este no está de acuerdo con sus camaradas y dice: "En cuanto al comunismo, pensad lo que queráis, pero yo repito que no es táctica, sino evolución". *Entiendo que este Ustriálov nos aporta un gran beneficio con esta declaración franca. Nos toca oír muchas veces al día, sobre todo a mí, por el cargo que ocupo, melosas mentiras comunistas, y las náuseas que esto produce son a veces de muerte.*

Y he aquí que, a cambio de estas mentiras comunistas, aparece el número de *Smena Vej* y dice sin ambages: "Vuestras cosas, en general, no marchan como os lo imagináis, sino que, en realidad, rodáis hacia la vulgar charca burguesa, y allí se agitarán los banderines comunistas con toda clase de palabrejas".

Esto es muy provechoso, porque en ello vemos no ya la simple repetición de la cantilena que oímos constantemente en torno nuestro, sino sencillamente la verdad de clase del enemigo de clase. Conviene mucho fijarse en cosas como ésta que se escriben no porque en el estado comunista se suela escribir así o porque esté prohibido escribir de otra manera, sino porque es efectivamente la verdad de clase, expresada de un modo burdo y franco por el enemigo de clase. "Estoy de acuerdo con el apoyo al poder soviético en Rusia —dice Ustriálov, a pesar de haber sido demócrata constitucionalista, burgués y defensor de la intervención—, y estoy de acuerdo con el apoyo al poder soviético porque ha adoptado un camino por el cual se desliza hacia un vulgar poder burgués".

Esto es una cosa muy útil y que, a mi entender, hay que tener presente: es mucho mejor para nosotros cuando los de *Smena Vej* escriben de tal manera, que cuando algunos de ellos se fingen casi comunistas, tanto que desde lejos quizás resulte difícil distinguirlos: puede que crean en Dios, y puede que en la revolución comunista. Hay que decir con franqueza que tales enemigos sinceros son útiles. Hay que decir con franqueza que cosas como las que dice Ustriálov son posibles. La historia conoce conversiones de toda clase; en política no es cosa seria, ni mucho menos, confiar en la convicción, en la lealtad y otras magníficas cualidades morales. Cualidades morales magníficas las posee sólo contado número de personas, pero las que deciden el desenlace histórico son las grandes masas, las cuales, si este pequeño número de personas no se adapta a ellas, a veces no se paran en pelillos.

Ha habido múltiples ejemplos de ello, por lo cual debemos saludar esta declaración franca de los de *Smena Vej*. El enemigo dice la verdad de clase, señalándonos el peligro que se alza ante nosotros. El enemigo se esfuerza para que éste se haga inevitable. Los de *Smena Vej* expresan el estado de espíritu de miles y decenas de miles de toda clase de burgueses o de empleados soviéticos, que participan en nuestra nueva política económica.

Este es el peligro principal y verdadero. Y por ello hay que prestar a este problema la mayor atención: en efecto, ¿quién vencerá a quién? Yo he hablado de la emulación. No nos atacan directamente, no nos agarran por el pescuezo. *Aún queda por ver lo que pasará mañana; pero hoy*

> *no nos atacan con las armas en la mano y, a pesar de todo, la lucha con la sociedad capitalista se ha vuelto cien veces más encarnizada y peligrosa, porque no siempre vemos con claridad* dónde *está el enemigo que se nos enfrenta y quién es nuestro amigo.*
>
> He hablado de la emulación comunista no desde el punto de vista de la simpatía con el comunismo, sino desde el punto de vista del desarrollo de las formas de la economía, así como de las formas del régimen social. Esto no es una emulación, esto es una lucha desesperada, furiosa, una lucha a muerte entre el capitalismo y el comunismo, que si no es la última, está muy cerca de serlo.[55]

Lenin, que no se cansaba de comparar la Nueva Política Económica con la Paz de Brest-Litovsk, no pretendía tampoco dulcificar la cruda realidad.[56] Más aún, prefería llamar las cosas por su nombre para evitar peligrosas confusiones:

> ¿Qué es la libertad de intercambio? *Libertad de intercambio es libertad de comercio, y libertad de comercio significa un retroceso hacia el capitalismo.* La libertad de intercambio y la libertad de comercio significan el intercambio de mercancías entre los pequeños propietarios por separado. Todos los que hemos estudiado aunque sólo sea el abecé del marxismo sabemos que de este intercambio y de esta libertad de comercio se desprende *necesariamente* la división del productor de mercancías en dueño del capital y dueño de la mano de obra, la división en capitalistas y obreros asalariados, es decir, la reconstitución de la esclavitud capitalista asalariada, que no cae del cielo, sino que surge en todo el mundo precisamente de la economía agrícola mercantil. Esto lo sabemos perfectamente en teoría, y en Rusia todo el que examine la vida y las condiciones de la economía del pequeño agricultor no puede menos de verlo.[57]
>
> Los cambios de forma en la construcción socialista están motivados por las circunstancias de que, en toda la política de transición del capitalismo al *socialismo,* el

> Partido Comunista y el Poder Soviético emplean ahora métodos especiales para esta transición, actúan en una serie de aspectos por métodos diferentes que antes, conquistan una serie de posiciones mediante un nuevo "rodeo", por decirlo así, *realizan un repliegue* para pasar nuevamente, más preparados, a la ofensiva *contra el capitalismo.* Particularmente son *admitidos hoy* y se desarrollan el libre comercio y el capitalismo, que deben estar sujetos a una regulación por el estado, y, por otra parte, las empresas estatales se reorganizan sobre la base de la llamada *autogestión financiera, es decir, del principio comercial,* lo que dentro de las condiciones de atraso cultural y de agotamiento del país, *inevitablemente hará surgir, en mayor o menor grado, en la conciencia de las masas la contraposición entre la administración de determinadas empresas y los obreros que trabajan en ellas. . . .* La reorganización de las empresas del estado sobre la base de *la llamada autogestión financiera está ligada inevitable e indisolublemente* con la nueva "política económica".[58]

La Nueva Política Económica dejó, sin embargo, una herencia en el campo de las teorías económicas: la concepción que identifica la racionalidad económica y la racionalidad social, diluyendo la segunda en la primera. La identificación —surgida en un momento en que la eficiencia de la gestión económica determinaba la supervivencia del poder obrero— impregnó la mente de algunos economistas que, pese a todas las advertencias de Lenin, comenzaron a ver en la Nueva Política Económica una forma necesaria y única de socialismo. En 1921 encontramos las raíces de la utilización y el desarrollo de la ley del valor en el socialismo, de la autogestión financiera, de la cooperativa agrícola como forma de propiedad socialista, etcétera. Así, las categorías de la Nueva Política Económica reaparecen de un modo utilitario: "permiten el aumento de la productividad".

De este modo dejan de advertir, además, que los aumentos y disminuciones cualitativos de las formas de conciencia social no son fácilmente mensurables y que son estos factores los que decidirán finalmente el sentido de la vida futura.

Para Carlos Marx, el periodo de transición al comunismo es un proceso único con dos fases: dictadura del proletariado (socialismo) y comunismo. Con la situación específica de la Rusia de 1921, cierta literatura generaliza la situación trágica de la URSS de estos años y da carácter de "ley objetiva" a la fase de Nueva Política Económica; se determinan tres fases *obligadas* para todo proceso socialista, en vez de dos como apuntó Marx.

Che pensaba, al igual que Lenin, que la Nueva Política Económica constituyó un paso atrás. No hay que olvidar que Lenin la comparó con la Paz de Brest-Litovsk. Las circunstancias en que se desarrollaba la gloriosa revolución de los Soviets eran muy complejas. La decisión era sumamente difícil. La lectura de los últimos escritos y pronunciamientos del líder de la revolución nos permite percatarnos de las dudas que lo invadían acerca de la NEP. No resulta arriesgado pensar que de haber vivido algunos años más, hubiera corregido sus efectos más retrógrados, entre ellos el gran caballo de Troya de la nueva sociedad: el interés material directo como palanca económica.

Che pensaba que la Nueva Política Económica no se crea contra la pequeña producción mercantil, sino más bien como exigencia de ella.

Como veremos en el capítulo siguiente, el Sistema Presupuestario de Financiamiento constituyó el modo en que se socializó y funcionó la industria cubana. Esa fue la forma en que se instauraron las relaciones socialistas de producción en la casi totalidad del sector industrial cubano.

SEGUNDA PARTE

El sistema de dirección de la economía en la primera etapa de la construcción del socialismo en Cuba

CAPITULO 4

El surgimiento del Sistema Presupuestario de Financiamiento

LAS BASES DEL Sistema Presupuestario de Financiamiento surgieron inicialmente como un conjunto de medidas prácticas (centralización de fondos bancarios de las empresas, etcétera) ante problemas concretos del sector industrial (empresas con recursos financieros sobrantes y otras sin ellos, por ejemplo). En ese momento la revolución enfrentaba aún problemas sociales tales como el desempleo. Estas bases evolucionaron progresivamente hasta formar un cuerpo coherente de consideraciones políticas y económicas cuya formulación teórica comenzó a perfilarse precisamente alrededor de los años 1962–1963 y cuya aplicación práctica quedó restringida al sector industrial.

El 7 de octubre de 1959 Fidel anunciaba la designación de Che para ocupar el cargo de Jefe del Departamento de Industrialización del Instituto Nacional de Reforma Agraria.[59]

Che, desde la epopeya de la Sierra Maestra[60], había mostrado su espíritu constructor. Con el fin de resolver los problemas de abastecimiento del Ejército Rebelde creó diversos talleres como la armería, la sastrería, la panadería, el de calzado, la tasajera, el de tabacos y cigarros, etcétera. Al triunfo, al ser nombrado Jefe de la Fortaleza de La Cabaña, en La Habana, manifestó igual inclinación.

El Departamento de Industrialización se creaba para dar respuesta al desarrollo industrial que la reforma agraria generaba.[61] También, en la práctica, pasó a administrar una serie de industrias y pequeños talleres, "chinchales", que provenían, algunos, de las intervenciones dictadas porque sus propietarios, representantes del viejo régimen, se habían enriquecido a costa del erario público; otras, porque sus dueños los habían abandonado al marchar hacia el extranjero o por conflictos laborales.[62]

En los primeros meses de la revolución, el peso de las industrias y fábricas que atendía el departamento fue creciendo. En la medida en que avanzó la revolución y se produjo la ola de intervenciones y nacionalizaciones en la segunda mitad de 1960, aquel alcanzó más del 60 por ciento del total del sector industrial, y en 1961 llegó a más del 70 por ciento.

El Sistema Presupuestario de Financiamiento fue el modo en que se organizó y funcionó la economía estatal cubana en el sector industrial en una fase tan temprana de la revolución socialista. Los antecedentes Sistema Presupuestario de Financiamiento están en esta etapa, en el Departamento de Industrialización del INRA.

Muchas de las fábricas y pequeños "chinchales" que pasaron a ser administrados por el departamento carecían de fondos para comprar las materias primas y materiales y para pagarles a los trabajadores. Algunas de estas fábricas eran necesarias por su tipo de producción, otras lo eran en menor medida.

En ese momento se tomó la decisión de unir los fondos de todas las fábricas y "chinchales" en un fondo centralizado en el que todos los establecimientos depositaban sus ingresos y del que extraían los recursos programados para su gestión, de acuerdo con un presupuesto. De este modo se contribuía a no aumentar el desempleo que aún padecíamos en esa fecha y a que la sociedad continuara recibiendo los productos que fabricaban, aunque no todos los talleres fueran rentables en ese instante.

Che llevó a cabo una política encaminada a fundir los "chinchales", a crear talleres mayores, donde se pudiera introducir la técnica, a aumentar la productividad y disminuir los costos. El personal que resultaba excedente lo reubicaba en la rama de la producción que lo requería; a los que no tenían ubicación les pagaba para que elevaran su calificación técnica y cultural. Che defendió por encima de todo que no existieran plazas ficticias. En una reunión que tuvo el 16 de marzo de 1962 sostuvo:

> ¿Qué es mejor para el estado: mantener la ineficiencia absurda de todas nuestras industrias en el día de hoy, para que todo el mundo esté trabajando y reciba un subsidio disfrazado, o aumentar la productividad al máximo y recoger todos los excedentes de trabajo, que reciban un salario también por estudiar y por capacitarse ya como trabajo central, hacer del trabajo central de ellos la capacitación? Es una interrogante que nosotros la hemos resuelto diciéndonos que es mucho más útil para el país aumentar la productividad del trabajo, no solamente el trabajo más intenso de cada obrero, sino fundamentalmente mediante la racionalización del trabajo y, en algunos casos, mediante la mecanización.[63]

En el acápite dedicado al sistema salarial, se exponen las razones socio-económicas de Cuba a inicios de la década de 1960 que hacían que la decisión del estudio fuera la más acertada en nuestras condiciones.

La sección de finanzas, contabilidad y presupuestos del Departamento de Industrialización administraba el fondo centralizado. Para esto, estableció los presupuestos y un programa de ejecución, acorde a un plan anual. Le correspondieron también a este departamento los primeros pasos que se dieron en nuestro país en la planificación.

El Banco Nacional era el depositario del fondo centralizado. El Departamento de Industrialización le enviaba copia de los presupuestos de las unidades y las agencias bancarias no efectuaban pagos superiores a lo estipulado en el presupuesto.[64]

El 13 de junio de 1959, cuatro meses antes de ser nombrado Jefe del Departamento de Industrialización, Che partió hacia el extranjero al frente de una delegación de gobierno que lo llevó a visitar Egipto, India, Japón, Indonesia y Yugoslavia.

De la visita de seis días a este último país escribió un informe del que extraemos algunos fragmentos:

> Todas las colectividades de Yugoslavia, ya sean campesinas u obreras industriales, se guían por el principio de lo que ellos llaman la autogestión. Dentro

de un plan general, bien definido en cuanto a sus alcances, pero no en cuanto a su desarrollo particular, las empresas luchan entre ellas dentro del mercado nacional como una entidad privada capitalista.

Se podría decir a grandes rasgos, caricaturizando bastante, que la característica de la sociedad yugoslava es la de un capitalismo empresarial con una distribución socialista de las ganancias, es decir, tomando cada empresa, no como un grupo de obreros sino como una unidad, esta empresa funcionaría aproximadamente dentro de un sistema capitalista, obedeciendo las leyes de la oferta y la demanda y entablando una lucha violenta por los precios y la calidad con sus similares, realizando lo que en economía se llama la libre concurrencia. Pero no debemos nunca perder de vista que las ganancias totales de esa empresa se van a distribuir, no en la forma desproporcionada de una empresa capitalista, sino entre los obreros y empleados del núcleo industrial.

Dar un diagnóstico definitivo, una opinión sobre este tipo social, es muy arriesgado en el caso mío, sobre todo porque no conozco personalmente las manifestaciones ortodoxas del comunismo, como son las de los demás países unidos en el Pacto de Varsovia, del cual Yugoslavia no es partícipe. . . . Esta libertad de discusión se puso de manifiesto cuando me preguntaron en una amable reunión de sobremesa, en una de las repúblicas que constituyen la federación, mi opinión sobre el sistema yugoslavo; opinión difícil que, en términos generales aún hoy, después de comprender algo más su mecanismo no puedo expresar, simplemente, muy interesante por todo lo que de nuevo traía hasta nosotros, miembros de un país capitalista en proceso de desarrollo económico y en lucha por su liberación nacional, la imagen de un país comunista y, al mismo tiempo, con un comunismo que se aleja de la ortodoxia expresada en los libros comunes, para adquirir una serie de características propias; *peligroso, porque la competencia entre empresas dedicadas a la producción de los mismos*

> *artículos, introduciría factores de desvirtuación de lo que presumiblemente sea el espíritu socialista.* Esos fueron mis planteamientos exponiendo al mismo tiempo un ejemplo práctico de los males que podría acarrear, en mi concepto, el sistema. . . .[65]

Para nosotros estas notas resultan muy valiosas porque en fecha tan temprana como en agosto de 1959, en su primer contacto con una economía regida por la llamada autogestión financiera, sin conocimiento directo de otros países socialistas, ni de literatura económica especializada, sin tener un puesto en el gobierno que lo obligara a ocuparse de estos problemas, como lo tuvo después, Che manifiesta su preocupación por el sistema conocido porque "introduciría factores de desvirtuación de lo que presumiblemente sea el espíritu socialista".

Meses después, al tener la responsabilidad directa de la administración, organización y desarrollo de la industria cubana, esta experiencia pesó en las decisiones que fueron conformando el Sistema Presupuestario de Financiamiento.

En el mes de febrero de 1961 el gobierno revolucionario aprobó varias leyes referentes a la estructura político-económica del país. Entre estas estaba la creación del Ministerio de Industrias, y se designó a Che para la jefatura de este nuevo organismo.[66]

En el acápite del capítulo anterior, dedicado al sistema de dirección económica y sus categorías, vimos de pasada otra característica que los revolucionarios cubanos no podían desconocer para la formulación del modelo de dirección económica del país. El Sistema Presupuestario de Financiamiento se desarrolló con el objetivo de eliminar la anarquía heredada y fortalecer al estado revolucionario, que recibió una estructura económico-social neocolonial y subdesarrollada pero también una aceptable red vial, con una buena red de comunicaciones que abarcaban el télex, el teléfono, la radio, la microonda, el cable, el telégrafo y la televisión. Algunas corporaciones extranjeras habían implantado en nuestro país las más avanzadas técnicas para la organización, la dirección, el control, la programación de la producción y la contabilización de la gesción económica del capitalismo monopolista de estado.

Muchas de las empresas extranjeras habían implantado el control centralizado, cuya sede estaba en La Habana o en los Estados Unidos. Existían en Cuba oficinas de contadores públicos que dominaban estas novísimas técnicas y había cierta divulgación de éstas entre los cuadros de administración de las empresas cubanas.

Che, en la conformación del Sistema Presupuestario de Financiamiento, se basó sobre:

- las técnicas contables avanzadas que permitían un mayor control y una eficiente dirección centralizada, así como en los estudios y aplicación que efectuaba el monopolio de los métodos de centralización y descentralización;[67]
- las técnicas de computación aplicadas a la economía y a la dirección; igualmente, los métodos matemáticos aplicados a la economía;[68]
- las técnicas de programación y control de la producción;
- las técnicas del presupuesto como instrumento de planificación y control por medio de las finanzas;
- las técnicas de control económico por métodos administrativos;
- la experiencia de los países socialistas.

Y el espíritu del sistema Che lo sintetiza del siguiente modo:

> Nosotros planteamos aquí un sistema centralizado de la dirección de la economía, con un control bastante riguroso de las empresas; pero además con un control consciente de los directores de empresas y considerar el conjunto de la economía como una gran empresa y tratar de establecer la colaboración entre todos los participantes como miembros de una gran empresa, en vez de ser lobitos entre sí, dentro de la construcción del socialismo.[69]

El nombre de Sistema Presupuestario de Financiamiento proviene de que la empresa entrega al presupuesto nacional todos sus ingresos, esto es, no acumula ni retiene en efectivo en una cuenta propia. La empresa, además, gasta de acuerdo con el plan financiero, por lo que recibe del presupuesto disponibilidades de fondos que le son situados en una agencia bancaria que registra las operaciones de la empresa en tres cuentas: la de salarios, la de inversiones, y la de otros gastos.[70]

De este modo, la empresa recibe todos los fondos que necesita para efectuar sus actividades, por lo que resulta innecesaria la solicitud del crédito bancario y toda la ficción contable que trae aparejada. Che aplica aquí el mismo sistema que tiene un consorcio multinacional altamente tecnificado en las relaciones que existen entre la casa matriz y sus subsidiarias. La única fuente de financiamiento que tiene la empresa es el presupuesto nacional. En el acápite 3, "El papel del dinero, la banca y los precios", exponemos en detalle la concepción de Che al respecto.

En una reunión bimestral del Consejo de Dirección del Ministerio de Industrias, Che expresó:

> Creo que el Sistema de Financiamiento Presupuestario significa por todas sus concepciones, un paso de avance que permite al menos estar prestos, cuando nosotros queramos profundizar más en este análisis, a tomar las medidas necesarias y a impulsarlas sin que tenga que sufrir una gran conmoción sobre el sistema, porque evidentemente es un camino que va en el sentido de la administración, por un sendero progresista, que es el sendero de los monopolios. Esto puede parecer una cosa contradictoria, pero es real. El análisis marxista se basa en el desarrollo del capitalismo hasta en sus últimos extremos y en la contradicción que en definitiva da origen a la sociedad de transición; eso no se produce porque después aparece el capitalismo monopolista y aparece la teoría de Lenin del eslabón más débil que lo aplica la Unión Soviética.[71] La Unión Soviética no es entonces un ejemplo típico de un país capitalista plenamente desarrollado que pasa al socialismo. El sistema como lo tomaron los soviéticos no estaba desarrollado, de ahí entonces se partió con toda una serie de líneas que eran prestadas, incluso del capitalismo premonopolista, y por eso el sistema de autogestión financiera desde el punto de vista del desarrollo de la sociedad industrial es más atrasado que

> el sistema monopolista implantado en Cuba en algunas empresas. Es decir que el sistema de cálculo del financiamiento presupuestario, del sistema de monopolio, es más progresista que el sistema de autogestión.[72]

En su trabajo titulado "Sobre el Sistema Presupuestario de Financiamiento" Che señalaba, a propósito de la utilización de tales técnicas:

> Con esta serie de citas [se refiere a fragmentos de escritos de Marx, Stalin y del economista polaco Oscar Lange], hemos pretendido fijar los temas que consideramos básicos para la explicación del sistema:
>
> Primero: El comunismo es una meta de la humanidad que se alcanza conscientemente; luego, la educación, la liquidación de las taras de la sociedad antigua en la conciencia de las gentes, es un factor de suma importancia, sin olvidar claro está, que sin avances paralelos en la producción no se puede llegar nunca a tal sociedad.
>
> Segundo: Las formas de conducción de la economía como aspecto tecnológico de la cuestión, deben tomarse de donde estén más desarrolladas y puedan ser adaptadas a la nueva sociedad. La tecnología de la petroquímica del campo imperialista puede ser utilizada por el campo socialista sin temor de *contagio* de la ideología burguesa. En la rama económica (en todo lo referente a normas técnicas de dirección y control de la producción) sucede lo mismo.
>
> Se podría, si no es considerado demasiado pretensioso, parafrasear a Marx en su referencia a la utilización de la dialéctica de Hegel y decir de estas técnicas que han sido puestas al derecho.
>
> Un análisis de las técnicas contables utilizadas hoy habitualmente en los países socialistas nos muestra que entre ellas y las nuestras media un concepto diferencial, que podría equivaler al que existe en el campo capitalista, entre capitalismo de competencia y monopolio. Al fin, las técnicas anteriores sirvieron de

> base para el desarrollo de ambos sistemas, *puestas sobre los pies,* de ahí en adelante se separan los caminos, ya que el socialismo tiene sus propias relaciones de producción y, por ende, sus propias exigencias.
>
> Podemos decir pues, que como técnica, el antecesor del Sistema Presupuestario de Financiamiento es el monopolio imperialista radicado en Cuba, y que había sufrido ya las variaciones inherentes al largo proceso de desarrollo de la técnica de conducción y control que va desde los albores del sistema monopolista hasta nuestros días en que alcanza sus niveles superiores.[73]

Sobre este mismo tema, Che señaló lo siguiente:

> Entonces, lo importante no es quién inventó el sistema, en definitiva el sistema de contabilidad que se aplica en la Unión Soviética también lo inventó el capitalismo, ahora, al aplicarse en la Unión Soviética, ya no interesa quién lo inventó. . . . En esto sucede exactamente igual y nosotros no tenemos por qué tenerle miedo a las técnicas capitalistas de control. . . . Exactamente en ese mismo sentido está el problema del control, el problema del cálculo presupuestario. Eso es en cuanto a la técnica general en cálculo presupuestario. Ahora, naturalmente, los capitalistas hacen el cálculo presupuestario sobre una base, sobre la base de una cierta autonomía de las fábricas o empresas y sobre el interés material directo de cada uno de los que ahí participan y la autonomía está en relación con el interés, es una condición *sine qua non,* no pueden estar separadas.[74]

Resulta, entonces, necesario diferenciar entre las formas de conducción de la economía desde el punto de vista técnico de la cuestión (y Che era de opinión de que se tomaran estas técnicas de donde estuvieran más desarrolladas y que pudieran adaptarse a la nueva sociedad, sin temor de *contagio* de la ideología burguesa, *siempre que se limitara* a la adopción o asimilación de normas técnicas de dirección y control de la producción), y las formas de conducción en su aspecto ideológico, que, para Che, no deben perdurar y desarrollarse sobre la base de mecanismos de incentivación y de criterios de dirección de la economía inherentes al régimen capitalista de producción. Vale decir, Che acepta la asimilación crítica de los adelantos tecnológicos en la dirección y control económicos, pero rechaza la utilización y desarrollo de las armas melladas que nos legara el capitalismo.

Che no pensó nunca que el Sistema Presupuestario de Financiamiento era un todo acabado. En el momento de él partir en 1965 a tareas internacionalistas, el sistema requería de desarrollo en algunos aspectos y de correcciones en otros.

No hay mejor crítico del Sistema Presupuestario que el propio Che. En las numerosas reuniones del Ministerio de Industrias en que participaba, en los discursos pronunciados en colectivos obreros, en comparecencias por televisión, etcétera, no dejaba de señalar las debilidades que aún tenía que eliminar el Sistema Presupuestario.

> ¿Cuáles son las debilidades fundamentales del sistema? Creemos que, en primer lugar, debe colocarse la inmadurez que tiene. En segundo lugar, la escasez de cuadros realmente capacitados en todos los niveles. En tercer lugar, la falta de una difusión completa de todo el sistema y de sus mecanismos para que la gente lo vaya comprendiendo mejor. Podemos citar también la falta de un aparato central de planificación que funcione de la misma manera y con absoluta jerarquía, lo que podría facilitar el trabajo. Citaremos las fallas en abastecimiento de materiales, fallas en el transporte, que a veces nos obligan a acumular productos y, en otras, nos impiden producir; fallas en todo nuestro aparato de control de calidad y en las relaciones (muy estrechas, muy armónicas y muy bien definidas, debían ser) con los organismos de distribución, particularmente el MINCIN [Ministerio de Comercio Interior]; y con algunos organismos suministradores, particularmente el MINCEX [Ministerio de Comercio Exterior] y el INRA. Todavía es difícil precisar cuáles fallas son producto de debilidades inherentes al sistema y cuáles otras debidas

sustancialmente a nuestro grado de organización actual.
La fábrica en este momento no tiene, ni la empresa tampoco, un estímulo material de tipo colectivo; no responde esto a una idea central de todo el esquema, sino a no haber alcanzado la suficiente profundidad organizativa en los momentos actuales, para poder hacerlo sobre otras bases que no sean el simple cumplimiento o sobrecumplimiento de los principales planes de la empresa, por razones que ya hemos apuntado anteriormente.

Se le imputa al sistema una tendencia al burocratismo, y uno de los puntos en los cuales debe insistirse constantemente es en la racionalización de todo el aparato administrativo para que aquél sea lo menor posible. Ahora bien, desde el punto de vista del análisis objetivo es evidente que mucha menos burocracia existirá cuanto más centralizadas estén todas las operaciones de registro y de control de la empresa o unidad, de tal manera que si todas las empresas pudieran tener centralizadas todas sus facetas administrativas, su aparato se reduciría al pequeño núcleo de dirección de la unidad y al colector de informaciones para pasarlas a la central.

Eso, en el momento actual [1964], es imposible, sin embargo, tenemos que ir a la creación de unidades de tamaño óptimo, cosa que se facilita mucho por el sistema, al establecerse las normas de trabajo, de un solo tipo de calificación salarial, de manera que se rompen las ideas estrechas sobre la empresa como centro de acción del individuo y se va volcando más a la sociedad en su conjunto.[75]

Y agregó al respecto:

Nuestra tarea es seguir perfeccionando el sistema administrativo, que no es más que un sistema, el Sistema de Financiamiento Presupuestario; ir buscando las causas, los motores realmente internos, las raras interrelaciones que existen en el socialismo entre el hombre, el individuo y la sociedad, para poder utilizar las armas nuevas que se ofrecen y desarrollarlas al máximo, cosa que no ha sucedido todavía.[76]

CAPITULO 5

La planificación como función principal de dirección en la economía socialista

A LO LARGO DE LA OBRA de Marx y Engels aparece delimitado nítidamente uno de los conceptos claves del periodo de transición: el plan. Desde las *Tesis sobre Feuerbach* y *La ideología alemana* (ambas escritas entre 1845 y 1846), pasando por el *Manifiesto Comunista* (1848), *La contribución a la crítica de la economía política* (1859) y culminando en *El capital* y la *Crítica del Programa de Gotha,* Marx y Engels, implícita o explícitamente, nos enuncian los elementos que conforman el concepto de *plan* y su papel en el periodo de transición y en la sociedad comunista.

Este concepto aparece vinculado a los conceptos de revolución anticapitalista y dictadura del proletariado. Esto es, revolución anticapitalista, instauración de la dictadura del proletariado y planificación son conceptos indisolublemente ligados en la teoría marxista. Significan la síntesis de un nuevo modo de hacer la historia. Expresan el hecho de que por primera vez en la historia de la humanidad, los hombres se arrogan el papel de transformar la sociedad conscientemente. La planificación pasa a ser la función a través de la cual los hombres pueden conocer la realidad, decidir sobre ella y crear y conformar, por lo tanto, su presente y su futuro. Con el marxismo, "El hombre deja de ser esclavo e instrumento del medio y se convierte en arquitecto de su propio destino".[77]

Con la planificación económica los hombres pueden someter, dentro del marco probabilístico de su realidad objetiva, por primera vez en la historia, a las fuerzas económicas, que hasta la revolución comunista se movían ajenas a la conciencia de los hombres, y, sin que éstos, como voluntad consciente organizada, pudiesen determinar sobre ellas. En una ocasión Che escribía que la planificación debe calificarse como la primera posibilidad humana de regir las fuerzas económicas.

Con la realización de la revolución anticapitalista, la instauración de la dictadura del proletariado y la planificación de la producción social, cierra lo que hubo de llamar Marx la prehistoria de la humanidad y se abre una nueva etapa que se caracteriza, como hemos apuntado, porque el hombre se convierte en arquitecto de su propio destino. Es por esto que, a diferencia de otros conceptos aceptados en la teoría y la práctica del periodo de transición, la planificación constituye un concepto clave, decisivo, fundamental, en la construcción del comunismo y *constituye el elemento que caracteriza y define* en su conjunto al periodo de transición y a la sociedad comunista.

> Podemos, pues, decir que la planificación centralizada es el modo de ser de la sociedad socialista, su categoría definitoria y el punto en que la conciencia del hombre alcanza, por fin, a sintetizar y dirigir la economía hacia su meta, la plena liberación del ser humano en el marco de la sociedad comunista.[78]

El plan, en el periodo de transición al comunismo, tiene la función de fijar, mantener y establecer cómo serán, en el presente y en el futuro, las proporciones de los bienes que la sociedad posee. En este sentido, el plan tiene características similares a la ley del valor. Lo que lo hace diferenciable, específico, es su carácter de instrumento que los hombres *crean, conforman, dominan y utilizan* conscientemente. El plan constituye el *único* instrumento que admite desarrollar las fuerzas productivas, hacer realidad la formación de nuevas relaciones humanas, la creación de un hombre nuevo y la llegada al estadio de la sociedad comunista. Che pensaba, pues, que reducir este concepto a una noción económica es deformarlo *a priori* y limitar sus posibilidades. El plan, para Che, abarca el conjunto de las relaciones *materiales* (en la acepción que del término posee Marx).

Por esa razón, la planificación debe contemplar y conjugar dos elementos:

- la creación de las bases para el desarrollo económico de la nueva sociedad, su regulación y su control;
- la creación de un nuevo tipo de relaciones humanas, del hombre nuevo.

Esto nos plantea un principio del plan, y, por lo tanto, del periodo de transición al comunismo, imposible de omitir, so pena de deformarlo y poner en juego el proyecto comunista mismo: la eficacia del plan no la podemos enjuiciar *solamente* por la optimización de la gestión económica, y por ende, de los bienes económicos que posea la sociedad, ni por las ganancias obtenidas en el proceso productivo.

La eficacia del plan estriba en su potencialidad para optimizar la gestión económica en función del objetivo que se persigue: la sociedad comunista. En otras palabras, estriba en su aptitud para conjugar la racionalidad social con la racionalidad económica, en la medida en que logre que el aparato económico cree la base técnico-material de la nueva sociedad y al mismo tiempo coadyuve a la transformación de los hábitos y valores de los hombres que participan en el proceso productivo y ayude a crear e inculcar los nuevos valores comunistas.

La casi totalidad de la literatura sobre la economía política del periodo de transición carece de un instrumental conceptual original, acorde con la materia que se intenta apropiar. De tal modo, se fuerza el propio objeto de estudio desde el punto de vista teórico cuando se le aplican las categorías marxistas pertenecientes al análisis del régimen capitalista. Con ello la teoría pierde la posibilidad de situarse críticamente frente a la nueva realidad. Esto es, si se emplean esas categorías, y la estructura y las relaciones que tienen estas en el discurso marxista —como elementos de la formación social capitalista—, será difícil apropiarse de una realidad de la cual se desconoce su individualidad en el plano teórico.

La ley del valor es uno de los elementos de la teoría económica marxista extrapolado de su contexto y convertido en uno de los pilares fundamentales de más de una teoría sobre la economía política del periodo de transición.

Antes de emitir cualquier consideración al respecto, a los efectos de nuestros propósitos, es necesario remitirnos a Marx, muy especialmente al capítulo de *El capital* consagrado a la teoría del valor. No pretendemos realizar una exposición sobre el valor. Nos limitaremos a destacar algunas consideraciones y juicios emitidos por Marx.

El carácter de la teoría del valor de Marx difiere de la de sus predecesores y contemporáneos porque realiza la fusión de dos elementos que, hasta ese instante, se analizaban por separado. Estos elementos que aparecen indisolublemente ligados en la teoría del valor de Marx son la relación cuantitativa entre los productos y la relación históricamente condicionada entre los productores.

En el capítulo 1, Marx comienza su exposición con el análisis de la mercancía. Señala que una mercancía es un valor de uso —u objeto de utilidad— y un valor.

Para Marx el valor es una categoría social que expresa un conjunto de relaciones sociales vigentes en un momento histórico determinado. La producción y reproducción de esta relación social que toma corporeidad en la producción de mercancías no constituye la forma universal de la existencia económica. Para Marx las categorías que explicitan el modo de producción capitalista son "formas del pensar socialmente válidas, y por tanto objetivas, para las relaciones de producción que caracterizan *ese* modo de producción social *históricamente determinado:* la producción de mercancías".[79]

En el análisis del valor está presente, más que en ningún otro lugar de la teoría marxista, el carácter social de las categorías, esto es, que dichas categorías expresan relaciones históricamente dadas entre hombres. Y es el caso que las relaciones sociales en el régimen capitalista aparecen como relaciones entre cosas. Marx lo demuestra dentro del capítulo 1 de *El capital* en el epígrafe titulado "El fetichismo de la mercancía y su secreto".

Esto constituye el centro de su teoría del valor. La relación cuantitativa entre cosas, entre las mercancías, no es más que la forma exterior en que se manifiestan las relaciones sociales entre los hombres. Y Marx lo expresa así:

> Lo misterioso de la forma mercantil consiste sencillamente, pues, en que la misma refleja ante los

> hombres el carácter social de su propio trabajo como caracteres objetivos inherentes a los productos del trabajo, como propiedades sociales naturales de dichas cosas, y, por ende, en que también refleja la relación social que media entre los productores y el trabajo global, como una relación social entre los objetos, existente al margen de los productores. Es por medio de este *quid pro quo* [tomar una cosa por otra] como los productos del trabajo se convierten en mercancías, en cosas sensorialmente suprasensibles o sociales. . . . Lo que aquí adopta, para los hombres, la forma fantasmagórica de una relación entre cosas, es sólo la relación social determinada existente entre aquéllos. . . . A esto llamo el fetichismo que se adhiere a los productos del trabajo no bien se los produce como mercancías, *y que es inseparable de la producción mercantil.*
>
> Ese carácter fetichista del mundo de las mercancías se origina, como el análisis precedente lo ha demostrado, en la peculiar índole social del trabajo que produce mercancías.[80]

Para Marx la ley del valor constituía la explicación de la forma en que se producía el equilibrio general del régimen capitalista. Lo que Marx nombraba ley del valor no era otra cosa que la explicación teórica del modo en que se establece el equilibrio entre distintas fuerzas económicas en la sociedad capitalista. Estas son, a saber, el número en que se producen las mercancías; la medida en que se intercambian éstas, y la proporción en que se reparte la fuerza de trabajo entre los diferentes sectores de la economía, así como la asignación de los recursos entre estos sectores.

Es en esta dirección que cobra claridad el objetivo del concepto de valor en Marx. Este concepto nos permite apropiarnos de la estructura del régimen capitalista y del movimiento interno de dicha estructura que, como se demuestra a lo largo del capítulo 1 de *El capital*, el sistema esconde a las miradas de los hombres.

Para resumir la idea que a nuestro entender hilvana toda la exposición anterior y que está presente a lo largo de toda la teoría de Marx, reproducimos el siguiente fragmento de *El capital*:

> Ahora bien, es indudable que la economía política ha analizado, aunque de manera incompleta, el valor y la magnitud del valor y descubierto el contenido oculto en esas formas. Sólo que nunca llegó siquiera a plantear la pregunta de por qué ese contenido adopta dicha forma; de por qué, pues, el trabajo se presenta *en el valor,* de a qué se debe que la medida del trabajo conforme a su duración se represente en la *magnitud del valor* alcanzada por el producto del trabajo. *A formas que llevan escrita en la frente su pertenencia a una formación social donde el proceso de producción domina al hombre, en vez de dominar el hombre a ese proceso.*[81]

Pensamos que se puede sintetizar la posición de Che referida a la ley del valor y a la utilización de esta y demás categorías capitalistas en la dirección económica del periodo de transición y en la creación de la teoría de la construcción de la sociedad comunista, en los aspectos siguientes:

1. Negación de la vigencia *rectora* de la ley del valor en el periodo de transición al comunismo.
2. Distinción entre *admitir* la existencia en el periodo de transición de una serie de fuerzas, de relaciones capitalistas que obligadamente han subsistido, de las que la ley del valor, dado su carácter de ley económica, esto es, de expresión de tendencias, pudiera dar explicación; y *afirmar* la posibilidad de utilizar de forma consciente en la gestión económica la ley del valor y demás categorías que conlleva su uso.
3. Rechazo a que la caracterización del periodo de transición al comunismo, ni aun en sus primeros momentos, tenga que venir dada por la ley del valor y demás categorías mercantiles que su uso implica.
4. Rechazo a la concepción que no sólo preconiza la utilización de la ley del valor y de las relaciones monetario-mercantiles en el periodo de transición, sino que además afirma la necesidad de *desarrollar* dichas relaciones capitalistas como vehículo para alcanzar la sociedad comunista.
5. Negación de la inevitabilidad del uso de la "categoría

mercancía en la relación entre empresas estatales" y consideración de "todos los establecimientos como parte de la única gran empresa que es el estado".[82]

6. Necesidad de establecer una política económica tendiente a extinguir paulatinamente las categorías antiguas entre las que se incluye el mercado, el dinero (en tanto se distorsionan sus funciones) y, por lo tanto, la palanca del interés material directo, o, por mejor decir, las condiciones que provocan la existencia de éstas.

7. Rechazo a la práctica de utilizar las categorías capitalistas. Cuando se usan las categorías capitalistas, tales como "la mercancía como célula económica, la rentabilidad, el interés material individual como palanca, etcétera",[83] en la construcción de la nueva sociedad, toman rápidamente existencia *per se*, imponiendo a la postre su propia fuerza en las relaciones entre los hombres.

8. Admisión que el libre juego de la ley del valor, en el periodo de transición al comunismo, implica la imposibilidad de reestructurar las relaciones sociales en su esencia, al perpetuarse "el cordón umbilical"[84] que une al hombre enajenado con la sociedad, y que conduce, cuando más, a la aparición de un sistema híbrido donde el vuelco trascendental de la naturaleza social del hombre y de la sociedad no llegará a producirse.

9. La construcción del socialismo y el comunismo es producción y conciencia simultáneamente. Así lo expresó Che:

> En nuestra posición el comunismo es un fenómeno de conciencia y *no solamente* un fenómeno de producción; y que no se puede llegar al comunismo por la simple acumulación mecánica de cantidades de productos puestos a disposición del pueblo. Ahí se llegará a algo, naturalmente, de alguna forma especial de socialismo. Eso que está definido por Marx como comunismo y lo que se aspira en general como comunismo, a eso no se puede llegar si el hombre no es consciente. Es decir, si no tiene una conciencia nueva frente a la sociedad.[85]

Las propias definiciones del plan y de la ley del valor explicitadas anteriormente hacen imposible su coexistencia en el periodo de transición al comunismo. Esto sólo es permisible en la primera fase de la transición, como formas heredadas del sistema anterior, periodo que comienza entre el momento de destrucción de la maquinaria política burguesa y la instauración de la dictadura del proletariado y el paso de los medios de producción de manos de los capitalistas a manos del estado revolucionario. En este periodo no se deben desarrollar las relaciones monetario-mercantiles, sino las nuevas relaciones socialistas, y la ley del valor no se debe eliminar por decreto, sino que tiene que experimentar un proceso de extinción paulatina en la medida que se desarrollen las nuevas formas inherentes al sistema que construimos.

A medida que van pasando a manos del estado revolucionario los medios de producción, surgen y se establecen nuevas relaciones de producción. A esta etapa debe corresponder una nueva concepción de la producción, de sus móviles y de sus fines, nuevos *modos* de operar los mecanismos de control, organización, dirección e incentivación.[86] En esta etapa, suelen perdurar medios de producción en manos de capitalistas y pequeños productores privados y cooperativistas, pero aún en este momento en que existe producción mercantil para un sector de la esfera productiva, ya *no rige de forma "pura" la ley del valor.*

El estado revolucionario, con las medidas que va tomando, tanto en el plano social en general, como en el estrictamente económico, hace que se distorsione el funcionamiento de la ley del valor. Medidas tales como la rebaja de los alquileres de las viviendas, la asistencia médica y social en general gratuita o a "precios por debajo de los estipulados en el mercado", el control y la fijación de los precios con vistas a combatir la especulación contrarrevolucionaria, el control de divisas, el control del comercio exterior, el control del comercio interior mayorista, la entrada a la vida económica del país en revolución de sectores que hasta ese momento se hallaban marginados, las medidas tendientes a liquidar el desempleo, etcétera, *dictan en la práctica la imposibilidad de que rija la ley del valor.*

El valor aquí no establece la cantidad en que se producen las mercancías; el número en que se intercambian éstas; la proporción en que se adjudica la fuerza de trabajo entre los diferentes sectores de la economía y el modo en que se asignan los recursos entre estos sectores. Ha dejado de ser mecanismo regulador con carácter de ley.

El hecho de que los precios no se formen espontáneamente, como resulta de la fluctuación de la oferta y la demanda en el mercado, con todas las consecuencias e implicaciones que ello trae y que explican la forma automática, anárquica, y también brutal en que se establecen las proporciones y el equilibrio en la sociedad capitalista, tiene una importancia esencial.

La dirección de la revolución en esta etapa establece la distribución con arreglo a su proyecto político, a las condiciones concretas del país y del resto del mundo, y a su poder político-ideológico-militar, no sobre la base del valor. El plan central es un objetivo, un ideal a alcanzar.

Lo importante son los datos globales de rentabilidad de la gestión social productiva. ¿Qué quiere decir esto? Que sobre la base del análisis exacto y riguroso de los costos de producción y del valor de los bienes producidos, el socialismo puede racionalmente permitirse el lujo, imposible para una sociedad capitalista, de establecer precios por encima o por debajo del valor de aquellos, intercambiándolos a condición de mantener globalmente los índices de rentabilidad y eficiencia requeridos.

Se pudiera ver en ese hecho la prueba de que en última instancia la ley del valor rige en el socialismo ya que se precisa de ese equilibrio social global.

Puro sueño. El equilibrio económico (entendido aquí como "rentabilidad" global de la gestión social productiva) es un rasgo inherente a cualquier sociedad so pena de desaparecer. Ninguna tribu podría haber siquiera sobrevivido y mucho menos desarrollado de consumir más de lo que era capaz de producir. Ahora bien, ese principio elemental, esa racionalidad económica, *no* es la ley del valor. De serlo habría que plantearse que dicha ley es *universal,* que ha regido y regirá siempre, de modo inexorable. La ley del valor es, simplemente la teoría que explica el *modo* en que dicho equilibrio se establece, espontáneamente, en la sociedad burguesa. El plan, por su parte, es el *modo* en que se obtiene este equilibrio de modo consciente y racional, en las sociedades socialistas y comunistas.

Por otra parte está claro que la función del plan, y la ventaja que su existencia supone en relación con el capitalismo, no estriba ni mucho menos en establecer cuánto cuesta elaborar cada producto para fijar el precio de ese artículo específico. De seguirse esa lógica, el plan resultaría un absurdo y perdería su ventaja esencial, pues de hecho quedaría sometido a la ley del valor. Por ese camino se llega un día a renegar del socialismo como le sucedió al economista Ota Sik de Checoslovaquia y al economista Wlodzimierz Brus de Polonia. En los años sesenta ellos argumentaron que la liberación definitiva de los mecanismos de mercados ahorraría millones de operaciones matemáticas a las comisiones nacionales de planificación, ya que la ley del valor, por sí sola, establecería espontáneamente los precios sin necesidad de todo ese "fatigoso" trabajo.

La función del plan es otra: la de ser instrumento de la construcción racional y consciente de la sociedad nueva. Su ventaja principal radica precisamente en que no tiene que someterse, como el empresario capitalista, al nivel de rentabilidad de una unidad de producción o de todo un sector productivo, sino que puede financiar centralmente, y con arreglo a proporciones globales, toda su gestión. La clave de su éxito es, por otro lado, el rigor, detalle, exactitud y minuciosidad que se alcance en la obtención de los datos y el análisis de éstos.

Analizado desde otro plano, el solo hecho de que los precios de los productos no constituyen en este momento una emanación de su valor y del mecanismo de la oferta y la demanda sería suficiente para permitir la afirmación de que no actúa la ley del valor. A partir de ese momento el equilibrio global no se produce a través de los mecanismos en que se da la ley del valor, sino por la acción de decisiones conscientes.

Incluso cuando hayamos aceptado la existencia de la producción mercantil —debido a la supervivencia de pequeños productores privados y cooperativistas—, no se puede afirmar totalmente que el intercambio entre el sector estatal y el sector privado se efectúa teniendo en cuenta las reglas que imperan en una transacción mercantil dentro de una sociedad en que rige la ley del valor. De hecho, el dinero que opera en la referida transacción *no constituye* medida de valor. Téngase presente que, en la operación de intercambio entre el sector privado, no se enfrentan iguales cantidades de trabajo socialmente necesario, debido a que los precios de las mercancías no se fijan atendiendo a su valor y al mecanismo de la oferta y la demanda. También los medios de producción utilizados por el sector privado, tanto su cantidad como los precios a que se venden por el estado, son asignados por este último atendiéndose a una determinada política económica, instrumentada como voluntad en el plan.

Un aspecto no menos importante que los abordados hasta ahora lo constituye la relación que ha de existir entre la planificación y las categorías y los mecanismos a través de los cuales ella ha de expresarse.

La posición de Che en este aspecto es la siguiente: el hecho de que subsista producción mercantil en el periodo de transición durante un determinado tiempo *no implica* que el plan deba usar mecanismos capitalistas para su funcionamiento y expresarse a través de categorías capitalistas.

El Sistema Presupuestario de Financiamiento no sólo constituye un hecho original —en la teoría del periodo de transición existente hasta el momento de su aparición— por su concepción general sobre la naturaleza de la construcción de la sociedad comunista. Es, además, un modelo de dirección y control de la economía del periodo de transición al comunismo que constituye un arma para la destrucción de las relaciones económicas capitalistas, de las categorías mercantiles y de las formas ideológicas capitalistas. Es, en suma, promotor fundamental de las nuevas formas de relaciones humanas y de la conciencia comunista.

Transcribimos a continuación parte de la fundamentación realizada por Che de los puntos de vista del *Sistema Presupuestario de Financiamiento* acerca de la ley del valor, en contraposición al llamado *Cálculo Económico.* Primeramente reproducimos lo contenido en su trabajo "Sobre el Sistema Presupuestario de Financiamiento" bajo el epígrafe titulado "Acerca de la ley del valor".

> Una diferencia profunda (al menos en el rigor de los términos empleados) existe entre la concepción de la ley

del valor y la posibilidad de su uso consciente, planteada por los defensores del cálculo económico y la nuestra.

Dice el *Manual de economía política:*[87]

"Por oposición al capitalismo, donde la ley del valor actúa como una fuerza ciega y espontánea, que se impone a los hombres, en la economía socialista se tiene conciencia de la ley del valor y el estado la tiene en cuenta y la *utiliza* en la práctica de la dirección planificada de la economía.

"El conocimiento de la acción de la ley del valor y su *inteligente utilización* ayudan necesariamente a los dirigentes de la economía a encauzar racionalmente la producción, a mejorar sistemáticamente los métodos de trabajo y a aprovechar las reservas latentes para producir más y mejor".

Las palabras subrayadas por nosotros indican el espíritu de los párrafos.

La ley del valor actuaría como una fuerza ciega pero conocida y, por tanto, doblegable, o utilizable por el hombre.

Pero esta ley tiene algunas características: Primero, está condicionada por la existencia de una sociedad mercantil. Segundo, sus resultados no son susceptibles de medición *a priori* y deben reflejarse en el mercado donde intercambian productores y consumidores. Tercero, es coherente en un todo, que incluye mercados mundiales y cambios y distorsiones que en algunas ramas de producción se reflejan en el resultado total. Cuarto, dado su carácter de ley económica actúa fundamentalmente como tendencia y, en los periodos de transición, su tendencia debe ser lógicamente a desaparecer.

Algunos párrafos después, el *Manual* expresa:

"El estado socialista utiliza la ley del valor, realizando por medio del sistema financiero y de crédito el control sobre la producción y la distribución del producto social.

"El dominio de la ley del valor y su utilización con arreglo a un plan representan una enorme ventaja del socialismo sobre el capitalismo. Gracias al dominio sobre la ley del valor, su acción en la economía socialista no lleva aparejado el despilfarro del trabajo social inseparable de la anarquía de la producción, propia del capitalismo. La ley del valor y las categorías con ella relacionadas —el dinero, el precio, el comercio, el crédito, las finanzas— son utilizadas con éxito por la URSS y por los países de democracia popular, en interés de la construcción del socialismo y del comunismo, en el proceso de dirección planificada de la economía nacional".

Esto sólo puede considerarse exacto en cuanto a la magnitud total de valores producidos para el uso directo de la población y los respectivos fondos disponibles para su adquisición, lo que podría hacer cualquier ministro de Hacienda capitalista con unas finanzas relativamente equilibradas. Dentro de ese marco, todas las distorsiones parciales de la ley caben.

Más adelante se apunta:

"La producción mercantil, la ley del valor y el dinero sólo se extinguirán al llegar a la fase superior del comunismo. Pero, para crear las condiciones que hagan posible la extinción de la producción y la circulación mercantiles en la fase superior del comunismo, es necesario *desarrollar* y utilizar la ley del valor y las relaciones monetario-mercantiles durante el periodo de construcción de la sociedad comunista".

¿Por qué *desarrollar*? Entendemos que durante cierto tiempo se mantengan las categorías del capitalismo y que este término no puede determinarse de antemano, pero las características del periodo de transición son las de una sociedad que liquida sus viejas ataduras para ingresar rápidamente a la nueva etapa.

La *tendencia* debe ser, en nuestro concepto, a liquidar lo más vigorosamente posible las categorías antiguas entre las que se incluye el mercado, el dinero y, por tanto, la palanca del interés material o, por mejor decir, las condiciones que provocan la existencia de las mismas. Lo contrario haría suponer que la tarea de la construcción del socialismo en una sociedad atrasada, es algo así como un accidente histórico y que sus dirigentes, para subsanar el *error,* deben dedicarse a la consolidación de todas las categorías inherentes a la sociedad intermedia, quedando sólo la distribución del ingreso de acuerdo al trabajo y la tendencia a liquidar la explotación del hombre por el hombre como fundamentos de la nueva sociedad, lo que luce insuficiente por sí solo como factor del desarrollo del gigantesco cambio de conciencia necesario para poder afrontar el tránsito, cambio que deberá operarse por la acción multifacética de todas las nuevas relaciones, la educación y la moral socialista, con la concepción individualista que el estímulo material directo ejerce sobre la conciencia frenando el desarrollo del hombre como ser social.

Para resumir nuestras divergencias: consideramos la ley del valor como parcialmente existente, debido a los restos de la sociedad mercantil subsistentes, que se refleja también en el tipo de cambio que se efectúa entre el estado suministrador y el consumidor; creemos que, particularmente en una sociedad de comercio exterior muy desarrollado, como la nuestra, la ley del valor en escala internacional debe reconocerse como un hecho que rige las transacciones comerciales, aun dentro del campo socialista y reconocemos la necesidad de que este comercio pase ya a formas más elevadas en los países de la nueva sociedad, impidiendo que se ahonden las diferencias entre países desarrollados y los más atrasados por la acción del intercambio. Vale decir, es necesario hallar fórmulas de comercio que permitan el financiamiento de las inversiones industriales en los países en desarrollo, aunque esto contravenga los sistemas de precios existentes en el mercado mundial capitalista, lo que permitirá el avance más parejo de todo el campo socialista, con las naturales consecuencias de limar asperezas y cohesionar el espíritu del internacionalismo proletario (el reciente acuerdo entre Cuba y la URSS, es una muestra de los pasos que se pueden dar en este sentido).

> Negamos la posibilidad del uso consciente de la ley del valor, basado en la no existencia de un mercado libre que exprese automáticamente la contradicción entre productores y consumidores; negamos la existencia de la categoría *mercancía* en la relación entre empresas estatales, y consideramos todos los establecimientos como parte de la única gran empresa que es el estado (aunque, en la práctica, no sucede todavía así en nuestro país). La ley del valor y el plan son dos términos ligados por una contradicción y su solución; podemos, pues, decir que la planificación centralizada es el modo de ser de la sociedad socialista, su categoría definitoria y el punto en que la conciencia del hombre alcanza, por fin, a sintetizar y dirigir la economía hacia su meta, la plena liberación del ser humano en el marco de la sociedad comunista.[88]

En su trabajo *Consideraciones sobre los costos de producción,* Che escribe:

> La base por la cual se rige el mercado capitalista es la ley del valor y ésta se expresa directamente en el mercado. No se puede pensar en el análisis de la ley del valor extraída de su medio natural que es aquél; de otra forma, puede decirse que la expresión propia de la ley del valor es el mercado capitalista. Durante el proceso de construcción de la sociedad socialista, muchas de las relaciones de producción van cambiando a medida que cambia el dueño de los medios de producción y el mercado deja de tener las características de libre concurrencia (aún considerando la acción de los monopolios) y adquiere otras nuevas, ya limitado por la influencia del sector socialista que actúa en forma consciente sobre el fondo mercantil.[89]

En su trabajo polémico titulado *Sobre la concepción del valor,* Che apuntaba:

> Pasando al comienzo del primer párrafo del artículo comentado,[90] diremos que no es exacta esta apreciación.

Nosotros consideramos el problema del valor en otra forma. Me refiero al artículo publicado en *Nuestra Industria: Revista Económica*, número uno.[91] Decía allí:

"Cuando todos los productos actúan de acuerdo con precios que tienen ciertas relaciones internas entre sí, distinta a la relación de esos productos en el mercado capitalista, se va creando una nueva relación de precios que no tiene parangón con la mundial. ¿Cómo hacer para que los precios coincidan con el valor? ¿Cómo manejar conscientemente el conocimiento de la ley del valor para lograr el equilibrio del fondo mercantil por una parte y el reflejo fiel en los precios por otra? Este es uno de los problemas más serios planteados a la economía socialista".

Es decir, no se está impugnando la vigencia de la ley del valor, se está considerando que esta ley tiene su forma de acción más desarrollada a través del mercado capitalista y que las variaciones introducidas en el mercado por la socialización de los medios de producción y los aparatos de distribución, conllevan cambios que impiden una inmediata calificación de su acción.

Sostenemos nosotros que la ley del valor es reguladora de las relaciones mercantiles en el ámbito del capitalismo y, por tanto, en la medida en que los mercados sean distorsionados por cualquier causa, así mismo sufrirá ciertas distorsiones la acción de la ley del valor.

La forma y la medida en que esto se produzca no ha sido estudiada con la misma profundidad con que Marx llevó a cabo su estudio sobre el capitalismo. Este y Engels no previeron que la etapa de transición pudiera iniciarse en países económicamente atrasados y, por ende, no estudiaron ni meditaron sobre las características económicas de aquel momento.

Lenin, a pesar de su genialidad, no tuvo el tiempo preciso para dedicar largos estudios —toda la vida que le dedicara Marx— a los problemas económicos de esta etapa de transición en la cual se conjuga el hecho histórico de una sociedad que sale del capitalismo sin completar su desarrollo de esa etapa (y en la que se conservan restos de feudalismo todavía) con la concentración en manos del pueblo de la propiedad de los medios de producción.

Este es un hecho real cuya posibilidad fue prevista por Lenin en sus estudios sobre el desarrollo desigual del capitalismo, el nacimiento del imperialismo y la teoría del desgajamiento de los eslabones más débiles del sistema en momentos de conmoción social como son las guerras.

El mismo probó, con la revolución rusa y la creación del primer estado socialista, la factibilidad del hecho, pero no tuvo tiempo de continuar sus investigaciones ya que se dedicó de lleno a la consolidación del poder, a participar en la revolución, como anunciara en el abrupto final de su libro *El estado y la revolución*. (La suma de los trabajos de Lenin sobre la economía del periodo de transición nos sirve de valiosísima introducción al tema pero le faltó el desarrollo y la profundización que el tiempo y la experiencia debían darle.)[92]

En *El socialismo y el hombre en Cuba*, Che apuntaba:

En el esquema de Marx se concebía el periodo de transición como resultado de la transformación explosiva del sistema capitalista destrozado por sus contradicciones; en la realidad posterior se ha visto cómo se desgajan del árbol imperialista algunos países que constituyen las ramas débiles, fenómeno previsto por Lenin. En éstos, el capitalismo se ha desarrollado lo suficiente como para hacer sentir sus efectos, de un modo u otro, sobre el pueblo, pero no son sus propias contradicciones las que, agotadas todas las posibilidades, hacen saltar el sistema. La lucha de liberación contra un opresor externo, la miseria provocada por accidentes extraños, como la guerra, cuyas consecuencias hacen recaer las clases privilegiadas sobre los explotados, los movimientos de liberación destinados a derrocar regímenes neocoloniales, son los factores habituales de desencadenamiento. La acción consciente hace el resto.

En estos países no se ha producido todavía una educación completa para el trabajo social y la riqueza dista de estar al alcance de las masas mediante el simple proceso de apropiación. El subdesarrollo por un lado y la habitual fuga de capitales hacia países "civilizados" por otro, hacen imposible un cambio rápido y sin sacrificios. Resta un gran tramo a recorrer en la construcción de la base económica y la tentación de seguir los caminos trillados del interés material, como palanca impulsora de un desarrollo acelerado, es muy grande.

Se corre el peligro de que los árboles impidan ver el bosque. Persiguiendo la quimera de realizar el socialismo con la ayuda de las armas melladas que nos legara el capitalismo (la mercancía como célula económica, la rentabilidad, el interés material individual como palanca, etcétera) se puede llegar a un callejón sin salida. Y se arriba allí tras de recorrer una larga distancia en la que los caminos se entrecruzan muchas veces y donde es difícil percibir el momento en que se equivocó la ruta. Entre tanto, la base económica adaptada ha hecho su trabajo de zapa sobre el desarrollo de la conciencia. Para construir el comunismo, simultáneamente con la base material, hay que hacer al hombre nuevo.[93]

CAPITULO 6

El papel del dinero, la banca y los precios

POR UN PROBLEMA METODOLOGICO, hemos considerado éste el momento apropiado para exponer las concepciones de Che sobre el dinero, aunque el lector podrá encontrar en las páginas precedentes, especialmente las dedicadas a la exposición de la ley del valor, implícitamente, algunos elementos básicos de su concepción.

Consecuente con su convicción de que las características del periodo de transición y la teoría que le enuncia poseen distinta naturaleza a las del régimen capitalista, Che le asigna al dinero un papel diferente al que le confieren los partidarios del Cálculo Económico. Sus ideas acerca del dinero deben ser analizadas y se hacen inteligibles, por lo tanto, en el seno de su concepción del periodo de transición, y es precisamente en este contexto donde obtienen toda su relevancia.

Sus ideas acerca del papel a desempeñar por el dinero en el periodo de transición las podemos hallar fundamentalmente a lo largo de sus trabajos escritos entre 1963 y 1965 y muy especialmente en su artículo "Sobre el Sistema Presupuestario de Financiamiento" y en su trabajo polémico "La banca, el crédito y el socialismo". Tanto el primero como el segundo artículos poseen un carácter polémico. No obstante, el primero de ellos se acerca más a una exposición positiva del Sistema Presupuestario de Financiamiento, propugnado por Che.

Con vistas a no alterar el modo en que aborda Che el problema que nos atañe, realizaremos la exposición de su concepción sobre el dinero y la banca en el periodo de transición, según el Sistema Presupuestario de Financiamiento. Observaremos en lo posible el orden de exposición de Che en su artículo "La banca, el crédito y el socialismo". Nos ahorraremos al exponer, por razones obvias, el origen de la banca, sus características y funciones en el régimen capitalista de producción.[94]

El dinero constituye un producto de las relaciones mercantiles y, por lo tanto, expresa determinadas relaciones de producción. Es, por ello, una categoría social, históricamente condicionada por dichas relaciones. No es posible destruir en un solo día las relaciones mercantiles; éstas están presentes en el periodo de transición. Su presencia será más o menos larga según el ritmo de desarrollo de las nuevas relaciones de producción y según la política que se adopte hacia ellas, pero en todo caso las relaciones mercantiles deben ser combatidas. La tendencia debe ser la de que se vayan extinguiendo hasta su total desaparición. Su desarrollo pone en peligro la realización misma del proyecto comunista.

Lo antes expuesto es extensible al papel de la banca en el periodo de transición. Che señalaba:

> Es importante consignar para fines ulteriores, que el dinero refleja las relaciones de producción; no puede existir sin una sociedad mercantil. Podemos decir también que un banco no puede existir sin dinero y, por ende, que la existencia del banco está condicionada a las relaciones mercantiles de producción, por elevado que sea su tipo.[95]

De las cinco funciones que la forma dinero posee en toda producción mercantil, según el estudio de Marx, sólo dos de ellas deben existir en el periodo de transición. Estas son, a saber:

- el dinero aritmético, esto es, medida de valores, y
- el *dinero como medio de circulación* y/o *distribución* entre el estado y los pequeños propietarios privados que aún subsistan y el pueblo como consumidor.[96]

Contrastando el Sistema Presupuestario de Financiamiento y el Cálculo Económico, Che afirmaba:

> Otra diferencia es la forma de utilización del dinero; en nuestro sistema sólo opera como dinero aritmético,

> como reflejo, en precios, de la gestión de la empresa, que los organismos centrales analizarán para efectuar el control de su funcionamiento; en el cálculo económico es no sólo esto, sino también medio de pago que actúa como instrumento indirecto de control, ya que son estos fondos los que permiten operar a la unidad y sus relaciones con el banco son similares a las de un productor privado en contacto con bancos capitalistas a los que deben explicar exhaustivamente sus planes y demostrar su solvencia. Naturalmente, en este caso no opera la decisión arbitraria sino la sujeción a un plan y las relaciones se efectúan entre organismos estatales.
>
> Consecuentemente con la forma de utilizar el dinero, nuestras empresas no tienen fondos propios; en el banco existen cuentas separadas para extraerlos y depositarlos, la empresa puede extraer fondos según el plan, de la cuenta general de gastos y de la especial para pagar salarios, pero al efectuar un depósito, éste pasa a poder del estado automáticamente.
>
> Las empresas de la mayoría de los países hermanos tienen fondos propios en los bancos que refuerzan con créditos de los mismos por los que pagan interés sin olvidar nunca que estos fondos *propios,* al igual que los créditos, pertenecen a la sociedad expresando en su movimiento el estado financiero de la empresa.[97]

En *El capital,* podemos leer:

> La función del dinero como medio de pago trae consigo una contradicción no mediada. En la medida en que se compensan los pagos, el dinero funciona sólo *idealmente como dinero de cuenta* o medida de los valores. En la medida en que los pagos se efectúan realmente, el dinero ya no entra en escena como medio de circulación, como forma puramente evanescente y mediadora del metabolismo, sino como la encarnación individual del trabajo social, como la existencia autónoma del valor de cambio, como mercancía absoluta.[98]

La convicción de Che de que el dinero funciona como dinero aritmético viene avalada, entre otras cosas, por el desarrollo de las técnicas más modernas en lo que a organización, control, dirección y análisis económicos ha desarrollado el sistema imperialista. Incluso los monopolios yanquis habían instrumentado la idea de la utilización del dinero aritmético para operar entre sus unidades componentes y, de este modo, evitar gastos innecesarios. Para ellos, ya resultaba absurdo cobrarles y pagarles a sus unidades competentes. El desarrollo de las referidas técnicas relega el dinero al papel de simple expresión del valor de lo producido.

El uso del dinero como medida de valores supone que se utilice para reflejar en forma de precios la gestión de la empresa. De este modo, el dinero aritmético sirve de instrumento para el análisis por los organismos centrales de la economía del funcionamiento de las empresas, *como indicador económico.*

El Sistema Presupuestario de Financiamiento le otorga a las finanzas un contenido y un papel distintos al que les confiere el Cálculo Económico. Las finanzas dejan de ser el mecanismo mediante el cual se controla, dirige, analiza y organiza la economía. La compulsión financiera se sustituye por una compulsión técnico-administrativa. Che explicaba:

> Con todas ellas [se refiere a la organización, control, costo, inventarios, etcétera] y en perfeccionamiento nuestro aparato, nosotros podemos obviar el problema de la autonomía financiera y convertir la compulsión financiera (porque en definitiva la autonomía financiera no es más que la compulsión de tipo financiero) en una compulsión de tipo administrativo, de tal manera que al vigilar esos aparatos y al tener los lugares, los centros donde se permita, donde se puedan ver los resultados concretos de las tareas de las fábricas, e inmediatamente se dé la voz de alarma en cuanto el plan en algunas facetas esté incumpliéndose y se pueda remediar el problema.[99]
>
> Hay medidas administrativas. Hay una cosa que nosotros tenemos que tener presente. ¿Acaso, señores, la masa obrera de una fábrica norteamericana tenía algún

> cariño por el dueño? Absolutamente ningún cariño, y ¿había una vigilancia policial para vigilar la producción? No la había porque hay una serie de mecanismos administrativos que cuando se fracasa en la producción permiten que se tomen medidas administrativas que hacen que el señor obrero que se descuida gane menos, reciba en su propio cuerpo la medida de su falla, tranquilamente, y así separar a cualquiera que cometa errores; de manera que no es ningún secreto vigilar la buena marcha de un centro de trabajo.[100]

El Sistema Presupuestario de Financiamiento concibe a las empresas como partes de un todo, de una gran empresa: el estado; ninguna empresa puede, ni necesita, tener fondos propios. Las empresas bajo este sistema pueden tener en el banco cuentas separadas para la extracción y el depósito.

> La propiedad social de los medios de producción dentro de la esfera estatal, por medio de la aplicación de este sistema financiero para las transacciones que entre sí realicen las empresas socialistas, permite la conversión de la compraventa mercantil en entrega de productos, limita la función del dinero como medio de pago, reduciéndola a medida de valor, y elimina la función de las cuentas a cobrar y a pagar como instrumento de crédito, transformándolas conceptualmente en simples actos administrativos o de contabilidad que se representan físicamente por órdenes de compensación al solo efecto del control bancario.[101]

La supervivencia del dinero y su uso para expresar el valor de los productos, y como medio de distribución, vienen dados por la existencia de un sector privado y del pueblo como consumidor. Estas funciones del dinero desaparecerán con el desarrollo de la nueva sociedad y no implican un peligro para la formación de la conciencia comunista y de las nuevas relaciones humanas.

El sistema bancario está llamado a desaparecer a largo plazo en el periodo de transición al comunismo. Sobrevivirá durante el periodo en que perduren las relaciones mercantiles, porque "la existencia del banco está condicionada a las relaciones mercantiles de producción, por elevado que sea su tipo".[102]

En este mismo trabajo, además, Che puntualizó:

> En los periodos de construcción de la sociedad socialista cambian todos los conceptos que amparan la vida política del banco y debe buscarse otro camino para utilizar su experiencia.[103]

El banco deja de tener un papel hegemónico en la economía como producto de las transformaciones que en las relaciones económico-sociales sufre la sociedad. Sus funciones económicas no son las mismas que las que tenía en el capitalismo. No posee un capital propio ni puede actuar como si lo tuviese. Ello nos da *grosso modo* un buen número de limitaciones. El banco, al no poseer capital propio, sólo puede subsistir como propiedad del estado que lo utiliza para determinadas funciones económicas. Es el estado el que engloba toda la economía, y el banco es un instrumento para determinadas funciones. No es posible pretender "que el banco siga manteniendo una posición hegemónica en la economía, independientemente de los cambios económico-sociales".[104]

El que el Sistema Presupuestario de Financiamiento sea partidario de la centralización, no entraña que sea el banco, precisamente, el que asuma la máxima responsabilidad de la contabilidad y el control del estado, ni que dicte la política económica de la nación.

> Existe aquí la creencia generalizada de que la relación directa con el banco garantiza el análisis de todos los factores de la producción y la imposibilidad de burlar la atención vigilante de ese organismo, lo que no es más que un espejismo en las condiciones actuales de Cuba, y el banco tiene pruebas fehacientes de ese aserto en sus relaciones con los organismos de autogestión.
>
> En el año 1931, [José] Stalin hacía el siguiente análisis: "Pero esto no es todo. A lo citado hay que añadir la circunstancia de que, como consecuencia de la mala gestión administrativa, los principios de rentabilidad se han encontrado enteramente comprometidos en toda

> una serie de nuestras empresas y organizaciones económicas. Es un hecho que en una serie de empresas y organizaciones económicas hace tiempo que se acabó de contar, de calcular y de establecer balances justificativos de los ingresos y de los gastos. Es un hecho que en una serie de empresas y organizaciones económicas las nociones de 'régimen de economía', 'reducción de gastos improductivos', 'racionalización de la producción', se pasaron hace tiempo de moda. Por lo visto, cuentan con que el Banco de estado 'de todas maneras librará las cantidades necesarias'. Es un hecho que en los últimos tiempos los precios de coste en una serie de empresas han empezado a subir. Se les señaló la necesidad de bajar los precios de coste en un 10 por 100 y más, y en lugar de eso los han elevado".[105]
>
> Lo citamos simplemente *para demostrar que se impone una tenaz tarea de organización administrativa antes de poder implantar cualquier sistema, y ése debe ser el sentido de nuestro esfuerzo principal en el momento actual.*[106]

El que el dinero sea un medio de pago no presupone la necesidad del crédito. Bien puede funcionar como dinero aritmético en todas las transacciones entre empresas estatales y cooperativas. Históricamente, la necesidad del crédito responde a la forma que adoptó el joven estado soviético para controlar y dirigir su economía.

Bajo el Sistema Presupuestario de Financiamiento el banco no tiene como función la concesión de créditos, menos aún la de obtener dividendos por concepto de interés. Che fundamenta su opinión reproduciendo algunos pasajes de *El capital.* He aquí algunos de estos fragmentos:

> No debe olvidarse, sin embargo, que, en primer lugar, el dinero —en forma de metal precioso— sigue siendo la base de la que *jamás* puede desprenderse, por la naturaleza misma de la cosa, el régimen de crédito. Y, en segundo lugar, que el sistema de crédito presupone el monopolio de los medios sociales de producción (bajo forma de capital y de propiedad territorial) en manos de

> particulares, es decir, que este sistema es de por sí, de un lado, *una forma inmanente del sistema capitalista de producción* y de otra parte, una fuerza motriz que impulsa su desarrollo hasta su forma última y más alta.
>
> El sistema bancario es, por su organización formal y su centralización, como se expresó ya en 1697 en *Some Thoughts of the Interests of England, el producto más artificioso y refinado que el régimen capitalista de producción ha podido engendrar*. . . .
>
> Finalmente, no cabe la menor duda de que el sistema de crédito actuará como un poderoso resorte en la época de transición del régimen capitalista de producción al régimen de producción del trabajo asociado, pero solamente como un elemento en relación con otras grandes conmociones orgánicas del mismo régimen de producción. En cambio, las ilusiones que algunos se hacen acerca del poder milagroso del sistema de crédito y del sistema bancario en un sentido socialista, nacen de la ignorancia total de lo que es el régimen capitalista de producción y el régimen de crédito como una de sus formas. *Tan pronto como los medios de producción dejen de convertirse en capital (lo que implica también la abolición de la propiedad privada del suelo), el crédito como tal no tendrá ya ningún sentido,* cosa que, por lo demás, han visto incluso los sansimonianos. Y, por el contrario, mientras perdure el régimen capitalista de producción perdurará como una de sus formas el capital a interés y seguirá formando, de hecho, la base de su sistema de crédito. Sólo ese mismo escritor sensacionalista, Proudhon, que pretende dejar en pie la producción de mercancías y al mismo tiempo abolir el dinero, era capaz de soñar ese dislate del *crédit gratuit,* pretendida realización de los buenos deseos del pequeño burgués.[107]

Cuando el banco está cobrando determinado interés a las empresas estatales —el que lo haga de acuerdo a un plan y no surja la tasa de interés de forma espontánea como sucede en el capitalismo, no altera en lo más mínimo nuestro razonamiento—, por los fondos suministrados a éstas, está cobrando por el uso de un dinero que no le pertenece, lo que constituye una función típica de la banca privada.

Los bancos socialistas efectúan una operación fetichista cuando prestan dinero a interés, ya que prestan el dinero de otra empresa.

Al respecto manifestó Che:

> Si Marx ha formulado, como hemos visto, que la abolición de la propiedad privada le quita todo el sentido al crédito como tal, ¿qué decir del interés?
>
> Dice Marx:
>
> "Es en el capital a interés donde la relación capitalista cobra su forma más externa y más fetichista. Aquí nos encontramos con D–D', dinero que engendra más dinero, valor que se valoriza a sí mismo, sin el proceso intermedio entre ambos extremos. En el capital comercial D–M–D', existe, por lo menos, la forma general del movimiento capitalista, aunque sólo se mantenga dentro de la órbita de la circulación, razón por la cual la ganancia aparece aquí como simple ganancia de enajenación; no obstante, aparece como producto de una *relación* social y no como producto exclusivo de un *objeto* material. La forma del capital mercantil representa, a pesar de todo, un proceso, la unidad de fases contrapuestas, un movimiento que se desdobla en dos actos antagónicos, en la compra y la venta de la mercancía. En D–D', o sea en la fórmula del capital a interés, se esfuma".[108]

Y continúa Che:

> Teniendo en cuenta que técnicamente el interés no es un elemento de costo de las empresas, sino una deducción del plus-trabajo del obrero para la sociedad, que debía constituir un ingreso del presupuesto nacional, ¿no es éste en realidad el que está financiando los gastos de operaciones del aparato bancario en forma sustancial?[109]

En cuanto a las inversiones, Che plantea:

El banco lo que hace es distribuir los recursos del presupuesto nacional asignados por el plan de inversiones y situarlos a disposición de los aparatos inversionistas correspondientes.

Este aspecto del financiamiento y control de las inversiones, particularmente en lo que se refiere a las construcciones, así como el sistema de crédito bancario y el interés, constituyen diferencias sustanciales entre el sistema que en este artículo se denomina autonomía económica y el de financiamiento presupuestario. El financiamiento y control de las inversiones será objeto de un artículo del compañero Alvarez Rom,[110] ya que la importancia y extensión del tema así lo requieren.

Sin embargo, expondremos los fundamentos de este procedimiento, exposición ya hecha por el Ministerio de Hacienda en el Fórum de Inversiones. Hacienda llega a la conclusión de que todo el embrollo existente actualmente en cuanto al control de las inversiones, se debe a la concepción mercantil que la ampara. Todavía pensamos en el banco como representante de los monopolios, su cancerbero, vigilando el tipo y la efectividad de la inversión.

En un régimen de presupuesto, con los controles funcionando adecuadamente, el banco no tiene por qué tener participación en la decisión de la inversión, que es una tarea económico-política (JUCEPLAN [Junta Central de Planificación]). En el control físico de la inversión el banco no debe participar —esto obligaría a crear un aparato enorme y sin sentido— y sí el organismo inversionista directamente interesado, en tanto que el control financiero lo puede llevar Hacienda, que es responsable del presupuesto estatal, único lugar donde se debe recoger el plus-producto para darle la utilización adecuada. El banco debiera ocuparse, en buena ley, de cuidar del cumplimiento de la metodología de la extracción de fondos, que es su función específica.[111]

Para el Sistema Presupuestario de Financiamiento las empresas estatales forman parte de la única gran empresa que es el estado, a diferencia del sistema de autogestión financiera, en que toda unidad productiva constituye una empresa. En el sistema de autogestión financiera, las relaciones entre empresas son muy similares a las existentes en el régimen capitalista: toda transferencia de productos entre empresas estatales se realiza bajo el mecanismo de la compraventa, de modo que los productos de una empresa estatal poseen las propiedades características de una *mercancía.*

El Sistema Presupuestario fundamenta su parecer desde dos ángulos, el técnico-económico y el ideológico. "Una empresa es un conglomerado de fábricas o unidades que tienen una base tecnológica parecida, un destino común para su producción o, en algún caso, una localización geográfica limitada".[112]

Desde el ángulo ideológico, la fundamentación está dada a lo largo de las páginas anteriores.

La diferencia antes apuntada es imprescindible para comprender la concepción que poseen ambos sistemas del financiamiento de las empresas. Che afirmaba:

> Nosotros consideramos que el sistema de crédito bancario y la compra-venta mercantil dentro de la esfera estatal, cuando se usa el Sistema de Financiamiento Presupuestario, son innecesarios.
>
> Para comprender la diferencia entre ambos sistemas . . . es necesario tener en cuenta que todas estas categorías surgen como consecuencia de la consideración individualizada de patrimonios independientes y sólo conservan su forma a manera de instrumento para poder controlar la economía nacional, ya que la propiedad de hecho es de todo el pueblo. Esta ficción que llega a dominar la mente de los hombres, como lo demuestra el artículo que contestamos, se elimina con la aplicación del Sistema de Financiamiento Presupuestario.[113]
>
> El financiamiento a una empresa se realiza, por un lado, para compensar, a los efectos de la contabilidad y control social, a otra empresa por el trabajo materializado; y por otro lado, para retribuir el trabajo

> vivo agregado en cada proceso de la producción social. Si el primero de estos actos es formal y sin contenido económico, ya que es compensatorio; y si el segundo es la entrega del salario al trabajador, que se realiza después de haber sido empleada su fuerza de trabajo en la producción de valor de uso, ¿cuál es la conclusión que se deriva de estas premisas? Que es el trabajador el que efectivamente da crédito.[114]

Partiendo de los presupuestos dados explícitamente en los acápites anteriores, Che hace su incursión en los mecanismos de formación de los precios. Le resulta de inmediato evidente que los mecanismos de control de mercado, al estipular los precios, buscan la coincidencia entre la oferta y la demanda en cada unidad o mercancía, dejando incluso un margen de utilidad para la empresa. De hecho, el plan se doblega, en esta concepción, a la ley del valor y no a la inversa. El mercado, por lo tanto, sigue operando, con la "incomodidad" propia de un capitalismo concurrencial que fuera víctima de la intromisión estatal en su gestión administrativa.

En un sistema centralizado se podrían plantear otras soluciones:

A. Evitar los desequilibrios económicos mediante cálculos matemáticos precisos que estudien los datos de producción y las fluctuaciones en la demanda, así como la situación de la circulación monetaria y el poder adquisitivo. Con esos datos se procedería a una *política de precios* que entonces se establecería con criterios político-sociales y cuya resultante final mantendría, al mismo tiempo, la racionalidad económica.

B. Sustituir el sistema de impuesto de circulación sobre las mercancías (estipulado en las economías que se rigen por la autogestión financiera) por una escala salarial o descuento que mantuviera el equilibrio requerido desde una perspectiva global. Dicha escala puede establecerse gracias al análisis preciso del monto total del fondo salarial, el circulante y valor global de la producción (entendido aquí como suma total de precios).

Refiriéndose a esto Che manifestó:

> *El impuesto de circulación* es una ficción contable

> mediante la cual se mantienen determinados niveles de rentabilidad a las empresas, encareciendo el producto para el consumidor, de tal manera que se nivela la oferta de artículos con el fondo de la demanda solvente; creemos que es una imposición del sistema pero no una necesidad absoluta y trabajamos sobre fórmulas que contemplen todos estos aspectos.[115]

C. Lograr la estabilización global del fondo mercantil y la demanda solvente mediante directivas de los organismos encargados de la regulación del comercio interior. Es preciso anotar que en la referida estabilización, el hecho de que una serie de mercancías imprescindibles para la vida del hombre se entreguen a precios por debajo de su costo no atenta contra la economía del país, si al fijar los precios de otra serie de artículos no vitales lo hacemos elevando éstos, por encima de su valor. El precio individual en el socialismo puede alejarse del valor como se considere necesario. *Lo fundamental son las proporciones globales.*

D. Completar el sistema con estudios sociológicos que detecten qué tipos de productos son necesarios y en qué cantidades; los datos provenientes de la base serían procesados centralmente junto con los otros: capacidades productivas, costos, plan de distribución de la renta nacional, etcétera, y todo luego sería integrado en el plan. Los mecanismos de partido, sindicato, etcétera, servirían antes y después para viabilizar las inquietudes, polémicas o sugerencias de corrección al plan, entre el gobierno y la masa.

E. Asumir que el Sistema Presupuestario de Financiamiento rechaza la utilización de la compulsión financiera ("porque en definitiva la autonomía financiera no es más que la compulsión de tipo financiero"[116]) como principio directriz en la implantación de los mecanismos de control que los organismos directores y supervisores de la economía han de usar en su gestión. El Sistema Presupuestario establece una compulsión de tipo administrativo y enfoca los esfuerzos de los organismos en la planificación y en el desarrollo tecnológico, propugnando este desarrollo como la vía para la optimización del aparato productivo y estatal.

Lo antes expuesto posee una estrecha relación con el proceso de formación de los precios. El Sistema Presupuestario de Financiamiento no tiene entre sus métodos el estímulo de la producción mediante el precio, lo cual haría una economía de mercado.

F. Situar precios diferenciales a los productos de la tierra, porque el costo es muy diferente de acuerdo con el rendimiento del suelo. Esto evitaría la diferenciación de las colectividades agrícolas en ricas y pobres. La aplicación de los principios enunciados en el punto C coadyuvaría en la obtención de éxitos notables en esta esfera económica.

También sería bueno apuntar la necesidad no solamente de estudiar los fenómenos de oferta y demanda, sino de controlar y dirigir la demanda hacia objetivos acordes a la racionalidad social. Los economistas que defienden la utilización del mercado como la única vía para resolver en forma automática los millares de ecuaciones que implican las "opciones" individuales del consumidor olvidan que las teorías sobre la "autonomía del consumidor", del consumidor como dictador de la producción, han perdido toda respetabilidad aun dentro de la teoría económica burguesa. Es archisabido que las apetencias y tendencias de consumo se *crean y dirigen* a través de la publicidad.

En una sociedad socialista el comportamiento del consumidor puede y debe ser también controlado y manejado para evitar que entre en contradicción con los principios y fines de la sociedad en su conjunto. Al igual que la sociedad reprime, en aras de la convivencia, toda una serie de instintos humanos naturales, también debe controlar los hábitos de consumo. Una sociedad que se deje orientar por las espontáneas apetencias de consumo restringe sistemáticamente sus recursos, que de ese modo tienen que ser desviados de sus funciones principales para dedicarse a la satisfacción de necesidades que se reproducen y multiplican a cada instante.

Sentado, pues, que de lo que se trata es de establecer el equilibrio global de la oferta y la demanda mediante la fijación de precios por el plan, establecidos con criterios político-sociales, queda aún un grave problema por resolver: ¿cuál sería la base de formación de precios *reales* a los efectos de análisis económicos?

Che buscaba una primera solución:

> Entre los múltiples problemas planteados a la economía socialista en la práctica de la planificación, surge el análisis de la gestión de las empresas, considerando las nuevas situaciones creadas por el desarrollo de la revolución socialista.
>
> La base por la cual se rige el mercado capitalista es la ley del valor y ésta se expresa directamente en el mercado. No se puede pensar en el análisis de la ley del valor extraída de su medio natural que es aquél; de otra forma, puede decirse que la expresión propia de la ley del valor es el mercado capitalista. Durante el proceso de construcción de la sociedad socialista, muchas de las relaciones de producción van cambiando a medida que cambia el dueño de los medios de producción y el mercado deja de tener las características de libre concurrencia (aún considerando la acción de los monopolios) y adquiere otras nuevas, ya limitado por la influencia del sector socialista que actúa en forma consciente sobre el fondo mercantil.
>
> En el caso nuestro, frente a la carencia de mercancías se hubiera producido inmediatamente un proceso de aumento de los precios en el mercado y se hubiera nivelado nuevamente la relación de oferta-demanda. Pero establecimos rígidas congelaciones de precios, manteniendo un sistema de racionamiento en el cual el valor real de las mercancías no se puede expresar a través del mercado, el que tiene ahora distintas características. Aunque el racionamiento es una situación transitoria, con el correr de los años, la economía planificada dentro de los límites de un país, va separando sus propias realidades de las realidades del mundo exterior.
>
> En el intrincado proceso de producción y distribución de los productos, intervienen materias primas y gastos de todo tipo, que van determinando un precio. Cuando todos los productos actúan de acuerdo con precios que tienen una cierta relación interna entre sí, distinta a la

relación de esos productos en el mercado capitalista, se va creando una nueva relación de precios que no tiene parangón con la mundial.

¿Cómo hacer para que los precios coincidan con el valor? ¿Cómo manejar conscientemente el conocimiento de la ley del valor para lograr el equilibrio del fondo mercantil por una parte, y el reflejo fiel en los precios por otra? Este es uno de los problemas más serios planteados a la economía socialista. . . .

Insistimos en el análisis del costo, pues parte de nuestra concepción está referida a la no necesaria coincidencia o relación íntima entre el costo de producción y el precio del sector socialista. (Para Cuba, país de poco desarrollo, de grandes intercambios comerciales externos, las relaciones con el resto del mundo son fundamentales.)

Por ello planteamos que no debe desligarse de ninguna manera la estructura general de los precios internos y la de los precios del mercado externo; bien entendido que estos precios se refieren solamente a la esfera socialista, donde cumplen las funciones fundamentales de dinero aritmético, es decir, de forma de medición.

Frente a esto, se objeta las innumerables dificultades provocadas por la distorsión ya existente con respecto a los precios externos y avances tecnológicos, distorsiones temporales o la acción de los monopolios sobre los mercados, que hacen variar diariamente los precios del mercado internacional. Nosotros, aun cuando no hemos llegado todavía al análisis completo de este problema, consideramos que podría obviarse, estableciendo un sistema general que contemplará una cierta medida histórica de los precios del mercado mundial capitalista, con las correcciones que puedan introducirse por la acción de los precios del mercado socialista (por otra parte muy cercanos en la actualidad, en cuanto al mercado externo, con el mercado capitalista) y un factor de aumento por los fletes a pagar desde el origen hasta nuestro país. Los precios así fijados funcionarían,

INSTITUTO DE HISTORIA DE CUBA

BOHEMIA

El 1 de enero de 1959, los trabajadores cubanos, dirigidos por el Ejército Rebelde y el Movimiento 26 de Julio, tumbaron la dictadura de Fulgencio Batista apoyada por Washington, y crearon el primer "territorio libre de América".

Arriba, las principales columnas del Ejército Rebelde llegan a La Habana, 8 de enero de 1959. Izq. a der.: Antonio Enrique Lussón, Augusto Martínez Sánchez, Raúl Castro (cara parcialmente tapada), Ramiro Valdés (sombrero blanco), Fidel Castro, Ernesto Guerra (detrás de Castro), Camilo Cienfuegos, William Gálvez, Ernesto Che Guevara. **Abajo,** pueblo de La Habana da bienvenida a columnas del Ejército Rebelde el 8 de enero de 1959, portando bandera del Movimiento 26 de Julio con retrato de Fidel Castro.

FOTOS: GRANMA

Llevando a cabo el programa histórico del Movimiento 26 de Julio, la ley de la reforma agraria en mayo de 1959 expropió a los terratenientes extranjeros y las enormes haciendas de latifundistas cubanos. Cada familia de arrendatarios, aparceros y colonos recibió título a la tierra que trabajaba.

Arriba, pequeños agricultores cañeros en Camagüey, con sus nuevos títulos, manifiestan su apoyo a la revolución, 1961. **Abajo,** Al fortalecerse los obreros y campesinos, el gobierno revolucionario tomó control de más y más palancas de la economía. En noviembre de 1959, Che Guevara reemplazó al economista burgués Felipe Pazos como presidente del Banco Nacional. Izq. a der.: Osmany Cienfuegos, Osvaldo Dorticós, Guevara, desconocido, Pazos, Enrique Oltuski, Faustino Pérez.

Para que los trabajadores puedan dirigir la transformación económica y social, dijo Guevara, "ahora es fundamental la capacitación a todos los niveles". En 1961, cien mil jóvenes cubanos fueron por toda la isla para alfabetizar a obreros y campesinos, prácticamente eliminando el analfabetismo en un año y transformando la conciencia política y social de una generación de jóvenes.

Arriba, campesinos aprenden a leer y escribir. **Abajo,** Guevara habla en mitin en Holguín para celebrar transformación de cuartel militar de la tiranía en una escuela, 24 de febero de 1960.

GRANMA

INSTITUTO NACIONAL DE REFORMA AGRARIA

RAUL CORRALES

GRANMA

Arriba, en octubre de 1959, tras ataque aéreo a La Habana que mató a 2 e hirió a 47 personas, choferes de autobús de la región habanera piden armas para defender la revolución. **Abajo,** una de las primeras milicias campesinas recibe armas en 1960 para repeler ataques de fuerzas apoyadas por Washington que se oponían a la reforma agraria y otras medidas revolucionarias.

AIN

GRANMA

Arriba, el 4 de marzo de 1960, conforme crecían ataques organizados por Washington contra Cuba, el buque belga *La Coubre,* cargando armas para defender la revolución, estalló en el puerto de La Habana, matando a más de 80 personas. **Abajo,** líderes revolucionarios encabezan marcha para honrar a víctimas de la explosión de *La Coubre* y condenar la agresión auspiciada por Washington. Izq. a der.: Conrado Béquer, Octavio Louit, Luis Busch, Pedro Miret, William Gálvez, David Salvador, Fidel Castro, Osvaldo Dorticós, Che Guevara, Augusto Martínez Sánchez, Antonio Núñez Jiménez.

FOTOS: BOHEMIA

Conforme los trabajadores se movilizaron masivamente en defensa de las medidas tomadas, el gobierno revolucionario de Cuba nacionalizó la mayoría de las industrias con dueños extranjeros y nacionales entre agosto y octubre de 1960, quebrando el control norteamericano sobre la economía y creando los cimientos de la transición al socialismo.

Esta página, arriba, Fidel Castro lee decreto que expropió las principales empresas norteamericanas en Cuba, 6 de agosto de 1960. **Arriba,** milicianos obreros vigilan refinería de petróleo recién nacionalizada.

En frente, arriba, marcha en La Habana con entierro simbólico de ataúdes representando empresas yanquis nacionalizadas por la revolución, agosto 1960. **Abajo,** trabajadoras de tienda en La Habana.

APOYAMOS
NACIONALIZACION
de EMPRESAS

PRENSA LATINA

"La construcción del socialismo está basada en el trabajo de las masas, en la capacidad de las masas para poder organizarse y dirigir mejor la industria, la agricultura, toda la economía del país", dijo Guevara en agosto de 1962.

Arriba, Che habla ante asamblea sindical en 1962 donde se premiaron a obreros de vanguardia. **Abajo,** Guevara inspecciona trabajo en fábrica cubana.

ALBERTO KORDA

Guevara, como ministro de industrias, visita fábrica de níquel en el pueblo oriental de Nicaro, en enero de 1961, donde los obreros mantuvieron la producción después de que la gerencia dominada por norteamericanos huyera en protesta contra la nacionalización.

PRENSA LATINA

LIBORIO NOVAL

"El trabajo voluntario", escribió Che en 1965, parte de "la apreciación marxista de que el hombre realmente alcanza su plena condición humana cuando produce sin la compulsión de la necesidad física de venderse como mercancía".

Arriba, macheteros voluntarios participan en zafra de 1963. **Abajo,** Guevara hace trabajo voluntario en proyecto de viviendas José Martí, 27 de febrero de 1961.

FOTOS: ALBERTO KORDA

Como ministro de industrias, Guevara dedicó mucha energía a ayudar a los obreros a elevar la productividad de su trabajo. Sus esfuerzos condujeron a la automatización de la zafra, liberando a cientos de miles de trabajadores cubanos de la labor deslomadora del corte de caña manual. Guevara prueba prototipo de combinada, Camagüey, febrero 1963.

NACIONES UNIDAS

NEW YORK DAILY NEWS

"Una victoria de cualquier país sobre el imperialismo es una victoria nuestra, así como la derrota de una nación cualquiera es una derrota para todos. El ejercicio del internacionalismo proletario es no sólo un deber de los pueblos que luchan por asegurar un futuro mejor; además es una necesidad insoslayable", dijo Guevara en un discurso en Argel en febrero de 1965. **Arriba,** Guevara habla a nombre de Cuba revolucionaria ante la Asamblea General de Naciones Unidas, 14 de diciembre de 1964. **Abajo,** Che aparece en programa televisado *Cara a la Nación* de la cadena CBS, 13 de diciembre de 1964.

“Vietnam representa las aspiraciones, las esperanzas de victoria de todo un mundo preterido”, escribió Guevara en 1966.

Arriba, Jóvenes vietnamitas participan en guerra contra ocupación estadounidense, década de 1960. Banderola en el centro dice, “Jóvenes voluntarios de aldea de Chi Lang en guerra antinorteamericana de salvación nacional”. **Abajo,** caravana cubana de ayuda material destinada a combatientes libertarios en Vietnam del sur, década de 1960.

J. GONZALEZ/VERDE OLIVO

FEDERACION DE MUJERES CUBANAS

"Hay muchas ideas del Che que son de una vigencia absoluta y total, ideas sin las cuales estoy convencido de que no se puede construir e comunismo", afirmó Fidel Castro en octubre de 1987, en el vigésimo aniversario de la muerte de Guevara. El curso económico y social que Guevar trazó sigue siendo fundamental para encarar los retos ante la revolución cubana.

Izquierda, Tropas voluntarias cubanas en Angola, febrero de 1990. Las tropas cubanas ayudaron a defender la soberanía angolana contra agresiones sudafricanas entre 1975 y 1991. **Arriba,** miembros de microbrigada voluntaria —obrero liberados temporalmente y remunerados con salarios de sus puestos normales— construye viviendas en La Habana, 1988.

En frente, arriba, Mecánicos en cooperativa cañera La Esperanza que, pese a escasez de piezas, han mantenido funcionando los tractores y combinadas para la zafra, abril 1997. **Abajo,** marcha del Primero de Mayo de 1997 en La Habana en apoyo a revolución.

ARGIRIS MALAPANIS/PERSPECTIVA MUNDIAL

LIBORIO NOVAL

MARTIN KOPPEL/PERSPECTIVA MUNDIAL

LEONEL CABRERA/PERSPECTIVA MUNDIAL

Ante la ONU en diciembre de 1964, Guevara dijo, citando *La Segunda Declaración de La Habana,* "El imperialismo nos consideraba rebaño impotente y sumiso, y ya se empieza a asustar de ese rebaño . . . en los que advierte ya a sus sepultureros el capital monopolista yanqui". **Arriba,** el Movimiento de Trabajadores Rurales Sin Tierra marcha en Brasilia, Brasil, para exigir tierra, julio de 1995. **Abajo,** miembros del sindicato de camioneros Teamsters en Atlanta durante huelga nacional de 185 mil obreros contra empresa de entrega de paquetes UPS, agosto 1997.

durante ciertos periodos, sin alteraciones.

Si se tomaran los precios de los artículos fundamentales de la economía y, basados en ellos, por cálculos aproximativos se establecieran los demás, se llegaría a un nivel histórico ponderado de los precios del mercado mundial que permitiría medir automáticamente la eficiencia relativa de todas las ramas de la economía en el mercado mundial.

Se observa también que la estructura de los precios de los productos dará una imagen deformada de la productividad nacional, ya que mide sólo la eficiencia media mundial y se provocarían peligrosas tendencias de consumo, basadas en los precios tentadores de productos cuyo trabajo invertido en él es muy superior a lo que denota la comparación mundial.

Esta objeción tiene validez y habría que buscar algunos números índices con que designar los productos de acuerdo con su rentabilidad, para la planificación correcta. Como este sistema está basado en un control central de la economía y una mayor centralización de decisiones, la rentabilidad relativa sería sólo un índice, ya que, lo que realmente interesa, es la rentabilidad general del aparato productivo. Este se mediría, si fuera posible —y como aspiración permanente— en términos de valor mundial; si no, inexcusablemente, en cuanto al nivel de precios a la población.

Esto no quiere decir, ni remotamente, que ya tendremos asegurado un criterio para las nuevas inversiones y que de acuerdo con los costos de nuestras industrias y los posibles costos de las nuevas inversiones, se decidiera de acuerdo con nuestras posibilidades de acumulación, automáticamente, las líneas a establecer. Precisamente no sería así porque la ley del valor se expresa relativamente pura en el mercado mundial y en nuestro medio interno estará muy influida por la incidencia del sector socialista y el trabajo socialmente necesario, a nivel local, para producir determinados artículos, sin contar con que es posible que nos interese desarrollar mucho más algún tipo de producto que no sea el más rentable, pero sí, estratégicamente, más considerado o, simplemente, más beneficioso para la población.

No hay que olvidar, una vez más lo recalcamos, que existirá un precio a la población que puede estar relativamente divorciado del precio interno de contabilidad de las empresas que se rijan por este sistema. Con este esquema tendríamos inmediatamente el espejo donde se reflejara toda la marcha de la economía en un momento dado. En este tipo de organización, no necesariamente del total del país, pero sí de algunas ramas de la industria, podríamos aplicar un sistema cada vez más perfeccionado de análisis económico.

El costo sería el que realmente daría el índice de la gestión de la empresa; no importa que éstos fueran mayores o menores que el nivel de los precios del sector socialista o, incluso, en determinados casos aislados, a los que se vendiera el producto al pueblo, *ya que lo que interesa es el análisis continuado de la gestión de la empresa, a través de un determinado tiempo, medido por su éxito en rebajar los costos.* En el precio se reflejaría, en este caso, el análisis automático de la rentabilidad en relación con los precios mundiales. Para ello hay que trabajar más seriamente en estos problemas que todavía son tratados en forma esquemática y sin un profundo análisis.[117]

Hacemos esta larga cita para poner en evidencia una vez más que el Sistema Presupuestario de Financiamiento no es sinónimo de despilfarro, descontrol o bancarrota económica y que los recursos los puede controlar tan bien como la autogestión.

Diez meses después de haberse publicado el artículo arriba citado, exponía de nuevo su concepción sobre la formación de los precios en su ensayo "Planificación y conciencia en la transición al socialismo: Sobre el Sistema Presupuestario de Financiamiento":

En la teoría de la formación de los precios tenemos

también divergencias profundas. En la autogestión se forman los precios "atendiendo a la ley del valor", pero no se explica (hasta donde nuestros conocimientos alcanzan) cuál expresión de la ley del valor se toma. Se parte del trabajo socialmente necesario para producir un artículo dado pero se ha descuidado el hecho de que el trabajo socialmente necesario es un concepto económico-histórico y, por lo tanto, cambiante, no sólo a nivel local (o nacional) sino en términos mundiales; los continuos avances en la tecnología, consecuencia en el mundo capitalista de la competencia, disminuyen el gasto de trabajo necesario, y, por tanto, el valor del producto. Una sociedad cerrada puede ignorar los cambios durante determinado tiempo, pero siempre habría que volver a estas relaciones internacionales para cotejar su valor. Si una sociedad dada los ignora durante un lapso largo, sin desarrollar fórmulas nuevas y exactas en su reemplazo, creará interconexiones internas que configuren su propio esquema del valor, congruente en sí mismo, pero contradictorio con las tendencias de la técnica más desarrollada (el ejemplo del acero y el plástico), esto puede provocar atrasos relativos de alguna importancia y, en todo caso, distorsiones a la ley del valor en escala internacional que hagan incomparables las economías. . . .

Consideramos que es necesaria una estabilización global del fondo mercantil y la demanda solvente: el Ministerio de Comercio Interior [MINCIN] se encargaría de nivelar la capacidad de compra de la población con los precios de las mercancías ofrecidas, considerando siempre que toda una serie de artículos de carácter fundamental para la vida del hombre deben ofrecerse a precios bajos, aunque en otros menos importantes, se cargue la mano con manifiesto desconocimiento de la ley del valor en cada caso concreto.

Aquí surge un gran problema, ¿cuál será la base de formación de precios reales que adopte la economía para el análisis de las relaciones de producción? Podría ser el análisis del trabajo necesario en términos cubanos. Esto traería aparejado distorsiones inmediatas y la pérdida de visión de los problemas mundiales por las necesarias interrelaciones automáticas que se crearían. Podría tomarse, en contrario, el precio mundial; esto acarrearía la pérdida de visión de los problemas nacionales, ya que nuestro trabajo no tiene productividad aceptable en términos mundiales en casi ninguna rama.

Proponemos, como primera aproximación al problema, que se considere la creación de índices de precios basados en lo siguiente:

Todas las materias primas de importación tendrán un precio fijo, estable, basado en una media del mercado internacional más unos puntos por el costo de transporte y del aparato de comercio exterior. Todas las materias primas cubanas tendrían el precio de su costo de producción real en términos monetarios. A ambos se les agregarían los gastos de trabajo planificados más el desgaste de los medios básicos para elaborarlas y ese sería el precio de los productos entregados entre empresas y al comercio interior, pero constantemente estarían afectados por índices que reflejaran el precio de esa mercancía en el mercado mundial más los costos de transporte y de comercio exterior. Las empresas que operan por el régimen de financiamiento presupuestario trabajarían sobre la base de sus costos planificados y no tendrían beneficios; todos los lograría el MINCIN (naturalmente, esto se refiere a aquella parte del producto social que se realiza como mercancía, es lo fundamental como fondo de consumo); los índices nos dirían continuamente (al aparato central y la empresa) cuál es nuestra real efectividad y evitaría tomar decisiones equivocadas. La población no sufriría nada con todos estos cambios, ya que los precios por la mercancía que compra están fijados independientemente, atendiendo a la demanda y la necesidad vital de cada producto.

Por ejemplo, para calcular el monto de una inversión, haríamos el cálculo de materias primas y equipos directamente importados, el gasto de los equipos de construcción y montaje, el costo de los salarios planificados, atendiendo a las posibilidades reales y un cierto margen para el costo del aparato constructor. Esto podría darnos, al finalizar la inversión, tres cifras: una, el costo real en dinero de la obra; otra, lo que debía costar la obra según nuestra planificación; la tercera, lo que debería costar en términos de productividad mundial. La diferencia entre la primera y la segunda se cargaría a la ineficiencia del aparato constructor; la diferencia entre la segunda y la tercera sería el índice, en el sector de que se trate, de nuestro atraso.

Esto nos permite tomar decisiones fundamentales sobre el empleo alternativo de materiales tales como el cemento, el hierro, los plásticos; los techos de fibrocemento, aluminio o zinc; las tuberías de hierro, plomo o cobre; el uso de ventanas de madera, hierro o aluminio, etcétera.

Todas las decisiones pueden apartarse del óptimo matemático atendiendo a razones políticas, de comercio exterior, etcétera, pero siempre tendríamos el espejo de los sucesos reales en el mundo frente a nuestro trabajo. Los precios nunca estarán separados de su imagen mundial, que será cambiante en determinados años, de acuerdo con los adelantos de la tecnología y donde cada vez tendrán mayor preeminencia el mercado socialista y la división internacional del trabajo, luego de lograr un sistema socialista mundial de precios más lógico que el usado actualmente.

Podríamos seguir abundando en este interesantísimo tema, pero es preferible dejar aquí esbozadas algunas ideas primarias y aclarar que todo esto necesita una elaboración posterior.[118]

CAPITULO 7

El intercambio desigual

El Comandante en Jefe Fidel Castro expresó en una gira por los países socialistas un principio de vital importancia para la revolución:

> Pero hay algo más: nosotros pensamos en nuestros deberes con el resto del mundo. En la medida en que tengamos un pueblo fuertemente educado en las ideas internacionalistas, en la solidaridad, con plena conciencia de los problemas del mundo de hoy, tendremos un pueblo más preparado para cumplir su deber internacional.
>
> No se puede hablar de la solidaridad en el seno del pueblo si no se crea al mismo tiempo la solidaridad entre todos los pueblos. De lo contrario, se cae en el egoísmo nacional.
>
> ¿Qué enseñó la burguesía a los pueblos? El nacionalismo egoísta y estrecho. ¿Qué le enseñó al individuo? El egoísmo individual.
>
> La ideología burguesa es la expresión de los egoísmos individuales y de los egoísmos nacionales. La ideología marxista-leninista es la expresión de la solidaridad entre los individuos y la solidaridad entre los pueblos.[119]

En los escritos y discursos de los dirigentes de la revolución se dejan entrever las bases teórico-administrativas para restringir los efectos brutales de la ley del valor en las relaciones comerciales internacionales con respecto a los países subdesarrollados *revolucionarios*. Este esfuerzo requiere una efectiva división internacional del trabajo, conjuntamente con el mercado socialista: un mercado con una concepción diferente al mercado capitalista mundial. Che explicaba:

> Reconocemos la necesidad de que este comercio [*dentro* del campo socialista] pase ya a formas más elevadas en los países de la nueva sociedad, impidiendo que se ahonden las diferencias entre los países desarrollados y los más atrasados por la acción del intercambio. Vale decir, es necesario hallar fórmulas de comercio que permitan el financiamiento de las inversiones industriales en los países en desarrollo, aunque esto contravenga los sistemas de precios existentes en el mercado mundial capitalista, lo que permitirá el avance más parejo de todo el campo socialista, con las naturales consecuencias de limar asperezas y cohesionar el espíritu del internacionalismo proletario (el reciente acuerdo entre Cuba y la URSS es una muestra de los pasos que se pueden dar en este sentido).[120]

No obstante, las ideas de Che sobre el intercambio desigual se encuentran contenidas, fundamentalmente, en el discurso que pronunciara en la Conferencia Mundial de Comercio y Desarrollo, en Ginebra, el 25 de marzo de 1964, y en su intervención en el Segundo Seminario Económico de Solidaridad Afroasiático, en Argel, el 24 de febrero de 1965. Creemos que el mejor modo de trasladar al lector las ideas de Che al respecto consiste en transcribir unos fragmentos medulares de los discursos referidos.

> De todo esto debe extraerse una conclusión: el desarrollo de los países que empiezan ahora el camino de la liberación debe costar a los países socialistas. Lo decimos así, sin el menor ánimo de chantaje o de espectacularidad, ni para la búsqueda fácil de una aproximación mayor al conjunto de los pueblos afroasiáticos; es una convicción profunda. No puede existir socialismo si en las conciencias no se opera un cambio que provoque una nueva actitud fraternal frente a la humanidad, tanto de índole individual, en la

> sociedad en que se construye o está construido el socialismo, como de índole mundial en relación a todos los pueblos que sufren la opresión imperialista.
>
> Creemos que con este espíritu debe afrontarse la responsabilidad de ayuda a los países dependientes y que no debe hablarse más de desarrollar un comercio de beneficio mutuo basado en los precios que la ley del valor y las relaciones internacionales del intercambio desigual, producto de la ley del valor, oponen a los países atrasados.
>
> ¿Cómo puede significar "beneficio mutuo", vender a precios de mercado mundial las materias primas que cuestan sudor y sufrimientos sin límites a los países atrasados y comprar a precios de mercado mundial las máquinas producidas en las grandes fábricas automatizadas del presente?
>
> Si establecemos ese tipo de relación entre los dos grupos de naciones, debemos convenir en que los países socialistas son, en cierta manera, cómplices de la explotación imperial. Se puede argüir que el monto del intercambio con los países subdesarrollados, constituye una parte insignificante del comercio exterior de estos países. Es una gran verdad, pero no elimina el carácter inmoral del cambio.
>
> Los países socialistas tienen el deber moral de liquidar su complicidad tácita con los países explotadores del Occidente.[121]

Más de una interpretación distorsionada ha surgido en torno a los planteamientos de Che arriba expuestos. Una de ellas tiende a ver en aquellos una proposición de ayuda indiscriminada a las naciones subdesarrolladas, y por ello se plantea refutarlos, demostrando con hechos que muchos países subdesarrollados a los cuales el campo socialista les ha facilitado créditos con un bajo o ningún interés y les ha cedido recursos para el desarrollo, han utilizado dichas relaciones y ayuda para presionar y chantajear al imperialismo y obtener de este modo innúmeras prebendas de éste. En relación con esto, es necesario subrayar que la lectura cuidadosa de sus palabras indica claramente que Che, en el discurso de Argel, condicionaba la política que propugnaba para el campo socialista y los países subdesarrollados revolucionarios a los siguientes requisitos:

> Cada vez que se libera un país, dijimos, es una derrota del sistema imperialista mundial, pero debemos convenir en que el desgajamiento no sucede por el mero hecho de proclamarse una independencia o lograrse una victoria por las armas en una revolución; sucede cuando el dominio económico imperialista cesa de ejercer sobre un pueblo. Por lo tanto, a los países socialistas les interesa como cosa vital que se produzcan efectivamente estos desgajamientos y es nuestro deber internacional, el deber fijado por la ideología que nos dirige, el contribuir con nuestros esfuerzos a que la liberación se haga lo más rápida y profundamente que sea posible. . . . *No hay otra definición del socialismo, válida para nosotros, que la abolición de la explotación del hombre por el hombre.* . . . Sin embargo, el conjunto de medidas propuestas no se puede realizar unilateralmente. El desarrollo de los subdesarrollados debe costar a los países socialistas, de acuerdo. Pero también deben ponerse en tensión las fuerzas de los países subdesarrollados *y tomar firmemente la ruta de la construcción de una sociedad nueva —póngasele el nombre que se le ponga— donde la máquina, instrumento de trabajo, no sea instrumento de explotación del hombre por el hombre. Tampoco se puede pretender la confianza de los países socialistas cuando se juega al balance entre capitalismo y socialismo,* y se trata de utilizar ambas fuerzas como elementos contrapuestos, para sacar de esa competencia determinadas ventajas. Una nueva política de absoluta seriedad debe regir las relaciones entre los dos grupos de sociedades. Es conveniente recalcar, una vez más, *que los medios de producción deben estar preferentemente en manos del estado,* para que vayan desapareciendo gradualmente los signos de la explotación.[122]

Otros economistas, obviando el análisis a fondo del problema, se creen en el deber de justificar la existencia del intercambio desigual entre países socialistas y países de orientación socialista declarando que los primeros no son los causantes de la presente situación, lo que incuestionablemente es cierto, pero no constituye, en cualquier caso, legitimación suficiente para basar el comercio en las reglas del mercado capitalista. Al respecto aclara Che:

> Muchos países subdesarrollados, analizando sus males, llegan a una conclusión de bases aparentemente lógicas: expresan que si el deterioro de los términos del intercambio es una realidad objetiva y base de la mayoría de los problemas, debido a la deflación de los precios de las materias primas que exportan y al alza de los precios de los productos manufacturados que importan, todo esto en el ámbito del mercado mundial, al realizarse las relaciones comerciales con los países socialistas en base a los precios vigentes en estos mercados, estos se benefician con el estado de cosas existentes, ya que son, en general, exportadores de manufacturas e importadores de materias primas.
>
> Nosotros debemos contestar honesta y valientemente que esto es así; pero con la misma honestidad se debe reconocer que aquellos países no han provocado esa situación (apenas absorben el diez por ciento de las exportaciones de productos primarios de los países subdesarrollados al resto del mundo), y que, por circunstancias históricas, se han visto obligados a comerciar en las condiciones existentes en el mercado mundial, producto del dominio imperialista sobre la economía interna y los mercados externos de los países dependientes. No son estas las bases sobre las cuales los países socialistas establecen su comercio a largo plazo con los países subdesarrollados. . . .
>
> En muchas oportunidades los mismos países que reclaman un trato preferencial unilateral a los desarrollados sin exclusión, considerando, por tanto, en este campo a los países socialistas, ponen trabas de todo tipo al comercio directo con aquellos estados, existiendo el peligro de que se pretenda comerciar a través de

> subsidiarias nacionales de las potencias imperialistas que pudieran obtener así ganancias extraordinarias, por la vía de la presentación de un país dado como subdesarrollado con derecho a la obtención de preferencias unilaterales.[123]

Che pensaba que la ley del valor no necesariamente debe regir las relaciones comerciales y, por ende, políticas, entre los países socialistas y los países subdesarrollados de orientación socialista:

> No hay fronteras en esta lucha a muerte; no podemos permanecer indiferentes frente a lo que ocurre en cualquier parte del mundo; una victoria de cualquier país sobre el imperialismo es una victoria nuestra, así como la derrota de una nación cualquiera es una derrota para todos. El ejercicio del internacionalismo proletario es no sólo un deber de los pueblos que luchan por asegurar un futuro mejor; además, es una necesidad insoslayable.[124]

Es de sobra conocido el carácter desigual que ha caracterizado el desarrollo del sistema capitalista mundial. Con Lenin y con la Revolución de Octubre conocimos que la lucha contra el imperialismo y su destrucción no se decidirá en sus primeras etapas, al menos en una lucha final y frontal. Todo lo contrario. Se irán desgajando una serie de países del sistema capitalista mundial —como ha venido ocurriendo— que tomarán el único medio que tienen para construir su nuevo orden social, el comunismo. Es una obligación internacionalista del campo socialista —sin siquiera considerar todo lo que tiene de conveniente para su propia supervivencia— el acelerar ese proceso y tender la mano a todo país que realice una revolución anticapitalista, o al menos, que manifieste los síntomas de una revolución anticapitalista. La ayuda oportuna de la URSS a Cuba desde sus primeros enfrentamientos con los Estados Unidos coadyuvó a que nuestro pueblo resistiera el bloqueo impuesto por el imperialismo, a que no muriéramos por hambre, y contribuyó a la radicalización acelerada del proceso revolucionario cubano. Che, tanto en su trabajo titulado "Sobre el Sistema Presupuestario de Financiamiento", como en numerosos discursos como los pronunciados en Argel, en Ginebra o en la ONU, exalta la oportuna y fundamental solidaridad que nuestro país recibió del campo socialista y especialmente de la URSS. El Comandante Fidel Castro en su viaje a Chile expresaba:

> Nuestras relaciones podemos llamarlas, con el campo socialista así, con la palabra buenas. Con la Unión Soviética, muy buenas. ¿Que hemos tenido contradicciones? Sí, en algunos momentos hemos tenido algunas contradicciones. Pero para nosotros está presente el hecho y la circunstancia de que en los momentos decisivos de nuestra revolución, en los momentos de vida o muerte de nuestro país, cuando nos quitaron toda la cuota azucarera, cuando nos quitaron todo el petróleo —y habrían condenado a nuestro pueblo a la muerte por hambre o al exterminio—, cuando preparaban invasiones contra nosotros, nosotros tuvimos el mercado soviético, los abastecimientos de combustibles de la Unión Soviética. . . .
>
> Nos enviaron todas las armas que nosotros necesitábamos. Y nos han apoyado políticamente. E invariablemente, indefectiblemente, a lo largo de todos estos años nos han dado una extraordinaria ayuda, con un incuestionable espíritu internacionalista. . . .
>
> Porque aparentemente lo que habían querido es que cuando el bloqueo yanqui, cuando nos quitaron el petróleo y cuando nos iban a invadir, nosotros no hubiéramos tenido nadie que nos ayudara. ¡Qué triste y qué doloroso y qué duro habría sido para los millones de cubanos que esas circunstancias se hubieran presentado! Y ocurrió precisamente la ayuda, la solidaridad. Eso es lo que tanto irrita a los reaccionarios, porque descubrieron que por primera vez en el mundo había la posibilidad de que un pequeño país resistiera, había la posibilidad de que un pequeño país en este continente se pudiera mantener frente a todas esas fechorías y todas esas agresiones.[125]

Pensamos que hay otra razón más, además de las aportadas por los dirigentes de la revolución, que demuestra la justeza de las tesis de la revolución cubana, que corrobora la validez de sus planteamientos.

Carlos Marx en sus manuscritos que datan de 1857–1859, titulados posteriormente *Fundamentos de la crítica de la economía política (Grundrisse)* nos da a conocer la posibilidad de que dos países intercambien entre sí equivalentes y se llegue hasta el punto de que ambos obtengan ventajas en dicho comercio y, no obstante, que una nación "explote y robe constantemente a la otra".

> *Dos naciones pueden efectuar cambios entre sí según la ley de la ganancia, de manera que ambas se beneficien, aunque una explote y robe constantemente a la otra.*
>
> Del hecho que la ganancia puede mantenerse *por debajo* de la plusvalía, y por tanto el capital cambiarse con ganancia sin que se valorice en el sentido estricto de la palabra, se desprende que no solamente los capitalistas privados, sino naciones enteras, pueden constantemente efectuar cambios entre sí, e incluso repetir dichos cambios a un ritmo de expansión en constante crecimiento, sin que por ello obtengan ganancias en grados iguales.
>
> Una nación puede apropiarse constantemente una fracción del plustrabajo de la otra sin darle nada a cambio, excepto que la medida utilizada aquí no es la del cambio entre capitalistas y obreros.[126]

También, en la sección tercera del tomo III de *El capital*, titulada "Ley de la baja tendencial de la tasa de ganancia", Marx aborda de forma tangencial el problema que examinamos.

> Otra interrogante —que por su especialización se halla, en realidad, más allá de los límites de nuestra investigación— es la siguiente: ¿resulta acrecentada la tasa general de ganancia en virtud de la tasa de ganancia más elevada que obtiene el capital invertido en el comercio exterior, y especialmente en el comercio colonial?

> Los capitales invertidos en el comercio exterior pueden arrojar una tasa de ganancia superior porque, *en primer lugar, en este caso se compite con mercancías producidas por otros países con menores facilidades de producción, de modo que el país más avanzado vende sus mercancías por encima de su valor, aunque más baratas que los países competidores.* En la medida en que aquí el trabajo del país más adelantado se valoriza como trabajo de mayor peso específico, aumenta la tasa de ganancia al venderse como cualitativamente superior el trabajo que no ha sido pagado como tal. La misma relación puede tener lugar con respecto al país al cual se le envían mercancías y del cual se traen mercancías; a saber, *que dicho país dé mayor cantidad de trabajo objetivado in natura [en especie] que el que recibe, y que de esa manera, no obstante, obtenga la mercancía más barata* de lo que él mismo podría producirla. Es exactamente lo mismo que el fabricante que utiliza un nuevo invento antes de generalizarse, vendiendo más barato que sus competidores, no obstante lo cual *vende su mercancía por encima de su valor individual, es decir que valoriza como plustrabajo la fuerza productiva específicamente más elevada del trabajo que ha empleado. De esa manera, realiza una plusganancia.*[127]

La tesis de Che sobre el intercambio desigual alcanza su mayor grado de fundamentación teórica con los párrafos de Marx antes transcritos.

Che explicaba que los países socialistas más desarrollados pueden contribuir al desarrollo de los países dependientes y, no obstante, participar en mayor o en menor escala en la explotación de estos últimos, de mantenerse como norma el ejercicio del comercio exterior sobre la base de los mecanismos de mercado y la ley del valor. El país más atrasado saldría beneficiado del comercio con el país socialista desarrollado y, no obstante, parte de sus riquezas se traspasarían al país socialista sin retribución similar recíproca. Puede ocurrir "que dicho país [dependiente] dé mayor cantidad de trabajo objetivado *in natura* que el que recibe, y que de esa manera, no obstante, obtenga la mercancía más barata de lo que él mismo podría producirla". Intercambio de *equivalentes*, pero intercambio *desigual*. La solución, como apuntábamos anteriormente, Che la avizora con una transformación, una verdadera revolución en las relaciones internacionales entre los países socialistas desarrollados y los países subdesarrollados de orientación socialista. Y planteaba:

> "Un gran cambio de concepción consistirá en cambiar el orden de las relaciones internacionales; *no debe ser el comercio exterior el que fije la política sino, por el contrario, aquel debe estar subordinado a una política fraternal hacia los pueblos*".[128]

Che proponía, en suma, que la nueva ética enunciada por Marx y Engels debía estructurarse de forma permanente entre los países socialistas desarrollados o más desarrollados y los países subdesarrollados de orientación socialista que hayan emprendido la construcción de un nuevo orden social. Así, Che citaba en Argel, como ejemplo y valioso antecedente para una nueva normación de los precios, el caso de Cuba con algunos países socialistas.

> Tenemos que preparar las condiciones para que nuestros hermanos entren directa y conscientemente en la ruta de la abolición definitiva de la explotación, pero no podemos invitarlos a entrar si nosotros somos cómplices de esa explotación. Si nos preguntaran cuáles son los métodos para fijar precios equitativos, no podríamos contestar, no conocemos la magnitud práctica de esta cuestión, sólo sabemos que, después de *discusiones políticas*, la Unión Soviética y Cuba han firmado acuerdos ventajosos para nosotros, mediante los cuales llegaremos a vender hasta cinco millones de toneladas a precios fijos superiores a los normales en el llamado mercado libre mundial azucarero.[129]

Para Che, sin embargo, lo anterior no implicaba en modo alguno haber encontrado una solución definitiva al problema. La base del comercio es el precio del mercado internacional y esto está tasado por el intercambio desigual. Suponiendo que se den algunas ventajas, como precios fijos durante algunos años, esto no significa anular el intercambio desigual, sino mitigarlo, en todo caso. De ahí que las relaciones de este tipo contribuyen al enriquecimiento del país industrial en desmedro del exportador de materias primas.

La práctica de una nueva ética (internacionalismo proletario), no sólo debía regir en la fijación de los precios de los artículos destinados al intercambio. Che la extiende al problema de los créditos.

> Analizaremos brevemente el problema de los créditos a largo plazo para desarrollar industrias básicas. Frecuentemente nos encontramos con que los países beneficiarios se aprestan a fundar bases industriales desproporcionadas a su capacidad actual, cuyos productos no se consumirán en el territorio y cuyas reservas se comprometerán en el esfuerzo.
>
> Nuestro razonamiento es que las inversiones de los estados socialistas en su propio territorio pesan directamente sobre el presupuesto estatal y no se recuperan sino a través de la utilización de los productos en el proceso completo de su elaboración, hasta llegar a los últimos extremos de la manufactura. Nuestra proposición es que se piense en la posibilidad de realizar inversiones de ese tipo en los países subdesarrollados.
>
> De esta manera se podría poner en movimiento una fuerza inmensa, subyacente en nuestros continentes que han sido miserablemente explotados, pero nunca ayudados en su desarrollo, y empezar una nueva etapa de auténtica división internacional del trabajo basada, no en la historia de lo que hasta hoy se ha hecho, sino en la historia futura de lo que se puede hacer.
>
> Los estados en cuyos territorios se emplazarán las nuevas inversiones tendrían todos los derechos inherentes a una propiedad soberana sobre los mismos sin que mediare pago o crédito alguno, quedando obligados los poseedores a suministrar determinadas cantidades de productos a los países inversionistas, durante determinada cantidad de años y a un precio determinado.

> Es digna de estudiar también la forma de financiar la parte local de los gastos en que debe incurrir un país que realice inversiones de este tipo. Una forma de ayuda que no signifique erogaciones en divisas libremente convertibles, podría ser el suministro de productos de fácil venta a los gobiernos de los países subdesarrollados, mediante créditos a largo plazo.[130]

Por todo lo expuesto se impone la evaluación de los acuerdos de cooperación económica entre Cuba y la URSS, ya que *los referidos acuerdos constituyen, precisamente, la materialización de las ideas expuestas por Che.*[131]

Creemos indispensable transcribir a continuación fragmentos de la comparecencia del Comandante en Jefe Fidel Castro ante los medios de radiodifusión del país, efectuada el 3 de enero de 1973, para informar a nuestro pueblo y al mundo de los acuerdos económicos suscritos con la URSS.

> Otro de los problemas que tienen los países subdesarrollados es la cuestión de los créditos para el desarrollo. No sólo la deuda, sino los créditos para su ulterior desarrollo. En general, esos créditos en el mundo capitalista son escasos, además, son a corto plazo y son créditos con intereses muy altos.
>
> Nosotros, desgraciadamente, en ocasiones tenemos que adquirir equipos e instalaciones industriales en el área capitalista, y los créditos son con altos intereses y a plazos cortos —cinco años y, por excepción, en algunos casos hemos obtenido hasta ocho años—. En ese aspecto se manifiesta mucho la presión del imperialismo en todas partes, y durante muchos años incluso logró que a Cuba no se le concediera crédito de ninguna clase prácticamente en ningún país capitalista. Después, a medida que su influencia en el mundo fue perdiendo peso, se abrieron en cierto modo las puertas del crédito capitalista a Cuba; pero en general son esas las condiciones para Cuba y para los demás países: de alto interés y a corto plazo.
>
> Otro problema muy serio para los países subdesarrollados es el problema del intercambio

desigual, que consiste en el hecho de que los productos del mundo industrializado tienen cada año más precio. Eso se puede apreciar en cualquier artículo: desde un ómnibus cualquiera, un equipo de construcción cualquiera, un transporte cualquiera, una instalación industrial cualquiera.

Todos esos productos, las materias primas y los demás artículos del mundo industrializado, crecen anualmente de precio. Si nosotros comparamos los precios ahora con los precios de hace diez años, nos encontramos que esos productos prácticamente valen el doble, cuestan ahora el doble que hace diez años cualquiera de ellos, sobre todo los equipos y las instalaciones industriales.

Pero, por otra parte, los productos del mundo subdesarrollado, que por lo general son productos primarios o algunas producciones agrícolas, suelen tener cada año menos precio. . . .

Este es el problema que se ha dado en llamar el problema del intercambio desigual. Es una cuestión que aparece también en todas las conferencias económicas de carácter internacional, en todos los organismos de las Naciones Unidas; uno de los temas que más se debaten.

De modo que el mundo tiene la situación de deudas cada vez mayores, con créditos altos, condiciones apremiantes; créditos para el desarrollo a corto plazo, con intereses muy altos, en condiciones muy duras. Y por último, el intercambio desigual: precios más caros para los productos de los países industrializados, y precios más baratos para los productos de los países subdesarrollados.

Estos son problemas muy serios que preocupan hoy a una gran parte del mundo, y que no tienen hasta ahora solución y no aparece la solución por ninguna parte.

A la luz de estos hechos es como podemos valorar la importancia que tienen estos acuerdos suscritos con la Unión Soviética. . . .

Constituye también, a nuestro juicio, un ejemplo sin precedentes, puesto que nosotros creemos que no existe ningún precedente en la historia de tales relaciones

> económicas, entre un país como la Unión Soviética y un pequeño país como Cuba, dadas las condiciones en que Cuba ha tenido que luchar por su vida, a 90 millas de Estados Unidos, y soportando durante todos estos años —desde el triunfo de la Revolución prácticamente— un bloqueo criminal por parte de Estados Unidos. . . .
>
> Creo que las relaciones entre la Unión Soviética y Cuba pasarán a la historia como modelo de relaciones verdaderamente fraternales, verdaderamente internacionalistas y verdaderamente revolucionarias.[132]

Doce días después de haber hablado Fidel, el periódico *Granma,* órgano oficial del Comité Central del Partido Comunista de Cuba, en editorial titulado "Los convenios con la URSS", subrayaba las ideas esenciales expresadas por Fidel en su intervención. Se daba prueba así una vez más de la coherencia ininterrumpida de las posiciones de nuestra revolución, y de la indivisibilidad del pensamiento y acción revolucionarios de Che y Fidel. Se confirmaba que las ideas que vertió Che en 1964 y 1965 —al representar a nuestro país en eventos internacionales— marcan la senda por la cual han de transitar los países que se den a la tarea de la construcción de la sociedad comunista (tanto aquellos que tienen un alto desarrollo como los que aspiran lograr ese desarrollo a través del socialismo). Por todo lo anterior creemos necesario transcribir algunos fragmentos del referido editorial.

> . . . porque en los convenios suscritos el objetivo no es ni la ganancia ni la acumulación de riquezas, sino el hombre.
>
> . . . porque las partes contratantes han reivindicado a ese hombre y este ha adquirido su verdadera dimensión y toda su dignidad, y ha creado un genuino sentido de justicia e igualdad y trabaja con una conciencia nueva y con un espíritu nuevo. . . .
>
> El valor extraeconómico de los convenios está dado en lo que representan para el mundo como cuestión de principios, en lo que expresan del espíritu internacionalista de la Unión Soviética, en lo que

patentizan el sentido de generosidad y desinterés del pueblo soviético.[133]

Por último, es preciso señalar igualmente la disposición anunciada en la Conferencia de Naciones Unidas sobre Comercio y Desarrollo (UNCTAD) por los países socialistas de otorgar el 1 por ciento de su Producto Nacional Bruto para la Estrategia Internacional del Desarrollo. Esto desenmascara a las potencias imperialistas y colonialistas, que, pese a ser las únicas responsables de la situación de atraso de esas naciones, no han mostrado —cómo iba a ser de otro modo— igual voluntad política. Asimismo, representa la confirmación de lo acertado de las ideas de Che y es muestra palpable del ejercicio de la moral socialista.

CAPITULO 8

Che y el trabajo voluntario

Ernesto Che Guevara fue el promotor original en Cuba del trabajo voluntario. Por lo tanto, el trabajo voluntario, en su calidad de factor ideológico económico y moral, es un elemento importante del sistema de dirección económico desarrollado por Che:

> Porque el socialismo, ahora en esta etapa de construcción del socialismo y comunismo, no se ha hecho simplemente para tener nuestras fábricas brillantes, se está haciendo para el hombre integral; el hombre debe transformarse conjuntamente con la producción que avance y no haríamos una tarea adecuada si solamente fuéramos productores de artículos, de materia prima, y no fuéramos a la vez productores de hombres.[134]

En esta labor, el trabajo voluntario tiene un valor incalculable. Lenin fue el primero que se percató de ello y lo dejó plasmado en su artículo "Una gran iniciativa".[135] Este artículo es de importancia capital y total vigencia en nuestra década y en las venideras hasta llegar al comunismo, ya que en esta sociedad, cuando el trabajo deje de ser una obligación para convertirse en una necesidad espiritual, será voluntario.

En el artículo, Lenin avizora en el trabajo voluntario el germen de una revolución respecto al trabajo, el inicio de una revolución esencial respecto al trabajo, ya que representa un modo efectivo de lucha contra el egoísmo pequeñoburgués, contra las lacras heredadas del capitalismo.

En el surgimiento y desarrollo del trabajo voluntario, Lenin subraya la creación de las nuevas relaciones sociales, la nueva actitud ante el trabajo, una nueva disciplina laboral, consciente y libre de los trabajadores. Habla de la creación de un tipo mas elevado de organización social del trabajo que la capitalista que conjugue los adelantos científico-técnicos capitalistas con la agrupación de los trabajadores conscientes, el incremento de la productividad del trabajo y la importancia de la emulación socialista.

El pensamiento de Che es un desarrollo lógico del pensamiento de Marx, Engels y Lenin. El pensamiento del Guerrillero Heroico constituye un rico manantial de ideas y soluciones, de fórmulas socialistas para la construcción de la nueva sociedad. Y el trabajo voluntario es un gran ejemplo fehaciente.

Para Che, el trabajo voluntario "es el que se realiza fuera de las horas normales de trabajo sin percibir remuneración económica adicional. El mismo puede realizarse dentro o fuera de su centro de trabajo".[136]

Una de las tareas más importantes en el periodo de transición, a realizar simultáneamente con la socialización de la propiedad sobre los medios de producción, es la creación de una nueva actitud ante el trabajo. Y uno de los hechos concretos más significativos de los cambios que generan las relaciones de producción socialistas es el surgimiento de una nueva modalidad de trabajo, el trabajo voluntario.

Con la abolición de la propiedad privada sobre los medios de producción, surge la propiedad social socialista. Esta forma de propiedad determina, condiciona la existencia de otro modo de producción completamente distinto al capitalista. Logra la unión no antagónica de las fuerzas de trabajo con los medios de producción, así como el carácter del trabajo bajo un nuevo principio: la eliminación de la explotación del hombre por el hombre. La fuerza de trabajo deja de ser una mercancía y el trabajo adquiere objetivamente el contenido de relaciones de ayuda mutua y compañerismo. El trabajo se empieza a realizar no sólo en interés individual, sino colectivo y social. También sabemos que la socialización de la propiedad sobre los medios de producción no basta para provocar un cambio en los individuos.

> La actitud comunista ante el trabajo consiste en los cambios que van ocurriendo en la mente del individuo, cambios que necesariamente serán largos y que no se puede aspirar a que sean completos en un corto periodo en los cuales el trabajo ha de ser lo que todavía es hoy, esa obligatoriedad compulsiva social para transformarse en una necesidad social.[137]

El trabajo voluntario contribuye también paulatinamente a que en el tiempo se genere una identidad y sentido de realización individual con la tarea laboral cotidiana.

El trabajo voluntario tiene importancia económica y en su desarrollo, los trabajadores rompen los récords de productividad alcanzados en las jornadas de trabajos habituales.

La importancia capital del trabajo voluntario radica en su papel en la educación comunista. Constituye "una escuela creadora de conciencia, es el esfuerzo realizado en la sociedad y para la sociedad como aporte individual y colectivo, y va formando esa alta conciencia que nos permite acelerar el proceso del tránsito hacia el comunismo".[138] "El trabajo voluntario es parte de esa tarea de educación, de que hemos hablado a los compañeros. En los lugares donde no se pueda hacer, no hay que inventarlo".[139]

Pero Che no sólo se preocupó de la definición teórica y de la importancia del trabajo voluntario, signo que dedicó iguales esfuerzos a su organización, instrumentación, modalidades, control y desarrollo. Para él la buena organización es el elemento primordial del desarrollo del trabajo voluntario. Luchaba para que no se pierda tiempo en éste. Destacaba que se hace trabajo voluntario no con el propósito de quemar energías físicas sino para incorporarlas "a un trabajo que rinda algo y que sirva de formador de conciencia".[140]

Che insistía que hay que llevar el trabajo voluntario a las masas con organización y contenido, que las personas se sientan útiles, "es decir, la identificación del hombre con el trabajo es algo que hay que conseguir, hay que organizarlo".[141] Resaltaba la importancia del control: el más estricto control del resultado del trabajo realizado, sin burocratismo.

Como modalidades Che aceptaba "el trabajo productivo

industrial o agrícola, trabajo de enseñanza educativa no remunerada, trabajo técnico. Se le dará categoría de trabajo técnico a la brigada de técnicos que se cree en un momento determinado para la realización de una tarea específica".[142]

Che no concebía que se pudiera realizar en un centro laboral trabajo voluntario en una tarea en la que no se hubiese cumplido antes la norma de trabajo. El trabajo voluntario se desnaturaliza y se distorsiona cuando en éste se enmascara la ineficiencia de los cuadros y la indisciplina de los trabajadores. No concebía que se pudiera incumplir la norma de trabajo y luego con trabajo voluntario tapar la falta de exigencia y la indisciplina.

Para Che tiene más importancia la formación del hombre que el resultado de la faena realizada en el trabajo voluntario.

> Que el hombre sienta la necesidad de hacer trabajo voluntario es una cosa interna y que el hombre sienta la necesidad de hacer trabajo voluntario por el ambiente es otra. Las dos deben estar unidas. El ambiente debe ayudar a que el hombre sienta la necesidad de hacer trabajo voluntario, pero si es solamente el ambiente, las presiones morales, las que obliguen a hacer al hombre trabajo voluntario, entonces continúa aquello que mal se llama la enajenación del hombre, es decir, no realiza algo que sea una cosa íntima, una cosa nueva, hecha en libertad y no que sigue esclavo del trabajo. Y entonces pierde mucho el trabajo voluntario, y eso nosotros lo vemos, alguna gente lo hace, algunos en esos últimos días quieren saber las horas que tienen, si fulano o mengano tantas, si no cumple las 240 [horas]. No hemos sido capaces de darle el contenido que debe tener.[143]

Para ello Che se empezó a preocupar por los sistemas que motiven al hombre a dar lo que se espera que entregue a la sociedad. Aunque esta preocupación surge en él desde sus primeros trabajos sobre la transición, se devela con más fuerza en 1964 y principalmente al final de ese año.

CAPITULO 9

El sistema de incentivación

UNO DE LOS ELEMENTOS del Sistema Presupuestario de Financiamiento que es usual encontrar distorsionado en una vasta literatura referida a la revolución cubana y al pensamiento de Che es el de los mecanismos de incentivación. A menudo se trata de identificar sus propuestas sobre el particular con una concepción romántica e idealista en la que se hace caso omiso de las realidades del proceso de desarrollo de la conciencia social durante el periodo de transición para dar paso a una postura voluntarista en la que la conciencia comunista viniese dada por decreto del gabinete.

Muy por el contrario. Pese a su fe inquebrantable en la capacidad transformadora de los hombres, Che comprendía que la nueva conciencia era el resultado de un proceso progresivo de transformación de las estructuras sociales de la que inevitablemente surge. Por lo tanto, reconocía que las posibilidades de transformar al hombre estaban dadas —más que por llamados a la conciencia— por la transformación de las relaciones sociales de producción y la correcta selección de las palancas motivadoras de su acción.

Para ello Che articuló un sistema basado en los siguientes pilares:

- sistema salarial;
- estímulos;
- emulación.

Antes de pasar a desarrollar en forma sintética los aspectos esenciales del tema, queremos subrayar que para el logro de la mayor efectividad en el trabajo, Che insistía a nivel global en tres condiciones:

- perfeccionamiento de la planificación;
- organización;
- exigencia en el control.

Las formas orgánicas que adoptan este cuerpo de normas administrativas y sus niveles de gestión no es posible abordarlas aquí. Ahora sólo pretendemos recalcar la importancia que tenía y tiene actualmente la toma de conciencia de estos aspectos.[144]

I. El sistema salarial

Para Che resultaba claro que el sistema salarial que se implantara debía inscribirse coherentemente en la línea política e ideológica de la revolución socialista, en los principios marxista-leninistas.

> Porque el salario es un viejo mal, es un mal que nace con el establecimiento del capitalismo cuando la burguesía toma el poder destrozando al feudalismo, y no muere siquiera en la etapa socialista. Se acaba, como último resto, se agota, digamos, cuando el dinero cesa de circular, cuando se llegue a la etapa ideal, el comunismo.
>
> En salario, es decir, en dinero, se mide la distinta calificación de todos los que reciben algo por trabajar. En dinero se mide también el espíritu de trabajo de cada uno de los que trabajan en sus distintas calificaciones. El dinero es la única medida que puede abarcarlo todo, y en la época de la construcción del socialismo, en que todavía existen relaciones mercantiles, nosotros tenemos que trabajar con el dinero.[145]

Más tarde precisaría:

> Es decir, nosotros estamos en una época en que la injusticia no es desterrada, no la podemos desterrar absolutamente, no podemos dar a cada cual según su necesidad. Estamos en la construcción del socialismo, tenemos que dar a la gente según su trabajo, tenemos que corregir las injusticias poco a poco, y tenemos que hacerlo discutiendo siempre con los trabajadores. . . .[146]
>
> Naturalmente, nosotros todavía estamos en la etapa

> de la construcción del socialismo, del periodo de transición, en que hay que dar a cada cual según su trabajo, no a cada cual según su necesidad, que es de una etapa posterior.[147]

Che comprendía que el pragmatismo y el tecnocratismo no son buenos consejeros de las revoluciones. Soluciones técnicas a corto plazo podrían surgir muchas, pero algunas podían hipotecar el futuro de la revolución e implicar retrocesos en los postulados ideológicos de ésta.

Para Che, el sistema y las soluciones para su instrumentación debían ser analizados, no sólo desde el punto de vista de las ventajas técnicas y económicas que podían representar, sino también de las implicaciones ideológicas que traerían aparejadas.

El sistema salarial debía tener por base el principio del pago con arreglo a la cantidad y calidad del trabajo. Debía potenciar los valores comunistas que iban surgiendo en el proceso revolucionario. Debía fomentar la utilización de los estímulos morales, así como que la política salarial adoptada hiciera uso de los estímulos materiales heredados del capitalismo aún vigentes, de modo tal que no produjeran un desarrollo de éstos, sino todo lo contrario.

Los asuntos relacionados con el salario, la organización, la normación del trabajo y las formas de pago son aspectos de fundamental importancia en el conjunto de todos los elementos que intervienen en la economía e inciden en el equilibrio de la estructura económica. En el socialismo asociamos el término *equilibrio* al concepto de *racionalidad del sistema*.

En el capitalismo, el equilibrio se expresa mediante las leyes específicas que actúan en la dinámica del sistema económico, de acuerdo a la racionalidad del mismo. Y la dinámica del sistema tiene su expresión en el mercado. Es precisamente allí donde acude el capitalista en búsqueda de todos los elementos necesarios para realizar su función. El trata de garantizar la marcha del proceso productivo y adquirir los medios de producción y la fuerza de trabajo como mercancías. Luego vuelve al mercado para realizar el producto creado y materializar en dinero la plusvalía de que se apropia en el proceso de producción.

Para el capitalista, por lo tanto, es racional el hecho de apropiarse del trabajo excedente del obrero. Por eso cuando calcula "su costo de producción", lo hace en términos del capital desembolsado; es decir, para él, costo de producción = $C + V$, donde C es el capital constante y V el capital variable.[148]

El capitalista no cuenta en los gastos de trabajo necesarios para la obtención de la mercancía aquella parte del trabajo no retribuido al obrero, de la cual se apropia en forma de plusvalía. La racionalidad del sistema en este sentido está en función de obtener el costo de producción más bajo y apropiarse en el mercado de la diferencia entre el precio de venta y su "precio de costo".

Al capitalista, como sabemos, no le interesa el valor de uso de la mercancía como un fin, sino como un medio para obtener lo que le interesa: el valor. Por ello, el concepto de efectividad de su gestión viene dado única y exclusivamente por la medida en que pueda extraer más plusvalía del trabajador. En el capitalismo, racionalidad y efectividad son términos que se divorcian del verdadero contenido de su utilidad social. No interesa producir para satisfacer necesidades con un contenido de tipo social, sino que se realiza la actividad de producción con el único interés de obtener más plusvalía.

Para el logro de los objetivos anteriormente explicados, el sistema capitalista ha desarrollado sus propios instrumentos de organización y control. Las empresas capitalistas modernas cuentan con un eficaz aparato organizativo para su gestión. Las técnicas organizativas del capitalismo han llevado el control hasta los elementos más insignificantes que intervienen en el proceso de producción y distribución. No pueden ignorarse los exigentes métodos de control y normación puestos en práctica tradicionalmente por el capitalismo, y que en su etapa más moderna permiten la medición más precisa de los insumos productivos, inventarios, etcétera, todo en función de la racionalidad y efectividad del sistema. El salario y la motivación del trabajador constituyen eslabones del sistema necesarios y atendidos con el fin de producir más plusvalía.

Si volvemos los ojos al socialismo, es obvio que tenemos ante nosotros conceptos muy distintos en términos de racionalidad y efectividad. Es claro que para garantizar la mejor gestión, los mecanismos a utilizar son necesariamente distintos.

Marx, cuando define sus ideas acerca del valor y los gastos del trabajo, plantea que el costo de producción real no es aquel anteriormente expresado por $C + V$, según lo calcula el capitalista individual. Sostiene que, por el contrario, el costo de producción real viene dado por $C + V + P$, donde P también es gasto de trabajo. Es precisamente ese gasto de trabajo del que se apropia el capitalista cuando realiza su mercancía. Sin embargo, cuando vamos a estudiar la racionalidad y la efectividad del socialismo como sistema económico, podemos partir de que el producto viene dado en una primera aproximación por $C + V + P$, donde P ya no es plusvalía, sino el plusproducto que crea el obrero con un sentido de *efecto social*, completamente distinto al ya examinado para el capitalismo. Pero los gastos de trabajo necesarios para la obtención del producto deben ser examinados con un sentido muy diferente de como lo hacemos para el capitalismo.

Como quiera que se produce con el interés de obtener un efecto social muy distinto, es claro que van a intervenir elementos de tipo cualitativo que no son tenidos en cuenta en una economía capitalista regida por la ley del valor. Estos elementos cualitativos son definidos por la política económica que tracen el partido y el gobierno para una etapa determinada. Ya no será la ley del valor con la espontaneidad del mercado lo que defina la racionalidad del sistema y su efectividad sobre la base de intereses individuales. La producción en este caso tiene un contenido social específico, divergente del contenido capitalista. Aquí la gestión será consciente, y el sustituto de la ley del valor será la planificación.

El *control* adquiere una importancia de primer orden, precisamente porque se trata de medir el *efecto social* del esfuerzo productivo y de los gastos de trabajo en un marco donde el desarrollo progresivo de la conciencia del trabajador no garantiza hasta una etapa determinada la materialización de los postulados que plantea la propia racionalidad del sistema. Aquí se vuelve a plantear que el salario y la motivación —con un contenido distinto al de la sociedad capitalista— constituyen tan sólo dos eslabones de la cadena que es el sistema. Al respecto, Che señalaba:

> Al entrar en una sociedad nueva no puede considerarse el trabajo como la parte negra de la vida, sino todo lo contrario. Tenemos que caminar sobre una base fundamental, hacer del trabajo una necesidad moral, una necesidad interna, ese tiene que ser el proceso educativo de los años que vienen.
>
> Es necesario que se quite el aspecto erróneo, propio de una sociedad explotadora, de que el trabajo es la necesidad desgraciada del hombre y aparezca el otro aspecto del trabajo, como la necesidad interna del hombre.[149]
>
> Porque consideramos, en primer lugar, que cuando nosotros vamos a situarnos frente al salario entregado a un trabajador por cumplir una norma de trabajo, no debemos interpretar que le estamos dando un salario por vender su fuerza de trabajo. No podemos decir simplemente que el trabajador trabaja porque si no trabaja no come. En la sociedad socialista o en la construcción del socialismo el trabajador trabaja porque es su deber social. Tiene que cumplir su deber social. Ese deber social es el de rendir un esfuerzo medio, de acuerdo con su calificación, y recibir, por lo tanto, un salario individualizado, de acuerdo con esa calificación, en esta etapa de construcción, en este periodo de transición y, al mismo tiempo, todos los beneficios que la sociedad otorga.[150]

Para el logro de la efectividad del trabajo, acorde con su utilidad social, será más importante aun la implantación de los métodos de planificación, organización y control más exigentes, de tal forma que hasta el menos importante elemento que participe en el proceso productivo sea controlado con precisión.

El 26 de diciembre de 1963, Che compareció en la televisión para explicar y responder a las preguntas que le hicieron sobre el tema "Las normas de trabajo y la escala salarial". Allí explicó lo siguiente:

> De la época capitalista heredamos una cantidad enorme de salarios distintos, una variedad enorme de salarios distintos para las mismas calificaciones. Como ustedes saben, en la época capitalista, el salario es el producto de la venta de la fuerza de trabajo, y está influido por la lucha de clases.
>
> Además, Cuba, por el hecho de ser un país neocolonial, dominado por el imperialismo norteamericano, fue en una época campo de inversión de las industrias manufactureras norteamericanas, que aplicaron tasas de salarios que para Cuba eran desconocidas por su generosidad, pero que significaban honorarios varias veces menores que el que, en las mismas condiciones, recibían los obreros en Estados Unidos.
>
> Todo esto hizo que se acentuara la complejidad del problema salarial y que aumentaran los tipos de salarios. Se puede calcular que en Cuba había unos 90 mil salarios diferentes, y que había aproximadamente unas 25 mil calificaciones salariales diferentes.[151]

De 1959 a 1961 la situación descrita por Che empeoró debido a la lucha de algunos sindicatos y a la política de los burgueses de aumentar los salarios por temor a que se originasen conflictos que desembocaran en la intervención del gobierno revolucionario, o con el fin de desestabilizar la economía por la vía inflacionaria. Las administraciones revolucionarias contribuyeron a empeorar el caos existente al fijar salarios arbitrarios.

Se arribó a 1962 con un estado de cosas que podríamos resumir de este modo:

- gran diversidad de salarios y diferentes tarifas para una misma ocupación;
- desproporciones salariales entre ramas;
- diferentes denominaciones para una misma ocupación;
- inexistencia de contenidos de trabajo y requisitos de calificación;
- diversos sistemas de pago para un mismo trabajo;
- ausencia de normas de trabajo;

• carencia casi total de técnicos en organización del trabajo.[152]

En 1962 el Ministerio de Industrias y el Ministerio del Trabajo emprendieron la tarea de elaborar un sistema de organización y normación del trabajo, íntimamente vinculado a la creación de un sistema salarial. El mismo debía convertirse en impulsor del desarrollo de la economía y de la conciencia comunista y tener en cuenta el insuficiente y pobre nivel de calificación promedio de la fuerza laboral de nuestro país, desde el punto de vista técnico para la expansión agrícola e industrial. De ahí que el sistema salarial a crear debía propender a estimular a los obreros a elevar su nivel cultural-técnico y, de este modo, incrementar el desarrollo de nuestro pueblo.

Entre las tareas más importantes acometidas en ese periodo figuraban:

• elaborar la lista y nomenclatura única de ocupaciones;

• confeccionar los contenidos de trabajo y requisitos de calificación, y evaluar, desde el punto de vista de su complejidad más de 10 634 ocupaciones distribuidas en 340 calificadores;

• reordenar las tarifas existentes (miles) reduciéndolas a unas 41 para toda la economía;

• clasificar los centros laborales del país a los efectos del personal dirigente;

• evaluar y clasificar ocupaciones atendiendo a las condiciones laborales anormales de trabajo;

• preparar unos 5 mil técnicos en la materia y organizar los aparatos de dirección dedicados a esta actividad;

• efectuar cursos de adiestramiento para los cuadros de dirección política, administrativa y sindical en todo el país;

• elaborar una escala única para toda la economía;

• establecer normas de producción en los centros donde sea posible.[153]

Los elementos componentes del sistema elaborados bajo la dirección de Che se pueden resumir en los puntos siguientes:

• la escala salarial;

• los calificadores de ocupaciones; calificación de los trabajadores;

- las tarifas;
- las normas de trabajo;
- las formas y sistemas de pagos.

A. La escala salarial

Con la escala salarial Che introducía y sentaba el principio de distribución socialista con arreglo a la cantidad y calidad del trabajo, al establecer los distintos grados de complejidad de los trabajos existentes para todo el país. La escala tenía dos elementos fundamentales: el número de grupos y los coeficientes.

Los grupos determinan los distintos grados de complejidad que tienen los trabajos y se establecen atendiendo a la calificación indispensable que deben tener los obreros, a la tecnología, la complejidad y organización de la producción. Los coeficientes determinan los distintos grados de complejidad de los grupos en relación con el primer grado que tiene siempre por coeficiente la unidad. Por esto los coeficientes de los otros grupos expresaban cuántas veces ellos eran más complejos que el primero. Che explicó:

> La primera tarea era llevar todos estos salarios a grupos que reflejaran aproximadamente la mismas características y en los que pudiera condensarse toda esta enorme cantidad de salarios distintos en cuanto a pagos y, además, de calificaciones distintas. . . . Después la práctica nos fue mostrando que era mejor, más lógico, llevarlo a sólo ocho calificaciones salariales y, al mismo tiempo, aplicar escalas por trabajos realizados en condiciones peligrosas o nocivas, y desde extrema peligrosidad o extremadamente nocivas, pero sobre la base de las mismas ocho escalas salariales.[154]

En un informe redactado al implantarse el nuevo sistema salarial se señalaba:

> [La escala] abarca el 98 por ciento de los obreros, quedando aproximadamente sólo el 2 por ciento fuera de sus límites. Además, la cantidad de ocho grupos es suficiente para organizar correctamente el salario. Al unificarse las distintas tarifas en ocho grupos se

> establece, en primer lugar, un incentivo sensible para el obrero a fin de elevar su calificación y, en segundo lugar, se facilita y reduce la forma de computar y contabilizar el salario.[155]

B. Calificación de los trabajadores; los calificadores de ocupaciones

Una de las mayores dificultades que confrontaba la revolución en sus primeros años era el bajo nivel de calificación de nuestros trabajadores. Che insistía en la necesidad de elevar la capacidad y calificación técnico-cultural de los trabajadores como requisito para el avance en la construcción de la nueva sociedad. De ahí que en toda organización del salario de los obreros y de los sueldos de los trabajadores administrativos, personal técnico y dirigente, debía ponerse especial énfasis en el desarrollo e incremento de la calificación y capacidad. El sistema salarial propugnado por Che y el Ministerio del Trabajo apuntaba en este sentido. La capacitación constituía uno de los principios y uno de los pilares fundamentales del sistema.

Como hemos señalado, el sistema salarial estaba compuesto por una escala de grupos dividida en ocho niveles o calificaciones salariales. La diferencia existente entre un grupo y otro de la escala no sólo viene dada por el salario sino por el grado de calificación.

Un trabajador que aspirara a ganar por encima del salario correspondiente a su grupo salarial lo podría hacer por el sistema de primas, con el sobrecumplimiento de su norma. Pero el sistema de salario a tiempo y con primas estipulaba una limitación: nunca podría pagarse una cantidad tal que igualara las entradas del trabajador con las de los del escalafón o grupo superior en la escala. El trabajador sólo podría obtener un nivel salarial superior si se capacitaba.

Che lo explica del modo siguiente:

> Se ha impugnado precisamente esta medida de no pagar todo el exceso de cumplimiento . . . no solamente no se paga una parte del sobrecumplimiento, sino que ese sobrecumplimiento tiene un límite, tiene el límite de su categoría salarial superior. . . .

> ¿Por qué? Precisamente para tratar de luchar contra uno de los grandes males que nosotros consideramos que tiene el sistema —que puede ser considerado casi de destajo, el sistema de pago de salario a tiempo, con premio completo— y es el del poco interés por la calificación.
>
> Nosotros exigimos una calificación mayor de los trabajadores. Apelamos a la conciencia de los trabajadores —es nuestro deber— y se responde en general a este llamamiento; pero, además, hay que tomar medidas de tal índole que aseguren que sea realmente un imperativo de carácter económico la calificación. De tal manera que el trabajador no podrá llegar nunca a recibir un salario superior al de la tarifa inmediata siguiente a la que él tiene, en la que él está calificado, por más que sobrecumpla las metas de producción. . . .
>
> De manera tal que nosotros tratamos por todos los medios de que el trabajador comprenda la importancia que tiene calificarse para obtener un salario mayor.[156]

Che, al abordar el problema de la calificación, no pierde oportunidad para subrayar su conexión con los otros elementos del sistema:

> Es decir, la calificación de los trabajadores está directamente relacionada con su producción y la producción de los trabajadores, la norma de trabajo y de calidad, es el deber social de cada obrero para con toda la comunidad que le da su trabajo, le garantiza la comida a sus hijos, le garantiza el bienestar social mínimo, las atenciones, los servicios mínimos y se preocupa porque estas atenciones y estos servicios vayan creciendo más a medida que aumente nuestra capacidad de producción.[157]

El sistema salarial implantado poseía el calificador de ocupaciones, que servía para calificar los trabajos y determinar a qué grupo de la escala pertenecía cada obrero. Permitía la diferenciación del pago del trabajo en relación con la calificación del obrero, esto es, de la calidad del trabajo. En los calificadores se hacían las descripciones de los diversos trabajos, la calificación requerida y el grupo de complejidad que le pertenecía según la escala. Se hicieron dos calificadores, los de ocupaciones más comunes y las propias a cada rama de la producción.[158]

C. Las tarifas

Las tarifas, que determinan el nivel de pago del trabajo por hora o por día. Las tarifas horarias de la escala aprobada son las que siguen:

I	II	III	IV	V	VI	VII	VIII
0.48	0.56	0.65	0.76	0.89	1.05	1.23	1.49

La tarifa horaria del primer grupo se fijó en 48 centavos, partiendo de dos factores: en primer lugar, que en este salario comienzan las concentraciones normales de obreros —el 19.11 por ciento de los obreros perciben un salario horario que oscila entre 45–49 centavos—; en segundo lugar, porque el salario mínimo establecido por la legislación vigente, de 85.00 pesos mensuales, coincide con la tarifa horaria establecida para el primer grupo de la escala. Las tarifas se diferencian según las condiciones en que se realizan los trabajos. Se han establecido tres condiciones de trabajo: normales, nocivas o peligrosas. Los obreros que trabajen en las condiciones del primer tipo, percibirán su salario según la tarifa de la escala; en las del segundo, percibirán un incremento del 20 por ciento sobre la tarifa normal, y en las del tercer tipo, tendrán un incremento del 35 por ciento.[159]

D. Las normas de trabajo

Che pensaba que el sistema salarial a implantar debía estar acorde con el sistema de organización y normación del trabajo, y a su vez, constituir uno de los pilares fundamentales en los que se asentara esta normación del trabajo. Desde que fue nombrado ministro de industrias se preocupó y participó en la tarea de normación del trabajo, discutiéndola e impulsándola en el ministerio, en los centros obreros que visitaba semanalmente, en las reuniones con los sindicatos, plenarias y otras actividades.

> Podemos extraer una conclusión muy importante, y es que dentro de la norma tiene que existir la norma de calidad y la norma no sólo es cantidad, es calidad. Y entonces, la obligación del obrero es producir tanto de tal calidad, si no produce tanto de tal calidad no ha cumplido su deber social.[160]
>
> Y cuando nosotros establezcamos nuestras normas de trabajo para establecer los salarios, la norma de trabajo mínima, la que debe cumplir cada obrero, día a día, ese es su deber social. No es lo que él tiene que hacer para ganar un salario, sino que es lo que tiene que hacer por el deber social ante la colectividad, que le ofrece mediante un salario, mediante las prestaciones sociales, que cada día abundarán más, la oportunidad de vivir, de vestirse, de educar a sus hijos, de adquirir cultura, y de realizarse cada vez más como individuo humano. Es una pequeña y sutil diferencia siquiera, pero una diferencia educativa que va señalando un rumbo y una intención bien definida y siempre presente.[161]
>
> Las normas de trabajo no pueden tener ningún resultado para la nación e incluso, para la clase obrera, si no se toman medidas organizativas y se mantienen estas medidas ya para siempre. En el momento en que caigan los controles caerá todo el aparato organizativo que se ha montado y volveremos a tener las mismas distorsiones que hemos padecido durante estos primeros cinco años de construcción de la nueva sociedad.[162]
>
> Nuestro sistema de normas tiene el mérito de que establece la obligatoriedad de la capacitación profesional para ascender de una categoría a otra, lo que dará, con el tiempo, un ascenso considerable del nivel técnico.
>
> El no cumplimiento de la norma significa el

> incumplimiento del deber social; la sociedad castiga al infractor con el descuento de una parte de sus haberes. La norma no es un simple hito que marque una medida posible o la convención sobre una medida del trabajo; es la expresión de una obligación moral del trabajador, *es su deber social*. Aquí es donde deben juntarse la acción del control administrativo con el control ideológico. El gran papel del partido en la unidad de producción es ser su motor interno y utilizar todas las formas de ejemplo de sus militantes para que el trabajo productivo, la capacitación, la participación en los asuntos económicos de la unidad, sean parte integrante de la vida de los obreros, se vaya transformando en hábito insustituible.[163]

Con estos fragmentos hemos querido destacar, además de la importancia que él le daba a las normas, el modo en que Che, en la práctica, veía la interconexión entre el hecho económico, la elevación de la producción, la creación de la base material del socialismo y, a la par, la creación de la nueva conciencia. Con su desarrollo la conciencia también constituirá una fuerza material fundamental para el desarrollo de la producción, de la sociedad socialista. También hemos querido subrayar una vez más el papel primordial que él le asignaba al control.

E. Las formas y sistemas de pago[164]

El sistema establecía formas de pago para obreros y para los trabajadores administrativos, técnicos y personal dirigente. Para los obreros se establecía el trabajo a tiempo normado con primas que vinculaba el salario del obrero con su productividad y con su calificación. Se pagaban primas por los sobrecumplimientos de la norma y del plan de producción. La suma de las primas y de la tarifa no podía exceder a la tarifa del grupo inmediato superior. Los obreros a tiempo que laboraban en trabajos básicos auxiliares donde era prácticamente imposible precisar la norma, recibían las primas por los resultados mensuales del trabajo ejecutado. La prima se computaba para ambos casos por el tiempo realmente trabajado. Se otorgaban primas por el sobrecumplimiento del plan de producción que cumplía además los requerimientos de calidad. La prima se pagaba a cuenta del fondo de salario.

Para los trabajadores administrativos, técnicos y personal dirigente se tomaba por el tiempo trabajado (ocho horas). En el sector productivo se medía su productividad por los resultados finales de la labor de la unidad a la que estos trabajadores estaban vinculados. Se establecieron dos formas de pago: pago a tiempo y pago a tiempo con primas.

El primero se usaba para los que laboraban en el sector improductivo y para los del sector productivo que trabajaban en los ministerios, oficinas intermedias y oficinas centrales de las empresas. El pago a tiempo se efectuaba por un sueldo fijo de acuerdo a una escala.

El pago a tiempo con primas se utilizó en las unidades de producción del sector productivo. Los índices fundamentales para tener derecho a las primas eran el sobrecumplimiento del plan de producción con la calidad requerida y la disminución del costo de producción.

Todos los pagos de las primas estaban debidamente reglamentados, y establecidos los porcentajes y las escalas.

F. La implantación general del sistema salarial: etapas

Durante 1963 se implantó con éxito el sistema en forma experimental en 36 establecimientos de la agricultura y en 247 unidades de la industria y los servicios. En junio de 1964 comenzó la segunda etapa con la implantación del sistema en todas las unidades del sector industrial no incluidas en la primera etapa.

La segunda etapa se enunció y llevó a cabo bajo la misma metodología establecida para la primera etapa. Orientaba el estudio de las ocupaciones, la elaboración de la plantilla y ubicación de los trabajadores en la misma, el Cálculo Económico salarial y la realización de asambleas de información del trabajo realizado.

Una vez generalizado el sistema salarial, el Ministerio del Trabajo dictó la Instrucción No. 1 del 24 de abril de 1965, que regulaba la aplicación del salario en los casos de ingresos de trabajadores así como de los ascensos y traslados.

El 17 de mayo de 1965 se dictó la Instrucción No. 2, con la que se inició la tercera etapa de la implantación del sistema para los trabajadores administrativos. Se comprendía en esta designación a aquellos que, posteriormente, fueron clasificados como persona de servicios. Esta tercera etapa quedó enmarcada entre el 17 de mayo, fecha de la referida instrucción, y el mes de diciembre del propio año.

G. La evolución posterior de la situación salarial

En un informe publicado en *Cuba Socialista* sobre el nuevo sistema se afirmaba:

> [El sistema salarial respetará] los ingresos actuales en cada puesto de trabajo o cargo. Esto requiere que los salarios de los obreros que se encuentran por encima de la tarifa correspondiente a su calificación en la escala de grupos, se integren en dos partes: *salario tarifado,* que será el básico; y *remuneración adicional,* que es el exceso sobre la tarifa que la revolución conserva por las conquistas de los trabajadores en las viejas luchas libradas contra el régimen capitalista. Al adquirir los obreros una calificación superior, su salario subirá hasta el que señala la tarifa para dicha calificación. Y la remuneración adicional disminuirá en la misma medida, conservándose dicha remuneración mientras la totalidad de los ingresos del trabajador no se confunda con el salario correspondiente a su calificación en la escala de grupos.[165]

Che explicó lo anterior del modo siguiente en una comparecencia ante la televisión para dar a conocer el sistema:

> Pero ocurrió otro fenómeno muy distinto. Y es que toda una serie de industrias, particularmente las industrias a que me he referido anteriormente, que en general respondían al capital extranjero y de acuerdo con la lucha establecida por los distintos sindicatos y por los distintos sectores del país tenían salarios más altos que los que actualmente se contemplan. En algunos casos las reducciones serían extremadamente grandes, y, en general, naturalmente que sería una medida sumamente impopular el reducir todo a una sola escala salarial, máxime cuando esta escala salarial no se puede

> decir que es la escala justa en términos absolutos, es la escala justa en estos momentos de Cuba, y, por lo tanto, en nuestras condiciones de subdesarrollo es una escala relativamente baja.
>
> Por eso establecimos la retribución adicional, que fue bautizada como plus y ha quedado en el conocimiento de todos los obreros como plus. . . .Es decir, que hay un grupo de obreros que recibirán el salario dividido en dos partes: su salario básico —el que le corresponde por alguna de las ocho categorías— y el plus que corresponde a su salario histórico.
>
> Para considerar los premios por sobreproducción solamente se tendrá en cuenta el salario básico, sin embargo, todo el salario intervendrá en las penas por no cumplir las normas.[166]

La decisión política adoptada en las circunstancias de la Cuba de 1963 era la acertada, a pesar que limitaba el principio socialista del pago por el trabajo. De inmediato la economía cubana experimentó un incremento de la productividad y la proporción entre el salario medio y la productividad se manifestó favorable a la productividad. Che, consciente de la importancia del principio socialista y en una intervención que efectuó en una reunión, expresó:

> Nosotros entramos en una revolución socialista y estamos construyendo el socialismo; ahora, el socialismo se construye con trabajo y con sacrificio, y, además, siguiendo una serie de normas.
>
> Nosotros no podemos construir el socialismo con obreros que ganen quince pesos diarios por no hacer nada; ¡así no se construye el socialismo! Así tendremos que ver cómo hacemos para sobrevivir, pero el socialismo no lo vamos a hacer. Entonces, hay una cosa lógica y de elemental política, que es tratar de no bajar el salario a nadie. Bien, que no se baje el salario a nadie; pero el nuevo que entre ¿por qué va a entrar recibiendo los beneficios de una vieja lucha sindical que hoy no tiene nada que ver?[167]

La tendencia que preconizaba Che era acercarnos cada día más al principio socialista. No obstante, el sistema salarial creado por Che sufrió una serie de modificaciones posteriores a abril de 1965, que unidas a la no observancia de algunas de sus estipulaciones, dieron al traste con aquel.

Resulta importante realizar esta diferenciación porque muchos confunden o identifican erróneamente esta etapa ulterior con el sistema desarrollado originalmente por Che.

Las modificaciones posteriores, en general, fueron las siguientes:

1. La creación de nuevos sectores productivos, cuyos salarios fueron establecidos por resoluciones especiales dictadas al efecto, las que no coincidían con las escalas establecidas.
2. La realización de promociones que no se atenían a los requerimientos de calificación y otros que establecía el sistema.
3. La Instrucción No. 20, de fecha 4 de agosto de 1967, dictada por la Dirección de Trabajo y Salarios del Ministerio del Trabajo, que contiene el reglamento sobre las condiciones salariales, de manutención, avituallamiento, etcétera, que regirían las movilizaciones de jóvenes y adultos por dos años hacia el sector agropecuario. El decreto planteaba: "Estos salarios son fijos y no serán afectados por el incumplimiento ni el sobrecumplimiento de las normas, ni por la realización de labores correspondientes a otros grupos, ya sean superiores o inferiores a lo que se ha tomado como base para la fijación de su salario".
4. La Instrucción No. 20A de la propia dirección, de fecha 10 de agosto de 1967, modificaba la anterior y establecía que el salario sería de acuerdo a lo establecido para los obreros habituales y estaría sujeto al cumplimiento de las normas de trabajo, aunque se mantendría la gratuidad del albergue y la alimentación.
5. Los acuerdos masivos de la ofensiva revolucionaria de 1968 de renuncia al cobro de horas extras, propinas, etcétera.[168]
6. La Instrucción No. 50 de la Dirección de Trabajo y Salarios del Ministerio del Trabajo, de fecha 17 de octubre de 1968, que contenía el reglamento para la aplicación del sistema de salario a tiempo con normas en el sector industrial. El reglamento incluía la eliminación del descuento como penali-

dad por el incumplimiento.

Es conveniente consignar que el deterioro del aparato administrativo iniciado a partir de los errores cometidos en la aplicación de las medidas tomadas contra el burocratismo en 1966 maduró alrededor de 1968 con la pérdida de los controles económicos —las normas entre ellos— de la fluidez y disciplina estadística.[169] Desapareció, incluso, la posibilidad de construir los necesarios macroindicadores para el análisis de la gestión administrativa.

Fidel, en su Informe Central al Primer Congreso del Partido, dijo en relación a esta situación:

> El salario se desvincula de la norma en 1968. Se estimulan los horarios de conciencia y la renuncia al cobro de horas extras. . . . Al no tomarse en cuenta la retribución con arreglo al trabajo, el exceso de dinero circulante se incrementó notablemente ante una escasez de oferta de bienes y servicios, lo que creó condiciones favorables y el caldo de cultivo para el ausentismo y la indisciplina laboral.[170]

Esta situación determinó que la aplicación del salario a tiempo con normas no fuera cabal, ya que la ausencia de controles impedía medir el cumplimiento de las normas. Por otra parte, estas mismas circunstancias posibilitaban graves indisciplinas financieras, como el pago indebido a ausentistas y a trabajadores con licencias sin sueldo.

La situación imperante en esa etapa, debida a la ausencia de controles, se resume en lo siguiente: la fuerza laboral del país recibía un ingreso constante independientemente de las fluctuaciones en su producción y productividad, así como de su disciplina laboral, en unos momentos en que el volumen de bienes de consumo a su alcance decrecía, reduciéndose así también las posibilidades de recaudar ese circulante y provocándose un agudo desequilibrio financiero.

II. Los estímulos

Este es otro de los elementos del Sistema Presupuestario de Financiamiento desarrollado por Che que se desconoce, confunde o identifica con la etapa ulterior a su partida de Cuba.

Pasamos, pues, a presentar en forma sintética algunos aspectos esenciales del problema y dejaremos que sea el propio Che, mediante citas, el que exponga su pensamiento sobre el particular.

A. La búsqueda de mecanismos de incentivación que difieran de los empleados por el capitalismo está dada por la comprensión de que el socialismo es no sólo un hecho económico, sino también un hecho de conciencia.

El socialismo se propone no sólo crear un régimen caracterizado por la abundancia de bienes de consumo, sino también una nueva actitud humana ante la sociedad y ante el bienestar que esta le brinde. De olvidarse el último factor y analizarse la cuestión en un sentido meramente económico y pragmático, conceptos tan antagónicos como "sociedad de consumo" y "comunismo" se identificarían.

En el *Informe Central al Primer Congreso del Partido Comunista de Cuba,* Fidel expresó:

> En la formación de nuestra conciencia comunista la elevación del nivel de vida material es, y debe ser, un objetivo noble y justo de nuestro pueblo a alcanzar con su trabajo abnegado, en el medio natural donde vivimos. Pero, a la vez, hemos de estar conscientes de que ese medio es limitado, que cada gramo de riqueza hay que arrancarlo a la naturaleza a base de esfuerzo; que los bienes materiales se crean para satisfacer necesidades reales y razonables del ser humano; que lo superfluo debe desecharse y que nuestra sociedad no puede guiarse por los conceptos, hábitos y desviaciones absurdas con que ha infestado al mundo el decadente sistema de producción capitalista. . . . El socialismo no sólo significa enriquecimiento material, sino también la oportunidad de crear una extraordinaria riqueza cultural y espiritual en el pueblo y formar un hombre con profundos sentimientos de solidaridad humana, ajeno a los egoísmos y mezquindades que envilecen y agobian a los individuos en el capitalismo.[171]

Es obvio pues que del bienestar material no brota automáticamente una nueva conciencia social. Se precisa de un trabajo sistemático y concreto dirigido a la formación de una nueva sensibilidad humana; trabajo paralelo, y estrechamente vinculado, a la construcción económica de la nueva sociedad. Para esta tarea de orden ideológico y de esenciales reformas estructurales, el socialismo debe crear sus propios *instrumentos* de trabajo, sus propios mecanismos de transformación.

B. La lenta y compleja transformación ideológica plantea durante un tiempo la contradicción "producción *vs.* conciencia". Es en este periodo que los hábitos de pensamiento inculcados por el capitalismo (ambición individual, egoísmo, etcétera) pesan negativamente en el esfuerzo productivo. El cambio de propiedad, o la supresión de la propiedad en los medios de producción, se produce en un instante; la educación mental al nuevo estado de cosas requiere de un proceso más largo. El problema parece presentarse en los términos siguientes:

> ¿Debe entenderse que la atención preferente al desarrollo de la conciencia retarda la producción? En términos comparativos, en una época dada, es posible, aunque nadie ha hecho los cálculos pertinentes; nosotros afirmamos que en tiempo relativamente corto el desarrollo de la conciencia hace más por el desarrollo de la producción que el estímulo material.[172]

Es en este periodo crítico cuando la tentación de liberar los resortes capitalistas —competencia, estímulo material, libre concurrencia, etcétera— pudiera ser muy grande, sobre todo porque cualquier aplicación de los mismos demostraría su eficiencia en el orden *económico.* Che afirmaba:

> En cuanto a la presencia en forma individualizada del interés material, nosotros la reconocemos (aún luchando contra ella y tratando de acelerar su liquidación mediante la educación) y lo aplicamos en las normas de trabajo a tiempo con premio y en el castigo salarial subsiguiente al no cumplimiento de las mismas.[173]
>
> Consideramos que, en economía, este tipo de palanca adquiere rápidamente categoría *per se* y luego impone su

> propia fuerza en las relaciones entre los hombres. . . .
>
> Estímulo material directo y conciencia son términos contradictorios, en nuestro concepto.[174]

C. Sin embargo tiene que haber una utilización inteligente y cualitativamente balanceada de ambos (estímulo material y moral).

El proceso debe tender más a la extinción del estímulo material que a su *supresión*. La enunciación de una política de incentivación moral no implica la negación total del estímulo material.

Se trata simplemente de ir reduciendo —más a través de un intenso trabajo ideológico que de disposiciones burocráticas— el campo de acción de aquel.

> Precisa aclarar bien una cosa: *no negamos la necesidad objetiva del estímulo material,* sí somos renuentes a su uso como palanca impulsora fundamental. . . . No hay que olvidarse que viene del capitalismo y está destinada a morir en el socialismo.[175]
>
> Ya hemos dicho varias veces que el estímulo material no se considera como eliminado ni mucho menos, sino como a eliminar, y lo que hacemos es no situarlo como palanca indispensable, sino como una palanca que desgraciadamente hay que utilizar como residuo de la anterior sociedad.[176]
>
> La etapa de la construcción socialista es de transición, aún en ella el estímulo material es importante, pero es también lo que va a morir; pero por el momento hay que darle la importancia que tiene. Hacemos énfasis en los estímulos morales de la sociedad socialista y consideramos que los estímulos materiales deben ir en descenso hasta que desaparezcan en la sociedad sin clases.[177]

El 2 de mayo de 1962 se reunió con los delegados obreros extranjeros asistentes al acto en la Plaza de la Revolución por el Primero de Mayo. El delegado de Canadá le preguntó, "¿Cuáles son los incentivos que usarán los cubanos para con los obreros? ¿Hay algunos para aumentar la producción?" De su respuesta extraemos el siguiente fragmento:

> No sé si usted estuvo el 30 de abril en la reunión anual; allí entregamos 45 casas a los trabajadores más distinguidos de cada rama industrial; fueron 44, porque uno renunció a su premio.
>
> Nosotros consideramos que en la etapa de construcción del socialismo deben reunirse los estímulos morales y materiales. En esta etapa de entusiasmo revolucionario le damos mucha importancia al estímulo moral, pero nos preocupamos del interés material de los trabajadores.[178]
>
> El estímulo material es el rezago del pasado, es aquello *con lo que hay que contar,* pero a lo que hay que ir quitándole preponderancia en la conciencia de la gente a medida que avance el proceso. . . . El estímulo material no participará en la sociedad nueva que se crea, se extinguirá en el camino.[179]
>
> Pero, precisamente, la acción del partido de vanguardia es la de levantar al máximo la bandera opuesta, la del interés moral, la del estímulo moral, la de los hombres que luchan y se sacrifican y no esperan otra cosa que el reconocimiento de sus compañeros.[180]

D. Ahora bien, si el proceso histórico nos obliga a emplear durante cierto tiempo una palanca que ya sabemos es nociva, se trata de buscar las variantes menos nocivas de la misma, e incluso aquellas que coadyuven a su autoanulación.

Che estudió las posibles variantes y aplicó algunas de ellas. Pudiéramos enumerar las siguientes:

- el estímulo material en relación con la escala salarial y el pago de primas por sobrecumplimiento de las normas de trabajo y/o el cumplimiento y sobrecumplimiento del plan de producción;
- el estímulo material en relación con el incumplimiento de las normas de trabajo y de calidad, y el incumplimiento del plan de producción;
- el estímulo material como premio colectivo;
- el incremento de la calidad de la vida.

El primer caso consistía en la aplicación de una escala salarial que premiaba con sueldos altos los cargos que requerían de una mayor calificación. Se trataba, pues, del empleo del estímulo material para incentivar el ansia de superación en un país inculto, donde una gran masa de trabajadores no tenía hábito de estudio. Por otra parte, la escala salarial misma resultaba una limitante al estímulo material, ya que el pago de horas extras laboradas no podía exceder en ningún caso el monto salarial de la escala inmediata superior al obrero que las había trabajado.

El segundo caso se desprendía de la comprensión de la norma laboral como un deber social, "deber" que no sólo tiene un sentido ético, sino también económico:

> Cada cargo tendrá una norma de cantidad y calidad y entonces, habrá calificación de la calidad y la cantidad del trabajo que haga, y éste será pagado desde la escala inferior, si el trabajo es malo en cuanto a cantidad o calidad, o hasta la escala superior si el trabajo es extraordinariamente bueno en calidad o cantidad.[181]

Pero no sólo el desestímulo material abarcaba a los obreros. También el sistema contempla reducciones en los sueldos a técnicos y dirigentes de los establecimientos productivos cuando los resultados de la producción eran inferiores al plan o cuando aumentaba el costo de producción.

Si partimos del hecho de que el dinero continúa siendo un medio de distribución (situación que lógicamente se prolongará durante un periodo considerable) y no le restamos una cantidad mediante el descuento al obrero que no cumple las normas de trabajo, estamos permitiendo que el individuo en cuestión reciba una cantidad de valores y beneficios sociales a cuya creación ha contribuido en escasa medida.

Es sabido que ningún obrero recibe íntegramente el fruto de su trabajo. El propio Marx señalaba en las *Glosas marginales al programa del Partido Obrero Alemán* que del total de valores creados por la sociedad hay que deducir:

> *Primero:* una parte para reponer los medios de producción consumidos.

> *Segundo:* una parte suplementaria para ampliar la producción.
> *Tercero:* el fondo de reserva o de seguro contra accidentes, trastornos debidos a calamidades, etc. . . . Queda la parte restante del producto global, destinada a servir de medios de consumo.
> Pero, antes de que esta parte llegue al reparto individual, de ella hay que deducir todavía:
> *Primero: los gastos generales de administración, no concernientes a la producción. . . .*
> *Segundo: la parte que se destine a la satisfacción colectiva de las necesidades,* tales como escuelas, instituciones sanitarias, etc. . . .
> *Tercero: los fondos de sostenimiento, de las personas no capacitadas para el trabajo, etc. . . .*
> Sólo después de esto podemos proceder a la "distribución", es decir, a lo único que, bajo la influencia de Lassalle y con una concepción estrecha, tiene presente el programa, es decir, a la parte de los medios de consumo que se reparten entre los productores individuales de la colectividad.
> El "fruto íntegro del trabajo" se ha transformado ya, imperceptiblemente, en el "fruto parcial", aunque lo que se le quite al productor en calidad de individuo vuelva a él, directamente o indirectamente, en calidad de miembro de la sociedad.[182]

Las normas de trabajo sirven como medida de la productividad y del aparato productivo en su conjunto. Cuando un obrero en la sociedad socialista las incumple y sin embargo percibe su salario íntegro además de los servicios sociales gratuitos —educación, medicina, espectáculos deportivos y culturales, retiro, etcétera— se convierte en un parásito del esfuerzo colectivo. Ello, aparte de las consecuencias que esta situación, de ser generalizada, acarrea en el orden inflacionario a la economía.

> La norma de producción es la cantidad media de trabajo que crea un productor en determinado tiempo,

> con la calificación media y en condiciones específicas de utilización de equipo; es la entrega de una cuota de trabajo que se hace a la sociedad por parte de uno de sus miembros, *es el cumplimiento de su deber social.*[183]
>
> Las normas de trabajo y de salario, las escalas de salarios, no se hacen para dar más, no se hacen sólo para igualar mejor las normas básicas de salarios; se hacen también para poder detectar y distinguir a los mejores y detectar y castigar, mediante el salario, a los peores, a los que no son capaces de cumplir con su deber.[184]
>
> *Cada norma de trabajo hay que unirla con la conciencia de que es un deber social y no el nivel mínimo con que se cumple el contrato* entre la empresa y el sindicato. Ese contrato no existe porque empresa y trabajadores no son distintos y la propiedad es una sola.[185]
>
> En cuanto a la presencia en forma individualizada del interés material, nosotros la reconocemos (aún luchando contra ella y tratando de acelerar su liquidación mediante la educación) y lo aplicamos en las normas de trabajo a tiempo con premio y en el castigo salarial subsiguiente al no cumplimiento de las mismas.[186]

En relación con el tercer caso, se comenzaron a estudiar en 1964 las posibilidades de los premios colectivos en algunas industrias. Se prefirió ser cauto en este terreno. La orientación fue en este caso la de que el premio, en lugar de ser en metálico, asumiera la forma de algún servicio social necesario y útil para la colectividad de trabajadores.

Allí donde un colectivo hubiera demostrado su condición de destacamento de avanzada al sobrecumplir las metas del plan, se debería entrar a resolver una serie de problemas, o alguno de ellos, lo que incluso redundaría en beneficio de la producción. Estos podrían ser la construcción de un círculo infantil, facilidades para becar a los hijos de los trabajadores, un comedor obrero, mejoras en las condiciones laborales, entrega de ropa de trabajo, facilidades para las vacaciones, o incluso una posible microinversión para mejorar la tecnología de la industria en cuestión y alcanzar un mayor grado de productividad con un esfuerzo menor.

Por último, en el terreno del estímulo material, el más legítimo, sano y siempre válido, es el estímulo material que recibe la sociedad toda cuando se establece en los planes económicos la proporción inversión-consumo y se programa científicamente el elevamiento progresivo y sistemático de los niveles de vida históricos de la población. En el mejoramiento cuantitativo y cualitativo de la calidad de la vida cotidiana, el obrero palpa los resultados de su empeño revolucionario y de sus esfuerzos en el campo de la producción.

Al mismo tiempo, todo lo anteriormente expuesto está basado en la más cabal y realista comprensión marxista de que durante el periodo de transición al comunismo cada cual ha de recibir de acuerdo a su trabajo, o sea, de acuerdo al cumplimiento de su deber social.

Es cierto que tal enunciado determina una serie de injusticias. Hay obreros que por tener más calificación ganan altos salarios sin tener que sostener una gran familia mientras otros, no menos trabajadores, pero con menor nivel cultural, ganan menos aun cuando de ellos depende una extensa prole. Marx lo explicaba así:

> Pero estos defectos son inevitables en la primera fase de la sociedad comunista, tal y como brota de la sociedad capitalista después de un largo y doloroso alumbramiento. El derecho no puede ser nunca superior a la estructura económica ni al desarrollo cultural de la sociedad por ella condicionado.[187]

E. Una vez expuesta la concepción de Che sobre el estímulo y desestímulo materiales, pasamos a mostrar su pensamiento sobre el papel y el peso del *estímulo moral* y el modo en que él lo practicó.

Hemos presentado, en las páginas precedentes, su concepción integral del periodo de transición al comunismo, particularmente de su primera fase, el socialismo:

- su negativa al divorcio entre la creación de la base material y el surgimiento de una nueva conciencia en los hombres de la sociedad que se construye;
- su rechazo al orden de subordinación que realizan algunos teóricos en el que supedita el desarrollo de la conciencia

al "gradual aumento de los bienes de consumo para el pueblo. . . . Y en esta concepción vemos una mecánica demasiado rígida. Bienes de consumo, ésa es la consigna y es la gran formadora, en definitiva, de conciencia para los defensores del otro sistema";[188]

- su clara comprensión de que ambos aspectos deben marchar intrínsecamente unidos y que el desarrollo de la conciencia acelera más la creación de la base económica.

El estímulo moral es el vehículo idóneo para la formación de la nueva conciencia. Como bien lo expresa Fidel en el *Informe Central al Primer Congreso del Partido Comunista de Cuba:*

> Ningún sistema en el socialismo puede sustituir la política, la ideología, la conciencia de la gente, porque los factores que determinan la eficiencia en la economía capitalista son otros que no pueden existir de ninguna manera en el socialismo, y sigue siendo un factor fundamental, y decisivo el aspecto político, el aspecto ideológico y el aspecto moral.[189]

En una reunión del Ministerio de Industrias, Che afirmaba:

> No hay que caer tampoco en el espejismo de considerar que el estímulo moral es el centro del Sistema Presupuestario, el centro del Sistema Presupuestario es el conjunto de acciones, dentro del cual lo fundamental es la organización, la capacidad organizativa para dirigir y al mismo tiempo el desarrollo de la conciencia y el elemento de desarrollo, sobre todo a niveles de masa, a niveles más generales, es la conjunción del estímulo material correctamente aplicado y del estímulo moral, dándole un énfasis cada vez mayor al estímulo moral, a medida que van avanzando las condiciones.[190]
>
> Entonces, se está haciendo el centro de todas las cuestiones la discusión "el estímulo moral" y el estímulo moral no es en sí el centro de toda la cuestión, ni mucho menos. El estímulo moral es la forma, digamos, la forma que nosotros pensamos, la forma predominante que tiene que adoptar el estímulo en esta etapa de construcción del socialismo, pero la forma predominante

> que tiene que adoptar el estímulo, es decir, tampoco la forma única.[191]

De este modo exponemos la concepción de Che sobre el tema y nos adelantamos a las conclusiones, afirmando que resulta necesario durante la transición una inteligente y revolucionaria combinación de estímulos morales y materiales.

III. La emulación

Che, en el desarrollo del modelo de dirección económica, consideraba la emulación socialista como un elemento fundamental dentro de la estructura de todo el sistema. A la competencia generada por la ley del valor, Che contraponía la competencia fraternal basada en la camaradería socialista que propiciaba la emulación.

La revolución cubana se caracterizó desde sus inicios por la amplia participación de las masas. El estilo de dirección y de trabajo de Fidel y de la vanguardia siempre ha consistido en que las masas intervengan tanto en las decisiones simples como en las más complejas.

Che canalizó e instrumentó este estilo en la esfera económica, en el proceso de construcción de la base material y técnica del socialismo. El velaba porque la emulación no fuera formal y fría y revisaba constantemente los mecanismos del sistema para que no fuera a frenarla. Se interesaba no sólo por los conceptos y procedimientos del sistema, sino por su traducción en la base. En las visitas a las unidades de producción y servicios, palpaba cómo se concretaba la dinámica revolucionaria de dirección a nivel del obrero con la responsabilidad más simple. Y encontró para ello un vehículo idóneo en la emulación.

Che fue uno de los primeros promotores de la emulación socialista en nuestra patria. Participó personalmente en su organización en el Ministerio de Industrias, involucrando en ella a otros colectivos de trabajadores que respondían administrativamente a otros ministerios y a la Central de Trabajadores de Cuba.

Organizó y participó en decenas de actos que culminaban etapas emulativas, entregando los certificados y premios a los obreros y colectivos vanguardias. En las reuniones de trabajo del Ministerio de Industrias se refería a los conceptos que debían regir la emulación y a sus mecanismos. Veía en ella un magnífico mecanismo de incentivación que permitía engarzar la producción de bienes y la creación de la conciencia comunista.

A continuación transcribimos fragmentos de sus intervenciones en diversas reuniones obreras:

> La emulación tiene que cumplir una gran tarea de movilización de las masas.[192]
>
> Que todos estén interesados en la emulación; que todos los trabajadores comprendan bien la importancia que tiene el resultado de la emulación que es producir más y mejor, aumentar la producción, aumentar la productividad y aumentar la calidad de los productos, ahorrar el consumo de todas las materias primas. . . .
>
> La construcción del socialismo está basada en el trabajo de las masas, en la capacidad de las masas para poder organizarse y dirigir mejor la industria, la agricultura, toda la economía del país, en la capacidad de las masas para superar día a día sus conocimientos . . . en la capacidad de las masas para crear más productos para toda nuestra población; en la capacidad de las masas para ver el futuro, saber verlo cercano como está en este momento —cercano en dimensión de historia, no de la vida de un hombre— y emprender con todo entusiasmo el camino hacia ese futuro.[193]
>
> La emulación debe ser la base fundamental del desarrollo de la conciencia socialista y de los logros en la producción y en la productividad.
>
> ¿Qué es la emulación? La emulación es simplemente una competencia, pero una competencia que está dirigida al más noble de los propósitos, como es el de mejorar, el de tener cada centro de trabajo, cada empresa, cada unidad, a la cabeza de la construcción del socialismo. . . .
>
> Para ello, necesariamente, debemos recurrir a las

masas. Prácticamente, no debiera haber otra fuerza que la fuerza de dirección de las masas; y solamente dar nosotros los consejos técnicos, la forma de valorar, la forma de medir la emulación, para que los distintos trabajos puedan llevarse a medidas comunes que permitan después cotejar unos con otros.

Al mismo tiempo, también en la emulación tenemos que establecer estímulos, estímulos morales, como son los de verse los obreros individualmente o colectivamente en un centro de trabajo, como los mejores entre los mejores, y también emulación que establezca los estímulos materiales adecuados al momento en que vivimos.[194]

La emulación es una competencia fraternal. ¿Para qué? Para que todo el mundo aumente la producción. Es un arma para aumentar la producción. Pero no solamente eso: es un arma para aumentar la producción y es un instrumento para profundizar la conciencia de las masas, y siempre tienen que ir unidos.

Siempre insistimos en este doble aspecto del avance de la construcción del socialismo. No es sólo trabajo la construcción del socialismo, no es sólo conciencia la construcción del socialismo. Es trabajo y conciencia, desarrollo de la producción, desarrollo de los bienes materiales mediante el trabajo, y desarrollo de la conciencia. La emulación tiene que cumplir estas dos metas. Es decir, estas dos funciones.[195]

Con estos fragmentos también mostramos cómo en el trabajo cotidiano Che no separaba el trabajo técnico de dirección económica de la labor de formación política, ideológica de las masas.

CAPITULO 10

Los problemas de dirección, organización y gestión de la producción social en el Sistema Presupuestario de Financiamiento

En las paginas precedentes hemos abordado diversos temas en los que directa o indirectamente se expone la importancia que Che le asignaba a los principios, a las funciones y a los métodos de organización y gestión.

La actividad práctica y teórica de Che en el periodo 1959–1967,[196] en el proceso de eliminación del capitalismo y la creación del régimen socialista en Cuba, le llevó a concebir y desarrollar el Sistema Presupuestario de Financiamiento. Dicho sistema está formado a su vez por los subsistemas de planificación, organización y normación del trabajo, contabilidad y costos, finanzas, precios, control y supervisión, mecanismos de incentivación, política de cuadros, capacitación, desarrollo científico-técnico, información, estadísticas, dirección y participación de los trabajadores, entre otros.

Al introducirse en el mundo de la organización y la gestión, Che trató otros asuntos: la lucha contra la burocracia, el establecimiento de las instituciones económicas de la sociedad socialista y las relaciones entre ellas, las relaciones entre el partido y el estado, las relaciones entre la administración y el sindicato, la utilización del principio del centralismo democrático, los estudios socio-sicológicos de la organización y la gestión, la computación y los métodos económico-matemáticos y la empresa socialista.

En el presente acápite sólo queremos exponer, apretadamente, la importancia que Che le otorgaba a las funciones de control y supervisión.

Desde octubre de 1959, cuando le fue encomendada la dirección del Departamento de Industrialización del Instituto Nacional de Reforma Agraria, y posteriormente, al hacerse cargo del Banco Nacional y del Ministerio de Industrias, Che se dio a la tarea de articular un subsistema en el que toda la gestión económico-administrativa estuviera sometida al máximo control. Podemos afirmar que fue el primero que estableció un subsistema de control y supervisión riguroso en los agitados y convulsos primeros cinco años de nuestra revolución.

De cierto modo, el Sistema Presupuestario de Financiamiento, en el aspecto técnico, surgió, se fue delineando y se estableció por el subsistema de control y supervisión.

Che, entre otras materias, estudió concienzudamente la ciencia de la organización, control y gestión de la producción social en Marx, Engels y Lenin. En Marx y Engels halló la exposición de las leyes principales que rigen el tránsito del capitalismo al comunismo y las particularidades generales del socialismo y el comunismo, así como determinados principios fundamentales, algunos de los cuales hemos expuesto en el presente trabajo.

En Lenin, Che se detuvo y lo estudió al detalle. El líder de la Revolución de Octubre fue el primer marxista que trató y desarrolló los problemas de organización y gestión de la sociedad socialista. Además de aprender los principios leninistas de la organización y la gestión, Che estudió y tomó lo mejor de las técnicas que los monopolios habían implantado en las subsidiarias cubanas.

El subsistema creado por Che abarcaba desde el nivel de la nación hasta el del establecimiento más insignificante. Es digna de estudio la forma en que lo implantó y logró que funcionara en el Ministerio de Industrias. Afirmaba que "sin control no podemos construir el socialismo".[197]

Che pensaba que el Sistema Presupuestario de Financiamiento tenía que poner, entre sus pilares fundamentales, subsistemas de contabilidad general y de costos, con el fin de garantizar una óptima dirección y gestión de las empresas y de todo el aparato estatal. Una buena contabilidad y rigurosos análisis de costos permitirían aprovechar al máximo los recursos materiales, laborales y financieros.

> Hoy los costes nos preocupan mucho y tenemos que trabajar sobre ellos insistentemente. Es nuestro modo fundamental de medir la gestión de las unidades o de las empresas cuando los precios se han mantenido fijos. Y a través del coste —cuando son costes llevados por proceso de producción o por unidad producida— cuando se ha fijado el coste, cualquier administrador puede detectar inmediatamente hasta problemas tecnológicos: mayor consumo de vapor, defectos en una tapadora, por ejemplo, que desperdicia demasiadas chapas; en una máquina que desperdicia envases en el momento del llenado; en una pesa automática que envía una cantidad mayor de productos en una caja. Cualquiera de esas cosas se puede detectar simplemente por el análisis de los costes.
>
> No quiere decir que, además, no tengan que estar todos los controles de tipo tecnológico, pero simplemente tener un análisis de coste bien hecho, le permite a cualquier director de empresa o administrador de unidad dominarla totalmente.[198]

El papel primordial que Che le otorgaba a la contabilidad y a los análisis de costos lo llevaba a los detalles que garantizan en última instancia la calidad del dato elaborado y registrado. Se preocupaba tanto del aspecto técnico como del personal que trabajaría en el aparato económico. Pensaba que los encargados de llevar la contabilidad de una fábrica o de cualquier dependencia estatal debían ser compañeros de una disciplina absoluta porque eran los constantes guardianes del patrimonio nacional, inclusive contra el director de la empresa.

> El problema es que la gente no es perfecta ni mucho menos, y que hay que perfeccionar los sistemas de control para detectar la primera infracción que se produzca, porque ésta es la que conduce a todas las demás. La gente puede ser muy buena, la primera vez, pero cuando basados en la indisciplina cometen actos de

> sustracciones de tipo personal para reponer a los dos o tres días, después se va enlazando esto y se convierten en ladrones, en traidores y se van sumiendo cada vez más en el delito.[199]

En los consejos de dirección del ministerio, en las empresas, en las periódicas visitas a las unidades de producción, en las reuniones con los sindicatos y los trabajadores, Che no perdía oportunidad para insistir en la importancia de la organización, el control y la gestión.

> Para todo este proceso organizativo es necesario tener controles muy exactos. Los controles empiezan en la base, empiezan en la unidad productiva, y la base estadística suficientemente digna de confianza para sentir la seguridad de que todos los datos que se manejan son exactos, así como el hábito de trabajar con el dato estadístico, saber utilizarlo, que no sea una cifra fría como es para la mayoría de los administradores de hoy, salvo quizás un dato de la producción, sino que es una cifra que encierra toda una serie de secretos que hay que develar detrás de ella. Aprender a interpretar estos secretos es un trabajo de hoy.
>
> Dentro del trabajo de control también todo lo relacionado con los inventarios: cantidad de materias primas y cantidad de productos, o, digamos, piezas de repuesto, de productos terminados que están en una unidad o en una empresa, deben tener una contabilidad perfecta y al día, y que nunca se pierda esa contabilidad, única garantía de que podamos trabajar con cierta soltura de acuerdo con la distancia de donde tenemos que traer nuestros abastecimientos.
>
> Y dentro de los inventarios, también para poder trabajar en una forma científica, hacer el inventario de medios básicos, o de fondos básicos. Es decir: el inventario de todos los equipos que posee la fábrica, para que también se puedan manejar centralmente, para tener una idea clara de su depreciación, o sea del tiempo en que se va a desgastar, del momento en que hay que remplazarlo, y ver dónde y en qué lugar hay un equipo

> que no se está utilizando al máximo y pueda ser trasladado de un lugar a otro.
>
> . . . tenemos que hacer análisis de costes, cada vez más detallados que nos permitan aprovechar hasta las últimas partículas de trabajo que se pierde del hombre. El socialismo es la racionalización del trabajo. . . .
>
> No se puede dirigir si no se sabe analizar, y no se puede analizar si no hay datos verídicos, y no hay datos verídicos si no hay todo un sistema de recolección de datos confiables, y no hay un sistema de recolección de datos confiables si no hay una preparación de un sistema estadístico con hombres habituados a recoger el dato y transformarlo en números. De manera que ésta es una tarea esencial.[200]

En los acápites anteriores hemos apreciado el papel que Che daba a las finanzas. Trabajó para que éstas fueran utilizadas en el control, por lo que dijo:

> La disciplina financiera es uno de los aspectos más importantes de la gestión de las empresas, de las fábricas. Y consiste en todo lo que se refiere a la gestión en cuanto a las finanzas tenerlo al día, por ejemplo los pagos y los cobros, todos los problemas con los contratos, por ejemplo, un arbitraje que haya que hacer por un producto malo que llega; todas esas cosas constituyen la disciplina financiera, los controles.[201]

Che no percibía la tarea de control y supervisión ceñido sólo a la que tienen que desplegar las diversas instancias administrativas. Pensaba que unida a esta tarea marcha la que los trabajadores, el sindicato y el partido tienen que ejercer puntualmente.

La construcción del socialismo y del comunismo era para Che un fenómeno de producción, organización y conciencia. No era sólo una tarea administrativo-técnico-económica, sino una tarea ideológica, técnica, política, económica.

Che opinaba, como Fidel, que hay que preocuparse por producir más con eficiencia y con óptima calidad, y que, simultáneamente, hay que producir al nuevo hombre que construye y crea la nueva sociedad socialista, que es el hombre que produce, dirige, controla y supervisa. Y que hace falta tener control y supervisión para producir con eficiencia y para que el hombre no se nos corrompa.

CAPITULO 11

La política de cuadros: la dirección política y el desarrollo del personal administrativo y técnico

¿CUAL ERA EL PANORAMA en los primeros años de la revolución en cuanto a cuadros se refiere?

Innecesario sería insistir en las características de nuestra revolución, en la forma original, con algunos rasgos de espontaneidad, con que se produjo el tránsito de una revolución nacional libertadora, a una revolución socialista y en el cúmulo de etapas vividas a toda prisa en el curso de este desarrollo, que fue dirigido por los mismos actores de la epopeya inicial del Moncada, pasando por el *Granma* y terminado en la declaración del carácter socialista de la revolución cubana. Nuevos simpatizantes, cuadros, organizaciones, se fueron sumando a la endeble estructura orgánica del movimiento inicial, hasta constituir el aluvión de pueblo que caracteriza nuestra revolución.

Cuando se hizo patente que en Cuba una nueva clase social tomaba definitivamente el mando, se vieron también las grandes limitaciones que tendría en el ejercicio del poder estatal a causa de las condiciones en que encontráramos el estado, sin cuadros para desarrollar el cúmulo enorme de tareas que debían cumplirse en el aparato estatal, en la organización política y en todo el frente económico. . . .

Pero, con el aceleramiento del proceso, ocurrido a partir de la nacionalización de las empresas norteamericanas y,

> posteriormente, de las grandes empresas cubanas, se produce una verdadera hambre de técnicos administrativos. Se siente, por otro lado, una necesidad angustiosa de técnicos en la producción, debido al éxodo de muchos de ellos, atraídos por mejores posiciones ofrecidas por las compañías imperialistas en otras partes de América o en los mismos Estados Unidos, y el aparato político debe someterse a un intenso esfuerzo, en medio de las tareas de estructuración, para dar atención ideológica a una masa que entra en contacto con la revolución, plena de ansias de aprender.[202]

En estas líneas Che pone de manifiesto la angustiosa situación entonces existente: cuadros forjados en la lucha sin los conocimientos necesarios para administrar; aceleración del enfrentamiento con los yanquis y sus secuelas; éxodo hacia los Estados Unidos o la América Latina de los cuadros intermedios que poseían la teoría y la práctica del *management*; asunción por el pueblo de responsabilidades que hasta ese instante le estuvieron vedadas. No existía una cultura de la administración al margen de los intereses imperialistas.

De este modo, la necesidad de cuadros se convirtió para la revolución en uno de sus problemas más grandes y más difíciles de resolver. Surgió la necesidad simultánea de cuatro tipos de cuadros: el cuadro político, el cuadro militar, el cuadro económico y el cuadro administrativo.

Como un subsistema del Sistema Presupuestario de Financiamiento, está el de la política de cuadros, basado en las ideas de Che sobre lo que debe ser un cuadro revolucionario. Esta es una idea fundamental por sus múltiples y raras conexiones con todo el mecanismo interno que hace posible el desarrollo y avance de la revolución.

Esbozaremos a continuación algunas de las cualidades que para Che debía tener, cultivar y desarrollar el cuadro para dirigir en la revolución cubana.

A. El valor del ejemplo

Esta cualidad es sumamente importante para Che. En la entrega de Certificados de Trabajo Comunista a los obreros destacados que cumplieron con su compromiso moral lo destacaba:

> Por eso nosotros lo defendemos con tanto ahínco, por eso nosotros tratamos de ser fieles al principio de que los dirigentes deben ser el ejemplo que ha planteado Fidel en reiteradas oportunidades.
>
> Y hemos venido a este acto también, con el compañero [Orlando] Borrego,[203] a recibir nuestros diplomas. No es un acto pueril y no es un acto de demagogia, es simplemente la demostración necesaria de que nosotros —los que hablamos constantemente de la necesidad imperiosa de crear una nueva conciencia para desarrollar el país y para que se pueda defender frente a las enormes dificultades que tiene y a los grandes peligros que lo amenazan— podamos mostrar nuestro certificado de que estamos siendo conscientes y consecuentes con lo que decimos, y que, por lo tanto, tenemos derecho a pedir algo más de nuestro pueblo.[204]

B. El dirigente debe sentir el trabajo como una necesidad natural

> El dirigente que vaya al trabajo a ver cómo puede trabajar ocho horas y si puede dentro de las ocho robarse una y estar pensando en el horario de salida, pues no es dirigente, no sirve, no tiene cualidades, no sirve para el momento ni para el futuro tampoco. En el futuro esa clase de hombres tiene que ir desapareciendo porque evidentemente en el comunismo los controles de este tipo desaparecen, tienen que desaparecer. No puede existir el control para que el hombre trabaje o no, el trabajo debe ser una necesidad natural.[205]

C. El espíritu de sacrificio

Porque eso de creer que el socialismo se va a hacer sin el sacrificio de nadie, en medio de la reacción capitalista, eso es un cuento; eso es imposible, porque alguien se tiene que sacrificar, y todo el mundo tiene que sacrificarse algo de lo que eventualmente podría tener para poder irse desarrollando. Ahora los hombres de vanguardia, en todos los momentos deben ir sacrificándose, hasta que de pronto el sacrificio se transforma en un modo de ser. Porque evidentemente le digo, ya aunque sea un poquito fatuo, poner un ejemplo personal, uno está constantemente metido en el trabajo y ha hecho del trabajo una cosa única.

Es decir, el hecho de no salir en verano a bañarse en una piscina, al cine incluso, pues realmente cuando a uno el trabajo le interesa, está metido en el trabajo, y está viendo que todo ese esquema responde a una tarea muchísimo más interesante que una distracción de un momento dado; es en verdad elegir entre dos distracciones, entre dos lugares o dos formas de interpretar la vida y realmente en un momento dado ya no cuenta, ya es simplemente un modo de ser.

Entonces, no se tiene que llegar al extremo de decir que aquí tenemos que convertirnos todos en gente que no va a ningún lado, y que se transformen en lectores de papeles y en ratones de oficina, pero sí toda esta acción de los hombres de vanguardia tiene que traducirse al principio fuerte, después tiene que traducirse en una cosa natural y se va haciendo el hábito hacia el trabajo, es decir, el momento ese que el trabajo no sea una obligación penosa sino que sea realmente un acto creativo.[206]

D. La austeridad

Claro que hay peligros presentes en las actuales circunstancias. No sólo el del dogmatismo, no sólo el de congelar las relaciones con las masas en medio de la gran tarea; también existe el peligro de las debilidades en que se puede caer. Si un hombre piensa que, para dedicar su vida entera a la revolución, no puede distraer su mente por la preocupación de que a un hijo le falte determinado producto, que los zapatos de los niños estén rotos, que su familia carezca de determinado bien necesario, bajo este razonamiento deja infiltrarse los gérmenes de la futura corrupción.

En nuestro caso, hemos mantenido que nuestros hijos deben tener y carecer de lo que tienen y de lo que carecen los hijos del hombre común; y nuestra familia debe comprenderlo y luchar por ello. La revolución se hace a través del hombre, pero el hombre tiene que forjar día a día su espíritu revolucionario.[207]

E. La sensibilidad humana

Porque yo digo una cosa, sistemáticamente yo voy a una fábrica y encuentro una cantidad grande de críticas de todo tipo, críticas que algunas de las cuales realmente indican que hay algo en todo este aparato que hay que arreglar. En una visita a una unidad de calzado en Matanzas, un obrero me dice, "mire como estoy de polvo aquí, he pedido un ciclón, alguna forma de resolver este problema o que me cambien de trabajo. Mire cómo estoy, que el asma me va a matar".

Entonces hablo con el jefe de la fábrica y le digo: "Oye, mira este pobre hombre. El asma tiene estas cosas. El asma, donde hay polvo de este tipo, un hombre no puede estar, no se puede hacer esa barbaridad".

—"Pero es que no se puede cambiar".

—"Bueno, pues hay que cambiarlo o si no conseguirle un ciclón".

—"Bueno es que en realidad el hombre no tiene asma, lo que tiene es tuberculosis".

Entonces, ¿qué es lo que pasa? Hay una falta de sensibilidad en estos aspectos.[208]

F. El estar en continuo y permanente contacto con la masa

> Pero, al mismo tiempo, estar en continuo y permanente contacto con la masa y, además de eso, compañeros, practicar también el trabajo físico que es muy bueno, y que hace estar en mayor contacto con la masa e impide esa tendencia un poco natural que hay del hombre que se sienta aquí en esta sillita y que, además, si heredó una oficina de un antiguo gran industrial tiene aire acondicionado y a lo mejor tiene un termo con café caliente y otro con agua fría, y entonces tiene cierta tendencia a dejar cerrada la puerta del despacho para que el aire caliente no lo moleste. Ese tipo de dirigente sí no sirve para nada, hay que desterrarlo.[209]

G. El capacitarse constantemente

> Ahora, eso es fundamental, elemental: capacitación a todos los niveles, tarea esencial del país. . . . Tenemos que plantearnos —claro que esto no va a ser para hoy— un analfabeto de la era de la técnica [es el] sexto grado. Ahora un administrador analfabeto de esta misma era, lo mínimo el bachillerato completo, lo mínimo.[210]
>
> Además, a todos los administradores que están escuchándome o que tengan la desgracia de leer o de enterarse mañana vamos a seguir haciéndoles estudiar de todas maneras, y van a seguir estudiando mientras sean administradores.[211]

H. La discusión colectiva y la responsabilidad de la decisión única

> Hace un tiempo se escribió un artículo sobre las tareas del Administrador Revolucionario, todos los conceptos más o menos son conocidos por ustedes y no quiero insistir sobre ellos, pero sí hay uno que es muy importante, que es el concepto de la discusión colectiva,

este en que hemos insistido y de la responsabilidad de la decisión y de la responsabilidad única, es decir, que ustedes deben acordarse siempre que son, en el momento de tomar las decisiones de acuerdo con las indicaciones y la línea general del ministerio o de la empresa a que pertenezcan, los capitanes del barco que en ese momento están conduciendo.

Sepan individualizar estas dos funciones, compañeros, sepan que se debe discutir y se debe aprender de la discusión y saber discutir inteligentemente, para encontrar todos los conceptos necesarios para tomar la decisión, pero esa decisión, va a ser responsabilidad de ustedes, de lo bueno o de lo malo que hagan, que se haga en todo el centro de trabajo, serán ustedes los responsables en definitiva, de modo que hay que aprender a trabajar colectivamente, pero con un concepto de dirección.[212]

I. El administrador, un cuadro político: necesidad permanente de superarse ideológica y políticamente

Hace bastante tiempo, una vez que tuve que hacer una rectificación pública (aunque la gente no se acuerde mucho de lo que uno dice, por cierto). En un congreso de la Central de Trabajadores de Cuba dije una cosa que hoy digo que es totalmente absurda y es que "El administrador no debe ser, no es un dirigente político como ustedes, es un dirigente administrativo".

Y esa afirmación no solamente es absurda, sino que además está contra los principios que nosotros defendemos en el Sistema Presupuestario. Nosotros tenemos que convertir al administrador en un cuadro político-administrativo de calidad de dirigente.[213]

Otra serie de cualidades que aparecen señaladas a lo largo de los discursos y escritos de Fidel, Raúl Castro, Che y demás dirigentes de la revolución son, a saber, que dirigir es conducir y educar; poseer y cultivar la modestia, la sencillez, el valor, la firmeza y la honestidad; ser disciplinado y a la vez combativo; saber tener una actitud correcta ante el señalamiento de errores.

La revolución abrió diversas escuelas de administradores para preparar cultural y técnicamente cuadros para la dirección de las empresas capitalistas nacionalizadas. Para suplir la falta de experiencia y los escasos conocimientos de los administradores, Che ordenó emitir un manual de hojas intercambiables para administradores de fábricas y talleres. Personalmente participó en su confección y siguió muy de cerca que se renovaran periódicamente las hojas obsoletas (ver el apéndice).

Como se puede apreciar, en su estructura y en su contenido, este manual, de por sí, suministraba al administrador los conocimientos necesarios para su labor. Su lectura nos da la naturaleza y profundidad del pensamiento de Che y su forma insuperable de unir la teoría a la práctica, el modo de poner la teoría en función de la práctica, y el genuino estilo leninista y fidelista como forma de enriquecer la teoría y desarrollarla.

CAPITULO 12

Conclusiones

A RIESGO DE SER REPETITIVO, he querido recoger a manera de conclusiones las ideas desarrolladas hasta aquí.

1. A lo largo del estudio del pensamiento económico de Che se puede captar en toda su dimensión la importancia de la conjugación dialéctica de tres factores: la inviolabilidad de las leyes generales que rigen la formación económico-social comunista, el aprovechamiento de las experiencias de los países socialistas hermanos, y las características concretas nacionales o de una región. No tener en cuenta el primero de estos factores es caer en brazos del idealismo y del voluntarismo. No prestar atención a los otros dos es hundirse en el desconocimiento dogmático antidialéctico.

2. El socialismo no es un sistema acabado, perfecto en el que se conocen todos los detalles y están inscritas todas las respuestas. Nuestro sistema tiene fallas, deficiencias y aspectos por desarrollar.

El pensamiento económico-político-ideológico de Che buscó soluciones dentro de los principios socialistas a los problemas concretos de la implantación del régimen socialista en Cuba y a las fallas que se presentan en nuestra sistema.

Che, siguiendo las orientaciones de Fidel, buscó "fórmulas socialistas a los problemas y no fórmulas capitalistas, porque no nos damos cuenta y empiezan a corroernos, empiezan a contaminarnos".[214]

3. Che realiza en sus trabajos sobre el periodo de transición la síntesis de dos elementos que en la obra de Marx y Engels aparecen indisolublemente ligados, como un todo único. El primero de estos elementos es la producción económica. El segundo

es la producción y reproducción del modo de actividad mediante el cual se realiza la producción económica; esto es, las relaciones sociales que los hombres establecen en el proceso de producción y fuera de éste.

La originalidad de Che en este aspecto está en el hecho de haber defendido estos y otros importantes principios del marxismo-leninismo en la teoría económica del periodo de transición al comunismo a partir de las nuevas variables presentes, derivadas del sistema socio-económico-político que le tocó vivir.

4. De la sentencia anterior se deriva que existe una vinculación dialéctica entre el modelo de dirección económica de la sociedad socialista y las formas de la conciencia social que lo acompaña. Las relaciones económicas que emergen de las estructuras del modelo de dirección económica condicionan esencialmente y deciden la configuración y posibilidades de desarrollo de la conciencia social. Por ello, la efectividad del modelo transicional *no* se puede evaluar exclusivamente por la optimización de los recursos a su alcance, ni por el monto cuantitativo de los beneficios y utilidades obtenidos por sus empresas, sino por su capacidad para armonizar los objetivos estratégicos y tácticos, sociales y económicos.

5. El Sistema Presupuestario de Financiamiento creado por Che "es parte de una concepción general del desarrollo de la construcción del socialismo y debe ser estudiado entonces en su conjunto".[215]

6. Para Che:

> El socialismo económico sin la moral comunista no me interesa. Luchamos contra la miseria, pero al mismo tiempo luchamos contra la alienación. Uno de los objetivos fundamentales del marxismo es hacer desaparecer el interés, el factor "interés individual" y provecho de las motivaciones sicológicas.
>
> Marx se preocupaba tanto de los hechos económicos como de su traducción en la mente. El llamaba eso un "hecho de conciencia". Si el comunismo descuida los hechos de conciencia puede ser un método de repartición, pero deja de ser una moral revolucionaria.[216]

7. Che pensaba que la transformación de la conciencia humana debía de empezarse en la primera fase del periodo de transición del capitalismo al comunismo. Pensaba que la creación de la nueva conciencia social requería el mismo esfuerzo que el que dedicáramos al desarrollo de la base material del socialismo. Y veía en la conciencia un elemento activo, una fuerza material, un motor de desarrollo de la base material y técnica.

Che estimaba que la sociedad socialista hay que construirla con los hombres que luchan por salir del cieno burgués, pero no sometiéndose a sus motivaciones pasadas. Hay que conjugar lo viejo y lo nuevo de forma dialéctica desde principios socialistas.

8. Como economista revolucionario, Che no perdía de vista por un instante que en el socialismo, la formación de un nuevo tipo de relación humana habría de ser objetivo central de todo esfuerzo, y que los demás factores serían positivos o negativos en la medida en que contribuyeran a acelerarlo o alejarlo. De otro modo se corría el gravísimo riesgo de que la necesidad de trascender la miseria acumulada durante siglos llevara a la vanguardia revolucionaria a situar el éxito productivo como la única meta central, y que perdiera de vista la razón de ser de la revolución. La persecución de logros puramente económicos podría llevar en tal caso a la aplicación de métodos que, aunque resultaran económicamente exitosos a corto plazo, podrían hipotecar el futuro revolucionario, por el progresivo deterioro del proceso de concientización.

En este sentido, Fidel afirmaba:

> A mi juicio, el desarrollo de la sociedad comunista es algo en que el crecimiento de las riquezas y de la base material tiene que ir aparejado con la conciencia, porque puede ocurrir, incluso, que crezcan las riquezas y bajen las conciencias . . . y tengo la convicción de que no es sólo la riqueza o el desarrollo de la base material lo que va a crear una conciencia ni mucho menos. Hay países con mucha más riqueza que nosotros, hay algunos. No quiero hacer comparaciones de ninguna clase, no es correcto. Pero hay experiencias de países

> revolucionarios donde la riqueza avanzó más que la conciencia, y después vienen, incluso, problemas de contrarrevoluciones y cosas por el estilo. Puede haber, quizás, sin mucha riqueza mucha conciencia.[217]

Con clara visión de estos problemas, Che seleccionó cuidadosamente los elementos que integrarían el sistema presupuestario de dirección de la economía, sus formas institucionales, sus mecanismos de control y motivación, etcétera. A noventa millas de las costas imperialistas el socialismo no se podía dar el lujo de "que los árboles impidan ver el bosque y errar el camino".[218]

Para Che:

> El comunismo es un fenómeno de conciencia y no solamente un fenómeno de producción; y que no se puede llegar al comunismo por la simple acumulación mecánica de cantidades de productos puestos a disposición del pueblo. Ahí se llegará a algo, naturalmente, de alguna forma especial de socialismo.
>
> Eso que está definido por Marx como comunismo y lo que se aspira en general como comunismo, a eso no se puede llegar si el hombre no es consciente. Es decir, si no tiene una conciencia nueva frente a la sociedad.[219]

Para Che, "productividad, más producción, conciencia, eso es la síntesis sobre la que se puede formar la sociedad nueva".[220]

9. Uno de los principales méritos teóricos de Che es, sin duda, su comprensión acerca de las complejas relaciones entre la base y la superestructura durante la transición socialista. La forma en que cada una de las nuevas estructuras económicas e instituciones repercute, se expresa y condiciona las motivaciones del hombre corriente, resulta un aspecto vital a ser estudiado en cualquier ensayo sobre el periodo de transición.

Esta comprensión del fenómeno base-superestructura en esa etapa le permitía a Che asumir una posición revolucionaria en relación con la economía socialista, en la que la racionalidad económica *per se* no aparecía como indicador seguro de la transformación revolucionaria.

10. Che pensaba que la perdurabilidad y el desarrollo de las

leyes y categorías económicas del capitalismo perpetúan las relaciones sociales de producción burguesa y con ellas los hábitos de pensamiento y motivaciones de la sociedad capitalista, aunque ahora el fenómeno se ha metamorfoseado bajo formas socialistas. Estas exigencias de Che no eran fruto de un extremismo dogmático, ni del temor al "contagio" capitalista. Al mismo tiempo que denunciaba con vehemencia los peligros implícitos en el intento, por parte de algunos economistas, de entender la economía socialista mediante las categorías de la economía política del capitalismo, él señalaba la posibilidad de apoderarse de las últimas adquisiciones técnico-económicas capitalistas en materia de control, organización y contabilidad de las empresas y la producción.

Sin embargo, Che no propugnaba el uso de categorías de la economía política del capitalismo, tales como mercado, interés, estímulo material directo, beneficio. El pensaba que no se puede construir el socialismo con elementos del capitalismo sin cambiarle realmente la significación. Transitar esa vía puede producir un sistema híbrido que obligue a nuevas concesiones a las palancas económicas, y por ende, a un retroceso.

En este sentido es de recalcar también la insistencia de Che en que no se empleasen términos tomados de la economía política capitalista para describir o expresar los fenómenos de la transición. El insistía en esto no sólo por la confusión que implica en el análisis sino porque el empleo de tales categorías va configurando una lógica en la que el pensamiento marxista queda desnaturalizado.

11. El Sistema Presupuestario de Financiamiento fue el modo en que se organizó la economía cubana en el sector industrial en una fase muy temprana de la revolución socialista.

12. Che, para la conformación del sistema, se basó en:

- las técnicas contables avanzadas que permitían un mayor control y una eficiente dirección centralizada en los estudios y la aplicación de los métodos de centralización y descentralización que efectuaba el monopolio;
- las técnicas de computación aplicadas a la economía y a la dirección, y los métodos matemáticos aplicados a la economía;
- las técnicas de programación y control de la producción;
- las técnicas del presupuesto como instrumento de planifi-

cación y control por medio de las finanzas;

- las técnicas de control económico por métodos administrativos;
- las experiencias de los países socialistas.

13. La planificación debe calificarse como la primera posibilidad humana de regir las fuerzas económicas. Constituye el elemento que caracteriza y define en su conjunto al periodo de transición y a la sociedad comunista.

Che pensaba que el plan no se debe reducir a una noción económica, lo cual significaría deformarlo *a priori* y limitar sus posibilidades. El plan, para Che, abarca más bien el conjunto de las relaciones *materiales* (en la acepción que del término da Marx). Por esa razón, la planificación debe contemplar y conjugar dos elementos:

- la creación de las bases para el desarrollo económico de la nueva sociedad, su regulación y control;
- la creación de un nuevo tipo de relaciones humanas, del hombre nuevo.

La eficacia del plan no la podemos enjuiciar solamente por la optimización de la gestión económica y, por ende, por los bienes económicos que posea la sociedad, ni por las ganancias obtenidas en el proceso productivo. Su eficacia estriba en su potencialidad para optimizar la gestión económica en función del objetivo que se persigue: la sociedad comunista. Vale decir, estriba en la medida en que logre que el aparato económico cree la base material de la nueva sociedad y al mismo tiempo coadyuve a la transformación de los hábitos y valores de los hombres que participan en el proceso productivo y ayude a crear e inculcar los nuevos valores comunistas.

14. Che negaba la vigencia rectora de la ley del valor en el periodo de transición al comunismo.

Es posible admitir la existencia en el periodo de transición de una serie de relaciones capitalistas que obligadamente han subsistido. Esto explica, por ejemplo, el hecho de que siga existiendo la ley del valor, por su carácter como ley económica, o sea, como expresión de ciertas tendencias. Pero la caracterización del periodo de transición al comunismo, ni aún en sus primeros momentos, tiene que venir dada por la ley del valor y demás categorías mercantiles que su uso conlleva.

Por el contrario, otros argumentaban algo muy distinto: la posibilidad de utilizar de forma consciente en la gestión económica la ley del valor y demás categorías que implica su uso. Algunos no sólo preconizaban la utilización de la ley del valor y de las relaciones monetario-mercantiles en el sector estatal en el periodo de transición, sino que además afirmaban la necesidad de desarrollar dichas relaciones capitalistas como vehículo para alcanzar la sociedad comunista.

Che rechazaba esa concepción. El libre juego de la ley del valor en el periodo de transición al comunismo implica la imposibilidad de reestructurar las relaciones sociales en su esencia. Significa perpetuar "el cordón umbilical" que une al hombre enajenado con la sociedad. Y conduce cuando más a la aparición de un sistema híbrido donde el cambio trascendental de la naturaleza social del hombre y de la sociedad no llegará a producirse.

15. Un aspecto no menos importante que los abordados hasta ahora lo constituye la relación que ha de existir entre la planificación y las categorías y mecanismos a través de los cuales la planificación ha de expresarse.

La posición de Che en este aspecto es la siguiente: el hecho de que subsista producción mercantil en el periodo de transición durante un determinado tiempo no implica que el plan deba usar mecanismos capitalistas para su funcionamiento y expresarse a través de categorías capitalistas.

> ¿Por qué *desarrollar?* Entendemos que durante cierto tiempo se mantengan las categorías del capitalismo y que este término no puede determinarse de antemano, pero las características del periodo de transición son las de una sociedad que liquida sus viejas ataduras para ingresar rápidamente a la nueva etapa.
>
> La *tendencia* debe ser, en nuestro concepto, a liquidar lo más vigorosamente posible las categorías antiguas entre las que se incluye el mercado, el dinero y, por tanto, la palanca del interés material o, por mejor decir, las condiciones que provocan la existencia de las mismas. Lo contrario haría suponer que la tarea de la construcción del socialismo en una sociedad atrasada, es

> algo así como un accidente histórico y que sus dirigentes, para subsanar el *error,* deben dedicarse a la consolidación de todas las categorías inherentes a la sociedad intermedia, quedando sólo la distribución del ingreso de acuerdo al trabajo y la tendencia a liquidar la explotación del hombre por el hombre como fundamentos de la nueva sociedad, lo que luce insuficiente por sí solo como factor del desarrollo del gigantesco cambio de conciencia necesario para poder afrontar el tránsito, cambio que deberá operarse por la acción multifacética de todas las nuevas relaciones, la educación y la moral socialista, con la concepción individualista que el estímulo material directo ejerce sobre la conciencia frenando el desarrollo del hombre como ser social.[221]

16. El dinero constituye un producto de las relaciones mercantiles y, por tanto, expresa determinadas relaciones de producción. Es, por ello, una categoría social, históricamente condicionada por dichas relaciones. No es posible destruir en un solo día las relaciones mercantiles; estas están presentes en el periodo de transición. Su presencia será más o menos larga según el ritmo de desarrollo de las nuevas relaciones de producción y según la política que se adopte hacia ellas, pero en todo caso son relaciones que deben ser combatidas. La tendencia debe ser la de que se vayan extinguiendo hasta su total desaparición.

De las cinco funciones que la forma dinero posee en toda producción mercantil, según el estudio de Marx, sólo dos de ellas deben existir en el periodo de transición. La primera es el dinero aritmético, esto es, medida de valores. La segunda es el dinero como medio de circulación y/o distribución entre el estado y los pequeños propietarios privados que aún subsistan y el pueblo como consumidor. La convicción de Che de que el dinero funcione como dinero aritmético viene avalada, entre otras cosas, por el desarrollo de las técnicas más modernas en lo que a organización, control de dirección y análisis económicos ha desarrollado el sistema imperialista.

17. El Sistema Presupuestario de Financiamiento le otorga a

las finanzas un contenido y un papel distintos. Las finanzas dejan de ser el mecanismo mediante el cual se controla, dirige, analiza y organiza la economía. La compulsión financiera se sustituye por una compulsión técnico-administrativa.

El Sistema Presupuestario de Financiamiento concibe a las empresas como partes de un todo, de una gran empresa: el estado. Ninguna empresa puede, ni necesita, tener fondos propios. Las empresas pueden tener en el banco cuentas separadas para la extracción y el depósito.

18. El sistema bancario está llamado a desaparecer a largo plazo en el periodo de transición al comunismo. Sobrevivirá durante el periodo en que perduren las relaciones mercantiles porque "la existencia del banco está condicionada a las relaciones mercantiles de producción, por elevado que sea su tipo".[222]

El que el Sistema Presupuestario de Financiamiento sea partidario de la centralización no entraña que sea el banco, precisamente, el que asuma la máxima responsabilidad de la contabilidad y el control del estado, ni que dicte la política económica de la nación.

19. Bajo el Sistema Presupuestario de Financiamiento el banco no tiene como función la concesión de créditos, menos aún la de obtener dividendos por conceptos de interés. Cuando el banco cobra determinado interés a las empresas estatales por los fondos suministrados a estas, está cobrando por el uso de un dinero que no le pertenece, función típica de la banca privada. El que lo haga de acuerdo a un plan y no surja la tasa de interés de forma espontánea, como sucede en el capitalismo, no altera en lo más mínimo nuestro razonamiento.

Los bancos socialistas efectúan una operación fetichista cuando prestan dinero a interés. Prestan el dinero de otra empresa y, en última instancia, es el trabajador el que efectivamente da crédito.

20. Partiendo de los presupuestos explicados en los acápites anteriores, Che hace su incursión en los mecanismos de formación de los precios. Le resulta de inmediato evidente que al estipular los precios, los mecanismos de control de mercado buscan la coincidencia entre la oferta y la demanda en cada unidad o mercancía, dejando incluso un margen de utili-

dad para la empresa. De hecho, el plan se doblega, en esta concepción, a la ley del valor y no a la inversa. El mercado, por lo tanto, sigue operando, con la incomodidad propia de un capitalismo concurrencial que fuera víctima de la intromisión estatal en su gestión administrativa. En un sistema centralizado se podrían plantear otras soluciones.

El Sistema Presupuestario de Financiamiento no tiene entre sus métodos el estímulo de la producción mediante el precio, lo cual haría una economía de mercado.

21. Che fue pionero en la denuncia de la injusticia que entraña el intercambio desigual. Fue el promotor de la revisión del orden económico internacional. Expuso en esta primera etapa de la revolución cubana estos aspectos del pensamiento de Fidel, que se desarrollan y maduran plenamente en la actualidad con sus planteamientos sobre la deuda externa y el nuevo orden económico internacional.

22. Che comprendía que la nueva conciencia era el resultado de un proceso progresivo de transformación de las estructuras sociales de las que inevitablemente, surge la conciencia. Reconocía que, por tanto, las posibilidades de transformar al hombre estaban dadas —más que por llamadas a la conciencia— por la transformación de las relaciones sociales de producción y la correcta selección de las palancas motivadoras de su acción. Para ello Che articuló un sistema basado, entre otros, en los pilares siguientes: el sistema salarial, los estímulos y la emulación.

23. Che pensaba que el sistema salarial debía tener por base el principio del pago con arreglo a la cantidad y calidad del trabajo. Al mismo tiempo debía también potenciar los valores comunistas que iban surgiendo en el proceso revolucionario, potenciar la utilización de los estímulos morales y que la política salarial adoptada hiciera uso de los estímulos materiales heredados del capitalismo aún vigentes, de modo tal que no produjera un desarrollo de éstos, sino su eliminación.

El sistema elaborado por Che conjuntamente con el Ministerio del Trabajo resolvía el caos salarial heredado del capitalismo y acrecentado en los primeros tres años del triunfo revolucionario. Aplicaba los principios marxista-leninistas y se desplegaba dentro de las fórmulas socialistas. El sistema salarial creado por Che sufrió una serie de modificaciones posteriores a abril de 1965 que, unidas a la no observancia de algunas de sus estipulaciones, dieron al traste con aquel.

24. El estímulo constituye un subsistema del Sistema Presupuestario de Financiamiento desarrollado por Che que se desconoce, confunde o identifica con la etapa ulterior a su partida de Cuba. Podemos sintetizar algunos de sus aspectos esenciales, del modo siguiente:

- La búsqueda de mecanismos de incentivación que difieran de los empleados por el capitalismo está dada por la comprensión de que el socialismo es no sólo un hecho económico sino también un hecho de conciencia. El interés personal debe ser reflejo del interés social. Basarse en el interés personal para movilizar la producción es retroceder ante las dificultades, darle alas a la ideología capitalista.
- La lenta y compleja transformación ideológica plantea durante un tiempo la contradicción "producción *vs.* conciencia". Es en este periodo cuando los hábitos de pensamiento inculcados por el capitalismo (ambición individual, egoísmo, etcétera) pesan negativamente en el esfuerzo productivo. El cambio de propiedad, o la supresión de la propiedad privada en los medios de producción, se produce en un instante. La adecuación mental al nuevo estado de cosas requiere de un proceso más largo.
- Sin embargo, tiene que haber una utilización inteligente y cualitativamente balanceada del estímulo material y del estímulo moral. El proceso debe tender más a la extinción del estímulo material que a su supresión. La enunciación de una política de incentivación moral no implica la negación total del estímulo material. Se trata de ir reduciendo —más a través de un intenso trabajo ideológico que de disposiciones burocráticas— el campo de acción de aquel.
- Durante determinado periodo tenemos que emplear los estímulos materiales. Se trata de buscar las variantes menos nocivas de éstos, e incluso aquellas que coadyuven a su autoanulación. Che estudió las posibles variantes y aplicó algunas de ellas. Resulta necesario durante la transición una inteligente y revolucionaria combinación de estímulos morales y materiales.

25. Che consideraba la emulación socialista como un elemento fundamental dentro de la estructura de todo el sistema. A la competencia generada por la ley del valor, Che contraponía la competencia fraternal basada en la camaradería socialista que propiciaba la emulación.

Che fue uno de los primeros promotores de la emulación socialista en nuestra patria. Encontró en la emulación el vehículo idóneo para la vinculación del sistema con las masas.

26. En el trabajo cotidiano Che no separaba el trabajo técnico de dirección económica de la labor de formación política e ideológica de las masas.

27. "Sin control no podemos construir el socialismo", dijo Che.[223] En los consejos de dirección del Ministerio de Industrias, en las empresas, en las visitas periódicas a las unidades de producción, en las reuniones con los sindicatos y los trabajadores, Che no perdía la oportunidad para insistir en la importancia de la organización, control y gestión.

28. Che fue el principal impulsor de la implantación de la planificación en Cuba. Fue el artífice de los métodos de control y supervisión, el creador de un sistema de formación de cuadros para la economía que es digno de estudio.

Che dirigió la industria y facilitó en aquella la implantación del sistema socialista de producción. Fue él quien hizo realidad que la industria cubana se organizara bajo los principios de dirección socialista, aplicándolos hasta el nivel del establecimiento o unidad de producción más insignificante.

Che enseñó a los obreros y a los cuadros de dirección el modo de gestión socialista, aplicando brillantemente las ideas que Fidel tenía al respecto.

La Habana
1969–1986

APENDICE

Manual para los administradores

Creemos importante transcribir los principales elementos del "índice general" del manual que Che ayudó a preparar para los administradores de fábricas y talleres, a fin de que el lector tenga una idea cabal del mismo.

Sección 1. Introducción

1. Indice general
2. Objetivos del manual
3. Funcionamiento del manual
4. Responsabilidad del cumplimiento de lo establecido en el manual
5. Inspección sobre la aplicación y cumplimiento del manual
6. Recopilación de sugerencias de los administradores para enriquecer el manual
7. La economía planificada
12. Extracto del reglamento orgánico de las delegaciones provinciales del Ministerio de Industrias (MININD)
14. Reglamento orgánico y organograma de la empresa
15. Reglamento orgánico y organograma de la unidad administrativa y unidad de producción

Nota: Los directores de empresa e institutos y los administradores de unidad administrativa o de producción colocarán las copias de los reglamentos de sus empresas y unidades en los espacios reservados para los asuntos 14 y 15.

16. El reglamento orgánico de la unidad administrativa o unidad de producción
17. Consejos y comisiones, funciones, caracteres y objetivos

18. El dirigente
19. El administrador

Sección 2. Conceptos fundamentales

2. Análisis de costos
3. Análisis económico
4. Asamblea de producción
9. Cuadros — formación
10. Dirección socialista — principios
11. La disciplina en el trabajo
12. Disciplina financiera
15. Emulación socialista
17. Liberalismo — peligros y daños
19. Productividad
21. Simplificación del trabajo administrativo — método de análisis y enfoque
22. El campo de la aplicación de la justicia laboral y las violaciones de la disciplina del trabajo
24. Superación del administrador en conocimientos técnicos, económicos y políticos
25. Tareas fundamentales del año

Sección 3. Los planes técnicos-económicos, operativo, perspectivo y de desarrollo técnico

1. El plan técnico-económico
2. El plan operativo
3. El plan perspectivo industrial
4. El plan de desarrollo técnico
5. Introducción al mantenimiento industrial

Sección 4. Funciones del administrador. Deberes, derechos y responsabilidades de los funcionarios y de los trabajadores

1. Funciones del administrador
2. Deberes, derechos y responsabilidades de los funcionarios de la unidad administrativa o de producción
3. Deberes, derechos y responsabilidades de los trabajadores

de la unidad administrativa o de producción
5. Asuntos que el administrador debe aprobar personalmente
6. Asuntos que el administrador debe delegar
7. Asuntos que el administrador debe supervisar personalmente
8. Interrelaciones y niveles de decisión
9. Sobre la necesidad de detectar y seleccionar futuros cuadros

Sección 5. La gestión técnico-económica del administrador

1. Control de inventarios: tarea fundamental del Ministerio de Industrias
2. Adelantos mundiales en la tecnología y en nuevos productos
3. Capacidad o potencial productivo de la unidad administrativa o de producción
7. La comisión de arbitraje
10. Gestión continua de ahorros y rebajas de los costos de producción
11. Inversiones
12. Indices fundamentales de control técnico-económico
17. Visitas a los talleres y otras unidades organizativas de la unidad administrativa o de producción
18. Cuentas bancarias
19. Inspecciones-informes

Sección 6. Características requeridas en el administrador

1. Cualidades personales que debe cultivar el administrador
2. Defectos que debe superar el administrador
3. Ejemplos administrativos que debe dar el administrador
4. Aprovechamiento del tiempo de trabajo
6. Formación del carácter

Sección 7. Organización, métodos efectivos de trabajo y técnicas administrativas

1. Dirección del trabajo
2. Organización y técnica del trabajo de los dirigentes

3. Organización de flujos de producción
4. Glosario de términos usados en organización
5. Directrices — métodos para tomar decisiones
6. Representación gráfica de informes estadísticos
7. El arte de delegar autoridad
8. Guías para delegar autoridad
9. Fórmula convencional de "1+1"
10. Principios de organización
11. Principios de dirección
12. Despachos
13. Seguimiento de asuntos pendientes de estudio, de contestación, de control o de decisión
15. Jineteo — Sustituto erróneo de una actividad organizada
17. Estadística — concepto y uso
18. Métodos de dirección en la administración

Sección 8. Capacitación

2. Adiestramiento de jefes de despacho y/o secretarios
3. Bibliografía mínima de estudio y lectura para el administrador
4. La planificación, ejecución y control de la capacitación en la unidad administrativa o de producción — la comisión de educación

Sección 9. Desarrollo técnico

2. Control de calidad
3. Invenciones e innovaciones
4. Metrología
5. Normalización técnica
6. Desarrollo de maquinarias

Sección 10. Comunicaciones

1. Comunicaciones
2. Actas de reuniones — recomendaciones generales
3. Correspondencia
5. Murales, pizarras de aviso, etc. — uso adecuado

6. El teléfono
7. Organización y normas de funcionamiento de los consejos

Sección 11. Legislación laboral y asuntos del personal

1. Objetivo de esta sección de legislación laboral y asuntos del personal
2. Relación de leyes, decretos y resoluciones laborales
4. El jefe de personal
5. La Comisión Disciplinaria Administrativa
7. Ausentismo — clasificación
8. Contratación de personal — escolaridad mínima
9. Separación de personal dirigente de las unidades administrativas o de producción y demás dependencias del ministerio en las provincias
10. Plazas vacantes — reglas sobre amortización o mantenimiento de las mismas

Sección 12. Normación del trabajo

1. Introducción a la normación del trabajo
2. Primas por sobrecumplimiento de las normas de trabajo
3. Producción defectuosa — formas de pago
4. Pagos de periodos de interrupción de la producción
5. Orientaciones sobre las normas y la escala salarial

Sección 13. Escalas salariales

1. Introducción al sistema de escalas salariales
2. Escala salarial en vigor para obreros y trabajadores administrativos
3. Pago a los aprendices y sus maestres

Sección 14. Emulación socialista

Sección 15. Trabajo voluntario

1. Comunicado conjunto de los Ministerios de Industrias,

Justicia y de la Industria Azucarera y la CTC-Revolucionaria sobre el trabajo voluntario

Sección 16. Consejo de Industrias Locales (Cilo)

1. Organización de los Cilos
2. Sanciones por ausentismo en las clases de superación administrativa de los Cilos

Sección 17. Relaciones en general

2. Relaciones con las organizaciones revolucionarias y de masa
3. Relaciones con el partido
4. Relaciones con el sindicato
5. Relaciones con las delegaciones provinciales del MININD
6. Relaciones con el Cilo
8. Relaciones con los superiores jerárquicos
9. Relaciones con los funcionarios de la empresa

Sección 18. Seguridad e higiene del trabajo

1. Introducción a la seguridad e higiene del trabajo
2. Decreto ministerial No. 21 — prestación de seguridad establecida por la Ley 1 100
3. Cromatismo industrial — aplicación
4. Inspecciones de seguridad e higiene del trabajo

Sección 19. Defensa popular y protección de la fábrica

1. Introducción a la defensa popular — su papel, organización y funcionamiento en tiempo de paz y durante la guerra
2. Prevención de incendios
3. Cómo deben distribuirse las actividades de un programa de prevención de accidentes

BIBLIOGRAFIA

Nota del autor

Para la elaboración de la presente investigación hemos consultado, leído y estudiado innumerables libros, documentos, artículos, etcétera. Sólo vamos a relacionar aquellos que tuvieron directa o indirecta incidencia en nuestra obra.

Alvarez Rom, Luis: "Sobre el método de análisis de los sistemas de {nanciamiento". En el número 35 de Cuba Socialista, julio de 1964, La Habana.

Bekarevich, Anatoli Danilovich: *El gran octubre y la revolución cubana.* La Habana: Editorial de Ciencias Sociales, 1982.

Berri, L.: *Planificación de la economía socialista.* Moscú: Editorial Progreso, 1975.

Bettelheim, Charles: *Los marcos socio–económicos y la organización de la planificación social.* La Habana: Publicaciones económicas, 1966.

——: Formas y métodos de la planificación socialista y nivel de desarrollo de las fuerzas productivas, La Habana: Publicaciones económicas, 1966.

Brus, Wlodzimierz: *El funcionamiento de la economía socialista.* Barcelona: Colección OIKOS, 1966.

Castro Ruz, Fidel: Documentos, discursos, cartas, conferencias y libros publicados sobre el periodo comprendido entre 1953 y agosto de 1985.

Castro Ruz, Raúl: Discursos publicados hasta la fecha.

Cerniansky, V.: *Economía del comercio exterior socialista.* La Habana: Editora Universitaria, 1965.

Ciolkwna, Auna y Strzoda, Joachim: *Planificación en la empresa industrial.* La Habana: Editora Universitaria, 1965.

Darushenkov, Oleg: *Cuba, el camino de la revolución.* Moscú: Editorial Progreso, 1978.

Dobb, Maurice: *El cálculo económico en una economía socialista.* Barcelona: Ediciones Ariel, 1970.

Engels, Federico: "Carlos Marx". En Carlos Marx y Federico Engels,

Obras escogidas (Moscú: Editorial Progreso, 1973–76), tomo III, págs. 80–90.
——: "Del socialismo utópico al socialismo científico". Ibid., págs. 98–141.
——: "Discurso ante la tumba de Marx". Ibid., págs. 171–73.
——: "El origen de la familia, la propiedad privada y el estado". Ibid., 203–352.
——: *Anti–Dühring*. Montevideo: Ediciones Pueblos Unidos, 1960.
Guevara, Ernesto Che:
—— *El Che en la revolución cubana* (La Habana: Editorial Ministerio del Azúcar, 1966). Esta recopilación en siete tomos es la más completa de la obra de Guevara. A continuación se enumera el contenido de los primeros seis tomos (el tomo siete, aunque estudiado, no lo mencionaremos por tratarse de su pensamiento guerrillero). Relacionaremos los materiales respetando el orden dado por el editor. Los subtítulos en cursivas corresponden a las subdivisiones en ellos incluidas.[224]

Tomo I

Cuestiones internacionales
——: "La República Arabe Unida: un ejemplo", págs. 1–6
——: "La India: país de grandes contrastes", págs. 7–12.
——: "Recupérase Japón de la tragedia atómica", págs. 13–18.
——: "Indonesia y la sólida unidad de su pueblo", págs. 19–24.
——: "Intercambio comercial y amistad con Ceilán y Pakistán", págs. 25–29.
——: "Yugoslavia, un pueblo que lucha por sus ideales", págs. 31–36.
——: "América, desde el balcón afroasiático", págs. 37–40.
——: "Cuba: excepción histórica o vanguardia en la lucha anticolonialista", págs. 41–58 .
——: "Cuba y el plan Kennedy", págs. 59–76.
——: "La Conferencia para el Comercio y Desarrollo en Ginebra", págs. 77–85.

Problemas de la construcción del socialismo en Cuba
——: "Rumbos de la industrialización" (antes inédito), págs. 87–93.
——: "Discusión colectiva; decisión y responsabilidades únicas", págs. 95–113.
——: "Tareas industriales de la revolución en los años venideros", págs. 115–36.
——: "El cuadro, columna vertebral de la revolución", págs. 137–43.
——: "Contra el burocratismo", págs. 145–53.
——: "Consideraciones sobre los costos de producción como base del

análisis económico en las empresas sujetas al sistema presupuestario", págs. 155–65.
——: "Sobre la ley del valor, contestando algunas afirmaciones sobre el tema", págs. 167–75.
——: "Sobre el Sistema Presupuestario de Fianciamiento", págs. 177–212.
——: "La banca, el crédito y el socialismo", págs. 213–34.
——: "La planificación socialista, su significado", págs. 235–48.
——: "Cuba, su economía, su comercio exterior, su significado en el mundo actual", págs. 249–65.
——: "El socialismo y el hombre en Cuba", págs. 267–86.

Crítica periodística
——: "El francotirador", pág. 287.
——: "El payaso macabro y otras alevosías", págs. 289–91.
——: "El más peligroso enemigo y otras boberías", págs. 293–95.
——: "El desarme continental y otras claudicaciones", págs. 297–99.
——: "No seas bobo, compadre, y otras advertencias", págs. 301–02.
——: "La democracia representativa sudcoreana y otras mentiras", págs. 303–05.
——: "Cacareco, los votos argentinos y otros rinocerontes", págs. 307–09.
——: "Los dos grandes peligros: los aviones piratas y otras violaciones", págs. 311–13.
——: "El salto de rana, los organismos internacionales y otras genuflexiones", págs. 315–16.
——: "Moral y disciplina de los combatientes revolucionarios", págs. 317–22.

Consejos al combatiente
——: "Solidaridad en el combate", págs. 323–27.
——: "El aprovechamiento del terreno", págs. 329–38.

Historia de la revolución
——: "Camilo", págs. 339–44.
——: "Un pecado de la revolución", págs. 345–50.
——: "Notas para el estudio de la ideología de la revolución cubana", págs. 351–61.

Prólogos
——: "Al libro *Biografía del tabaco habano*", págs. 363–65.
——: "Al libro *El partido marxista–leninista*", págs. 367–78.
——: "Al libro *Guerra del pueblo, ejército del pueblo*", págs. 379–86.
——: "Cartas", págs. 387–460.

Tomo II

Discursos

——: "Discurso pronunciado en el acto en su honor, organizado por el Colegio Médico" (texto completo publicado en el periódico *Revolución*, el 16 de enero de 1959), págs. 1–4.

——: "Discurso pronunciado en el acto organizado por la Central de Trabajadores de Cuba para rendirle homenaje" (resumen publicado en el periódico *Hoy* el 20 de enero de 1959), págs. 5–7.

——: "Conferencia pronunciada en la Sociedad Nuestro Tiempo titulada 'Proyecciones sociales del Ejército Rebelde' ", el 27 de enero de 1959 (versión taquigráfica), págs. 9–21.

——: "Comparecencia en el programa de televisión 'Comentarios Económicos' " (resumen publicado en el periódico *Revolución* el 12 de febrero de 1959), págs. 23–26.

——: "Discurso pronunciado en la conferencia organizada por Unidad Femenina Revolucionaria, en la Escuela Normal" (resumen publicado en el periódico *Hoy* el 12 de abril de 1959), págs. 27–29.

——: "Breves palabras pronunciadas en el acto de clausura de la exposición de productos cubanos en la Escuela de Medicina de la Universidad de La Habana" (resumen publicado en el periódico *Hoy* el 19 de abril de 1959), págs. 31–32.

——: "Discurso pronunciado en el acto de graduación del primer grupo de soldados que terminaron su entrenamiento militar en la Escuela de Reclutas de la Fortaleza de La Cabaña" (resumen publicado en el periódico *Hoy* el 29 de abril de 1959), págs. 33–35.

——: "Comparecencia en el programa de televisión 'Telemundo Pregunta' " (resumen publicado en el periódico *Revolución* el 29 de abril de 1959), págs. 37–46.

——: "Discurso pronunciado en el acto del Primero de Mayo en Santiago de Cuba" (versión taquigráfica), págs. 47–55.

——: "Discurso pronunciado en el acto organizado por las milicias obreras y populares de Bejucal, el 3 de mayo de 1959" (resumen publicado en el periódico *Hoy* el 7 de mayo de 1959), págs. 57–58.

——: "Conferencia pronunciada en el Salón Teatro de la Universidad de La Habana, organizada por la Asociación de Alumnos de la Facultad de Arquitectura" (resumen publicado en el periódico *Revolución* el 26 de mayo de 1959), págs. 59–62.

——: "Conferencia de prensa ofrecida en la República Arabe Unida, durante la visita de la delegación cubana de buena voluntad que presidió" (resumen publicado en el periódico *Hoy* el 1 de julio de 1959), págs. 63–64.

——: "Conferencia de prensa ofrecida en Jakarta, Indonesia, durante la visita de la delegación cubana de buena voluntad que presidió" (resumen publicado en el periódico *Revolución* el 31 de julio de 1959), págs. 65–67.
——: "Conferencia de prensa ofrecida en Belgrado, Yugoslavia, durante la visita de la delegación cubana de buena voluntad que presidió" (traducción de la versión publicada en el periódico *Política* de Belgrado, el 22 de agosto de 1959), págs. 69–71.
——: "Conferencia de prensa ofrecida al regreso del viaje por los países del Pacto de Bandung, el 8 de septiembre de 1959" (versión taquigráfica), págs. 73–86.
——: "Comparecencia en el programa de televisión 'Comentarios Económicos' " (resumen publicado en el periódico *Revolución* el 15 de septiembre de 1959), págs. 87–93.
——: "Entrevista con estudiantes extranjeros que visitaron La Habana, en su residencia en Santiago de las Vegas" (resumen publicado en el periódico *Revolución* el 18 de septiembre de 1959), págs. 95–97.
——: "Palabras pronunciados en la despedida del duelo del comandante Juan Abrantes, y el teniente Jorge Villa, en la Necrópolis de Colón" (texto publicado en el periódico *Revolución* el 26 de septiembre de 1959), págs. 99–100.
——: "Conferencia pronunciada en la Academia de la Policía Nacional Revolucionaria" (resumen publicado en el periódico *Hoy* el 2 de octubre de 1959), págs. 101–03.
——: "Discurso pronunciado en el acto organizado para dar inicio a una campaña de honradez y honestidad en la Cooperativa de Omnibus Aliados" (resumen publicado en el periódico *Hoy* el 15 de octubre de 1959), págs. 105–08.
——: "Discurso pronunciado en el acto de conmemoración del 10 de octubre, en el Tercer Distrito Militar 'Leoncio Vidal', de Santa Clara" (resumen publicado en el periódico *Hoy* el 18 de octubre de 1959), págs. 109–10.
——: "Discurso pronunciado en el acto ofrecido ante el Palacio Presidencial, el 26 de octubre de 1959" (versión taquigráfica), págs. 111–14.
——: "Entrevista concedida a un periodista de *Revolución*, en su oficina del Departamento de Industrialización del Instituto Nacional de Reforma Agraria" (publicada en el periódico *Revolución* el 29 de octubre de 1959), págs. 115–17.
——: "Entrevista grabada en La Habana y transmitida por 'Radio Rivadavia' de Argentina" (resumen publicado en el periódico *Revolución* el 3 de noviembre de 1959), págs. 119–22.
——: "Entrevista con Carlos Franqui, al tomar posesión como presiden-

te del Banco Nacional de Cuba" (publicada en el periódico *Revolución* el 27 de noviembre de 1959), págs. 123–25.

——: "Discurso pronunciado en el acto conmemorativo del fusilamiento de los estudiantes de medicina, en La Punta" (resumen publicado en el periódico *Hoy* el 28 de noviembre de 1959), págs. 127–29.

——: "Entrevista concedida a un periodista del diario *Prensa Libre*, de Guatemala" (resumen publicado en el periódico *Revolución* el 1 de diciembre de 1959), págs. 131–32.

——: "Discurso pronunciado en el encuentro de la Juventud Cívica Unida, en el Caney" (resumen publicado en el periódico *Hoy* el 2 de diciembre de 1959), págs. 133–35.

——: "Discurso pronunciado en el acto organizado por la Universidad de Las Villas, donde se le entregó el título de Doctor Honoris Causa de la Facultad de Pedagogía" (texto completo, publicado en el periódico *Hoy* el 1 de enero de 1960), págs. 137–42.

——: "Discurso pronunciado en la clausura de la Semana de la Liberación en Santa Clara" (resumen publicado en el periódico *Revolución* el 5 de enero de 1960), págs. 143–45.

——: "Conferencia pronunciada en la clausura del ciclo de conferencias organizado por las organizaciones del Banco Nacional de Cuba, el 26 de enero de 1960" (versión taquigráfica), págs. 147–55.

——: "Discurso pronunciado en el acto de homenaje a José Martí, en el Hemiciclo de la Cámara, Capitolio Nacional, el 28 de enero de 1960" (versión taquigráfica), págs. 157–62.

——: "Comparecencia en el programa de televisión 'Ante la Prensa' " (resumen publicado en el periódico *Hoy* el 6 de febrero de 1960), págs. 163–75.

——: "Discurso pronunciado en el acto celebrado en la Central de Trabajadores de Cuba, organizado por la Federación Nacional de Trabajadores de la Industria Textil, el 7 de febrero de 1960" (versión taquigráfica), págs. 177–81.

——: "Discurso pronunciado en el acto de entrega de la Fortaleza Militar de Holguín al Ministerio de Educación, para una ciudad escolar, el 24 de febrero de 1960" (versión taquigráfica), págs. 183–84.

——: "Palabras pronunciadas a los delegados de la Asociación de Colonos de Cuba, que se hallaban reunidos en sesión permanente" (texto publicado en el periódico *Hoy* el 28 de febrero de 1960), págs. 185–90.

——: "Conferencia pronunciada en la Plaza Cadenas de la Universidad de La Habana, el 2 de marzo de 1960" (versión taquigráfica), págs. 191–201.

——: "Conferencia pronunciada en el programa de televisión 'Universidad Popular', titulada 'Soberanía política e independencia económica', el 20

de mayo de 1960" (versión taquigráfica), págs. 203–24.
——: "Discurso pronunciado en el acto conmemorativo del Primero de Mayo en Santiago de Cuba, 1 de mayo de 1960" (versión taquigráfica), págs. 225–31.
——: "Discurso pronunciado en el acto de inauguración de la Exposición Industrial en Ferrocarril, el 20 de mayo de 1960" (versión taquigráfica), págs. 233–37.
——: "Comparecencia en el programa de televisión 'Cuba Avanza', el 18 de junio de 1960" (versión taquigráfica), págs. 239–65.
——: "Conferencia pronunciada en la Escuela Técnica Industrial 'José B. Alemán', el 1 de julio de 1960" (versión taquigráfica), págs. 267–79.
——: "Discurso pronunciado en el acto frente al Palacio Presidencial, el 10 de julio de 1960" (versión taquigráfica), págs. 281–85.
——: "Discurso pronunciado en la sesión inaugural del Primer Congreso Latinoamericano de Juventudes, el 28 de julio de 1960" (versión taquigráfica), págs. 287–301.
——: "Discurso pronunciado en el acto de inauguración de un ciclo de charlas, organizado por el Ministerio de Salud Pública, el 19 de agosto de 1960" (versión taquigráfica), págs. 303–15.
——: "Discurso pronunciado en el acto conmemorativo del segundo aniversario de la partida de la columna 'Ciro Redondo', en el Caney de las Mercedes" (resumen publicado en el periódico *Revolución* el 28 de agosto de 1960), págs. 317–20.
——: "Discurso pronunciado en la asamblea de los trabajadores tabacaleros, en la Central de Trabajadores de Cuba, el 17 de septiembre de 1960" (versión taquigráfica), págs. 321–32.
——: "Discurso pronunciado en la Asamblea General Popular, en respaldo de la Declaración de La Habana, en Camagüey, el 18 de septiembre de 1960" (versión taquigráfica), págs. 333–48.
——: "Declaraciones formuladas con motivo de la nacionalización de tres bancos norteamericanos" (publicadas en el periódico *El Mundo* el 20 de septiembre de 1960), págs. 349–50.
——: "Discurso pronunciado en el acto de despedida a las Brigadas Internacionales de Trabajo Voluntario, el 30 de septiembre de 1960" (versión taquigráfica), págs. 351–63.
——: "Comparecencia en el programa de televisión 'Ante la Prensa', para clausurar el ciclo de charlas organizado por los empleados del Banco Nacional de Cuba, el 20 de octubre de 1960" (versión taquigráfica), págs. 365–409.
——: "Declaraciones formuladas a su llegada a Checoslovaquia" (resumen publicado en el periódico *Hoy* el 21 de octubre de 1960), págs. 411–12.

——: "Entrevista concedida a periodistas del *Sovetskaya Rossia*, en Moscú" (resumen publicado en el periódico *Revolución* el 2 de noviembre de 1960), págs. 413–15.
——: "Discurso pronunciado en el acto ofrecido en el Palacio de los Sindicatos de la URSS" (resumen publicado en el periódico *Hoy* el 11 de diciembre de 1960), págs. 417–19.

Tomo III
——: "Discurso pronunciado durante su visita a la Planta de Nicaro" (resumen publicado en el periódico *Revolución* el 1 de enero de 1961), págs. 1–2.
——: "Comparecencia ante las cámaras y micrófonos de la 'Cadena de la Libertad', el 6 de enero de 1961" (versión taquigráfica), págs. 3–56.
——: "Discurso pronunciado en el acto organizado para recibir a las milicias, a su regreso de las trincheras, en Cabañas, Pinar del Río, el 22 de enero de 1961" (versión taquigráfica), págs. 57–65.
——: "Discurso pronunciado en el acto de clausura de la Convención Nacional de los Consejos Técnicos Asesores, en el Círculo Social Obrero 'Charles Chaplin', el 11 de febrero de 1961" (versión taquigráfica), págs. 67–70.
——: "Discurso pronunciado en el acto de entrega de premios a los obreros que se han destacado en la producción, en el Salón de Actos del Ministerio de Industrias, el 22 de febrero de 1961" (versión taquigráfica), págs. 71–76.
——: "Entrevista concedida a un periodista del periódico *Revolución*, al ser designado Ministro de Industrias" (publicada en el periódico *Revolución* el 27 de febrero de 1961), págs. 77–80.
——: "Conferencia pronunciada en el Cine–Teatro MINFAR, titulada 'El papel de la ayuda exterior en el desarrollo de Cuba', el 9 de marzo de 1961" (versión taquigráfica), págs. 81–101.
——: "Discurso pronunciado en el Encuentro Nacional Azucarero, celebrado en el Stadium de Santa Clara, el 28 de marzo de 1961" (versión taquigráfica), págs. 103–14.
——: "Discurso pronunciado en la inauguración de la fábrica de lápices 'José A. Fernández', en Batabanó" (resumen publicado en el periódico *Revolución* el 1 de abril de 1961), págs. 115–16.
——: "Declaraciones formuladas en la reunión sobre el problema de las piezas de repuesto, en el Salón de Actos del Ministerio de Industrias" (resumen publicado en el periódico *Revolución* el 10 de abril de 1961), págs. 117–20.
——: "Palabras pronunciadas en el acto de entrega de los productos de la exposición china al Gobierno Revolucionario" (resumen publicado en el

periódico *Hoy* el 30 de abril de 1961), págs. 121–22.
——: "Conferencia pronunciada en el programa de televisión 'Universidad Popular' titulada 'La economía en Cuba', el 30 de abril de 1961" (versión taquigráfica), págs. 123–81.
——: "Discurso pronunciado en el acto conmemorativo del asesinato de Antonio Guiteras, en los salones de la Industria Eléctrica, el 8 de mayo de 1961" (versión taquigráfica), págs. 183–202.
——: "Entrevista con 47 extranjeros que visitaron Cuba, junto con el Comandante Raúl Castro, en Santiago de Cuba" (resumen publicado en el periódico *Revolución* el 24 de mayo de 1961), págs. 203–04.
——: "Discurso pronunciado en el acto organizado con motivo de la visita del general Enrique Líster, en el Centro Gallego, el 2 de junio de 1961" (versión taquigráfica), págs. 205–12.
——: "Palabras pronunciadas en el acto de clausura del Campo Internacional de Trabajo Voluntario, en el que participaron los delegados de la Unión Internacional de Estudiantes, el 4 de junio de 1961" (publicadas en *Obra Revolucionaria,* número 28–A, el 14 de agosto de 1961), págs. 213–18.
——: "Conferencia pronunciada en el curso de adiestramiento para funcionarios y empleados del Ministerio de Industrias y sus Empresas Consolidadas, sobre el Plan de Desarrollo de la Economía Nacional, en el Teatro de la Central de Trabajadores de Cuba, el 23 de junio de 1961" (versión taquigráfica), págs. 219–37.
——: "Entrevista con Adele Lauzon van Schendel, de *Le Magazine McLean,* de Montreal, en junio de 1961" (versión completa), págs. 239–44.
——: "Discurso pronunciado en el acto de entrega de Diplomas de Mérito a cien obreros destacados en la producción" (resumen publicado en el periódico *Revolución* el 23 de junio de 1961), págs. 245–47.
——: "Discurso pronunciado como delegado de Cuba ante el Consejo Interamericano Económico y Social (CIES), en Punta del Este, el 8 de agosto de 1961" (versión taquigráfica), págs. 249–90.
——: "Conferencia de prensa ofrecida en Punta del Este, el 9 de agosto de 1961" (texto completo publicado en el periódico *Hoy* el 11 de agosto de 1961), págs. 291–305.
——: "Palabras pronunciadas ante una de las comisiones del CIES, en Punta del Este" (resumen publicado en el periódico *Hoy* el 10 de agosto de 1961), págs. 307–09.
——: "Discurso pronunciado en la séptima sesión del CIES en Punta del Este, el 16 de agosto de 1961" (versión taquigráfica), págs. 311–22.
——: "Discurso pronunciado en la Universidad de Montevideo, el 18 de agosto de 1961" (versión taquigráfica), págs. 323–41.

——: "Entrevista concedida a un periodista del periódico *El Popular,* de Montevideo" (resumen publicado en el periódico *Hoy* el 19 de agosto de 1961), págs. 343–44.
——: "Comparecencia en un programa especial de televisión y radio sobre la reunión del CIES, en Punta del Este, el 23 de agosto de 1961" (versión taquigráfica), págs. 345–80.
——: "Discurso pronunciado en la Primera Reunión Nacional de Producción, que se celebró los días 26 y 27 de agosto de 1961 en el teatro 'Chaplin' " (versión taquigráfica), págs. 381–437.
——: "Discurso pronunciado en la clausura de la Asamblea de Producción de la Gran Habana, en el Centro Gallego, el 24 de septiembre de 1961" (versión taquigráfica), págs. 439–61.
——: "Discurso pronunciado en una reunión con funcionarios y empleados del Ministerio de Industrias, en el Salón de Actos del Ministerio de Industrias, el 6 de octubre de 1961" (versión taquigráfica), págs. 463–81.
——: "Palabras pronunciadas en la reunión celebrada para entregar las cifras de control del Plan Económico de 1962, en el Salón de Actos del Ministerio de Industrias" (resumen publicado en el periódico *Revolución* el 26 de octubre de 1961), págs. 483–84.
——: "Discurso pronunciado en el acto de inauguración de la planta de sulfometales 'Patricio Lumumba', en el poblado de Santa Lucía, Pinar del Río, el 29 de octubre de 1961" (versión taquigráfica), págs. 485–91.
——: "Palabras pronunciadas en la reunión con directores de Empresas Consolidadas y dirigentes sindicales sobre el Plan de Desarrollo de la Economía Nacional" (resumen publicado en el periódico *Revolución* el 5 de noviembre de 1961), págs. 493–95.
——: "Discurso pronunciado en el acto de despedida a los becarios que parten a estudiar en los países socialistas, en el barco *Gruzia*" (resumen publicado en el periódico *Revolución* el 7 de noviembre de 1961), págs. 497–98.
——: "Discurso pronunciado en el acto organizado en la fábrica de pinturas Klipper, al ganar la emulación de la alfabetización, el 15 de noviembre de 1961" (versión taquigráfica), págs. 499–507.
——: "Discurso pronunciado en el banquete ofrecido por el Ministerio de Industrias a los trabajadores de ese organismo que participaron como delegados en los congresos obreros, en la fábrica 'Cubana de Acero', el 25 de noviembre de 1961" (versión taquigráfica), págs. 509–14.
——: "Discurso pronunciado en el acto organizado en memoria de los estudiantes de medicina fusilados en 1871, en la escalinata de la

Universidad de La Habana, el 27 de noviembre de 1961" (versión taquigráfica), págs. 515–23.
——: "Discurso pronunciado en el XI Congreso Nacional Obrero, el 28 de noviembre de 1961" (versión taquigráfica), págs. 525–47.
——: "Discurso pronunciado en el acto de graduación de administradores del Ministerio de Industrias, el 21 de diciembre de 1961" (versión taquigráfica), págs. 549–59.

Tomo IV

——: "Discurso pronunciado en el acto de inauguración de la fábrica de galletas 'Albert Kuntz', en Guanabacoa, el 3 de enero de 1962" (versión taquigráfica), págs. 1–6.
——: "Discurso pronunciado en la asamblea general de trabajadores portuarios, sección sindical de La Habana, en el espigón número 1 'Margarito Iglesias', el 6 de enero de 1962" (versión taquigráfica), págs. 7–19.
——: "Comparecencia en un programa especial de 'Ante la Prensa', en relación con la II Zafra del Pueblo, el 27 de enero de 1962" (versión taquigráfica), págs. 21–70.
——: "Discurso pronunciado en el acto de entrega de premios a los vencedores en la emulación de círculos de estudios en el Ministerio de Industrias, el 31 de enero de 1962" (versión taquigráfica), págs. 71–82.
——: "Discurso pronunciado en el acto de inauguración de la Escuela de Capacitación Técnica para obreros, en la ciudad escolar 'Abel Santamaría', en Santa Clara, el 1 de febrero de 1962" (versión taquigráfica), págs. 83–88.
——: "Discurso pronunciado en el acto de inauguración del curso académico 1962–63 de la Universidad de Las Villas" (resumen publicado en el periódico *Hoy* el 3 de febrero de 1962), págs. 89–92.
——: "Discurso pronunciado en una reunión con los directores y jefes de capacitación de las Empresas Consolidadas y secretarios de educación y de trabajo de los 25 sindicatos nacionales de industrias, el 16 de marzo de 1962" (versión taquigráfica), págs. 93–110.
——: "Discurso pronunciado en la Plenaria Nacional Azucarera, celebrada en el teatro 'Camilo Cienfuegos' de Santa Clara, el 13 de abril de 1962" (versión taquigráfica), págs. 111–20.
——: "Discurso pronunciado en el acto de clausura del Consejo Nacional de la Central de Trabajadores de Cuba, en la Ciudad Deportiva, el 15 de abril de 1962" (versión taquigráfica), págs. 121–37.
——: "Discurso pronunciado en el acto de entrega de premios a los 45 obreros más distinguidos del Ministerio de Industrias, en el teatro

'García Lorca', el 30 de abril de 1962" (versión taquigráfica), págs. 139–58.
——: "Entrevista con los delegados obreros extranjeros asistentes al Primero de Mayo, en el salón de actos del Ministerio de Industrias, el 2 de mayo de 1962" (versión taquigráfica), págs. 159–88.
——: "Conferencia pronunciada en el Aula Magna de la Universidad de La Habana sobre 'El papel de los estudiantes de tecnología y el desarrollo industrial del país', el 11 de mayo de 1962" (versión taquigráfica), págs. 189–213.
——: "Discurso pronunciado en un acto con los compañeros argentinos, el 25 de mayo de 1962" (versión taquigráfica), págs. 215–24.
——: "Discurso pronunciado en el acto de entrega de premios a los técnicos y obreros más destacados durante los meses de marzo y abril, en el salón de actos del Ministerio de Industrias" (resumen publicado en el periódico *Revolución* el 8 de junio de 1962), págs. 225–28.
——: "Discurso pronunciado en el acto de entrega de premios a los obreros más destacados del mes de mayo, en el salón de actos del Ministerio de Industrias" (resumen publicado en el periódico *Revolución* el 29 de junio de 1962), págs. 229–31.
——: "Entrevista con Vadim Listov" (publicada en el número 27 de la revista *Tiempos Nuevos,* el 4 de julio de 1962), págs. 233–40.
——: "Discurso pronunciado en el acto de inauguración del astillero 'Chullima', en La Habana" (resumen publicado en el periódico *Revolución* el 16 de agosto de 1962), págs. 241–44.
——: "Discurso pronunciado en el acto de homenaje a los obreros, empleados y administradores de las fábricas que rompieron récords de producción; y para recibir las herramientas y equipos que donaron los trabajadores de la República Democrática Alemana, en el teatro de la Central de Trabajadores de Cuba, el 21 de agosto de 1962" (versión taquigráfica), págs. 245–58.
——: "Entrevista con el periodista Pedro Rojas, al terminar una jornada de trabajo voluntario en la textilera 'Camilo Cienfuegos' " (publicada en el periódico *Hoy* el 11 de septiembre de 1962), págs. 259–60.
——: "Discurso pronunciado en el acto de entrega de premios a los obreros más destacados del mes de julio" (resumen publicado en el periódico *Hoy* el 15 de septiembre de 1962), págs. 261–63.
——: "Discurso pronunciado en el acto conmemorativo del segundo aniversario de la integración de las organizaciones juveniles, en el teatro 'Chaplin', el 20 de octubre de 1962" (versión taquigráfica), págs. 265–81.
——: "Discurso pronunciado en el acto conmemorativo de la muerte

del General Antonio Maceo, en el Cacahual, el 7 de diciembre de 1962" (versión taquigráfica), págs. 283–89.

——: "Discurso pronunciado en el acto de graduación de alumnos en la Escuela de Superación Obrera 'Lenin' " (resumen publicado en el periódico *Revolución* el 15 de diciembre de 1962), págs. 291–93.

——: "Discurso pronunciado en la clausura de la Plenaria Nacional Azucarera, en el teatro 'Chaplin', el 19 de diciembre de 1962" (versión taquigráfica), págs. 295–314.

——: "Discurso pronunciado en el acto de graduación de 296 administradores del Ministerio de Industrias, en el Círculo Social Obrero 'Cristino Naranjo', el 21 de diciembre de 1962" (versión taquigráfica), págs. 315–28.

——: "Discurso pronunciado en el acto de clausura de la primera etapa de las Escuelas Populares, en el local del Sindicato del Comercio" (resumen publicado en el periódico *El Mundo* el 27 de enero de 1963), págs. 329–33.

——: "Discurso pronunciado en el acto de entrega de premios a los obreros más destacados durante el año 1962, en el hotel 'Habana Libre', el 27 de enero de 1963" (versión taquigráfica), págs. 335–45.

——: "Discurso pronunciado en el acto de entrega de premios a los obreros más destacados del Ministerio de Industrias en los meses de noviembre y diciembre de 1962" (resumen publicado en el periódico *Revolución* el 2 de febrero de 1963), págs. 347–52.

——: "Discurso pronunciado en la Plenaria Nacional Azucarera, celebrada en Camagüey, el 9 de febrero de 1963" (versión taquigráfica), págs. 353–74.

——: "Discurso pronunciado en el acto de inauguración de la primera etapa de la fábrica de alambre de púas en Nuevitas" (resumen publicado en el periódico *Revolución* el 11 de febrero de 1963), págs. 375–76.

——: "Entrevista filmada para la televisión canadiense, en los campos de caña del central 'Ciro Redondo', Camagüey" (publicada en el periódico *Revolución* el 12 de febrero de 1963), págs. 377–80.

——: "Discurso pronunciado en el acto de presentación de los miembros del Partido Unido de la Revolución Socialista de la 'Textilera Ariguanabo', el 25 de marzo de 1963" (versión taquigráfica), págs. 381–95.

——: "Discurso pronunciado en la inauguración de la planta procesadora de cacao en Baracoa" (resumen publicado en el periódico *Revolución* el 2 de abril de 1963), págs. 397–98.

——: "Discurso pronunciado en el tercer chequeo nacional de la III Zafra del Pueblo, en el teatro 'Camilo Cienfuegos', de Santa Clara, el 6 de abril de 1963" (versión taquigráfica), págs. 399–411.

——: "Discurso pronunciado en el acto de homenaje a trabajadores y técnicos de fábricas y empresas consolidadas más destacados durante el año 1962, el 30 de abril de 1963" (versión taquigráfica), págs. 413–35.

——: "Discurso pronunciado en el almuerzo ofrecido al personal del periódico *Hoy*, con motivo de su XXV Aniversario, el 16 de mayo de 1963" (versión taquigráfica), págs. 437–41.

——: "Entrevista con el periodista Víctor Rico Galán, de la revista mexicana *Siempre*" (publicada en el periódico *Hoy* el 19 de junio de 1963), págs. 443–48.

——: "Intervención en el Seminario sobre Planificación, en Argelia, el 16 de julio de 1963" (versión taquigráfica), págs. 449–64.

——: "Entrevista concedida a Jean Daniel, en Argelia (traducción de *L'Express*, París, el 25 de julio de 1963), págs. 465–70.

——: "Entrevista con estudiantes norteamericanos que visitaron Cuba" (publicada en el periódico *Revolución* el 2 de agosto de 1963), págs. 471–79.

——: "Entrevista con visitantes latinoamericanos que vinieron a Cuba" (publicada en el periódico *Hoy* el 21 de agosto de 1963), págs. 481–91.

——: "Breves palabras al terminar una jornada de trabajo voluntario en la fábrica 'Antonio Cornejo' de la Empresa Consolidada de la Madera" (resumen publicado en el periódico *Revolución* el 26 de agosto de 1963), págs. 493–94.

——: "Discurso pronunciado en el acto de clausura del Primer Encuentro Internacional de Profesores y Estudiantes de Arquitectura, el 29 de septiembre de 1963" (versión taquigráfica), págs. 495–506.

——: "Discurso pronunciado en el acto de entrega de premios a los obreros más destacados durante los meses de enero, febrero y marzo" (resumen publicado en el periódico *El Mundo* el 27 de octubre de 1963), págs. 507–11.

——: "Entrevista concedida al periodista de la sección 'Siquitrilla', publicada en el periódico *La Tarde* del 11 de noviembre de 1963" (texto completo), págs. 513–21.

——: "Discurso pronunciado en la clausura del seminario sobre documentación de obras para inversiones, en el Círculo Social Obrero 'Patricio Lumumba' " (resumen publicado en el periódico *Revolución* el 18 de noviembre de 1963), págs. 523–25.

——: "Discurso pronunciado en el acto de clausura del Fórum de la Energía Eléctrica, el 23 de noviembre de 1963" (versión taquigráfica), págs. 527–37.

——: "Discurso pronunciado en el acto de graduación de 400 alumnos de las escuelas populares de Estadística y de Dibujantes Mecánicos,

en el teatro de la Central de Trabajadores de Cuba, el 16 de diciembre de 1963" (versión taquigráfica), págs. 539–59.
——: "Discurso pronunciado en el acto de clausura de la Semana de Solidaridad con Vietnam del Sur, el 20 de diciembre de 1963" (versión taquigráfica), págs. 561–69.
——: "Comparecencia en un programa especial de televisión, con otros compañeros, para informar sobre la aplicación de las normas de trabajo y la escala salarial, el 26 de diciembre de 1963" (versión taquigráfica), págs. 571–602.
——: "Discurso pronunciado en el acto de inauguración de la fábrica 'Plásticos Habana'" (resumen publicado en el periódico *Revolución* el 30 de diciembre de 1963), págs. 603–05.

Tomo V

——: "Discurso pronunciado en el acto de entrega de los Certificados de Trabajo Comunista, en el teatro de la Central de Trabajadores de Cuba, el 11 de enero de 1964" (versión taquigráfica), págs. 1–14.
——: "Comparecencia en el programa de televisión 'Información Pública', pronunciando la charla titulada 'Necesidad para el desarrollo de nuevas industrias. Cómo juega esa política con el empleo pleno, automatización y mecanización', el 25 de febrero de 1964" (versión taquigráfica), págs. 15–47.
——: "Discurso pronunciado en el acto de entrega de premios a los Trabajadores Vanguardia del Ministerio de Industrias" (resumen publicado en el periódico *Revolución* el 5 de marzo de 1964), págs. 49–52.
——: "Discurso pronunciado en el acto de entrega de premios a los ganadores de la Emulación en el Ministerio de Industrias, el 14 de marzo de 1964" (versión taquigráfica), págs. 53–75.
——: "Discurso pronunciado en la Conferencia Mundial sobre Comercio y Desarrollo, en Ginebra, el 25 de marzo de 1964" (versión taquigráfica), págs. 77–103.
——: "Intervención en una de las comisiones de la Conferencia Mundial sobre Comercio y Desarrollo, en Ginebra" (resumen publicado en el periódico *Revolución* el 26 de marzo de 1964), págs. 105–06.
——: "Conferencia de prensa celebrada en el Palacio de las Naciones, en Ginebra" (versión publicada en el periódico *Revolución* el 1 de abril de 1964), págs. 107–11.
——: "Entrevista concedida a *Economía Mundial y Relaciones Internacionales*, órgano del Instituto de Economía Mundial y Relaciones Internacionales de la Academia de Ciencias de la URSS" (publicada en el número 5 de 1964), págs. 113–22.
——: "Entrevista para la televisión suiza, con motivo de la Conferencia

Mundial sobre Comercio y Desarrollo, en Ginebra, el 11 de abril de 1964" (versión de *Prensa Latina* del 12 de abril de 1964), págs. 123–25.
——: "Declaraciones formuladas en Argelia a publicaciones argelinas y a *Prensa Latina* el 15 de abril de 1964" (publicadas en el periódico *Revolución* el 16 de abril de 1964), págs. 127–30.
——: "Discurso pronunciado en la inauguración de la planta mecánica 'Fabric Aguilar Noriega', en Santa Clara" (versión taquigráfica publicada en el periódico *Hoy* el 5 de mayo de 1964), págs. 131–38.
——: "Discurso pronunciado en la clausura del Seminario 'La Juventud y la Revolución' " (versión taquigráfica publicada en el periódico *El Mundo* el 10 de mayo de 1964), págs. 139–51.
——: "Discurso pronunciado en la inauguración de la fábrica de bujías 'Neftalí Martínez', en Sagua la Grande, el 17 de mayo de 1964" (versión taquigráfica), págs. 153–60.
——: "Discurso pronunciado en el acto de apertura de la Plenaria Provincial de la Central de Trabajadores de Cuba de Camagüey, el 12 de junio de 1964" (versión publicada en el periódico *Revolución*), págs. 161–65.
——: "Discurso pronunciado en el acto de homenaje a los macheteros" (publicado en el periódico *Revolución* el 27 de junio de 1964), págs. 167–69.
——: "Discurso pronunciado en el acto de inauguración de la segunda etapa de la fábrica de alambre de púas 'Gonzalo Esteban Lugo', en Nuevitas, Camagüey, el 12 de julio de 1964" (versión taquigráfica), págs. 171–79.
——: "Discurso pronunciado en el acto de inauguración de la segunda etapa del combinado del lápiz 'Mitico Fernández', en Batabanó, el 19 de julio de 1964" (versión taquigráfica), págs. 181–87.
——: "Discurso pronunciado en el acto de inauguración de la fábrica de bicicletas, en Caibarién, el 20 de julio de 1964" (versión taquigráfica), págs. 189–94.
——: "Discurso pronunciado en el acto de inauguración de la Industria Nacional Productora de Utensilios Domésticos (INPUD), en Santa Clara, el 24 de julio de 1964" (versión taquigráfica), págs. 195–212.
——: "Discurso pronunciado en el acto de entrega de los Certificados de Trabajo Comunista, a los trabajadores del Ministerio de Industrias que trabajaron voluntariamente más de 240 horas durante el primer semestre de 1964, en el teatro de la Central de Trabajadores de Cuba, el 15 de agosto de 1964" (versión taquigráfica), págs. 213–32.
——: "Discurso pronunciado en el acto de entrega de premios a los ganadores de la Emulación Socialista en el Ministerio de Industrias, en el teatro de la Central de Trabajadores de Cuba, el 22 de octubre de

1964" (versión taquigráfica), págs. 233–54.
——: "Discurso pronunciado en el acto de presentación de los militantes del Partido Unido de la Revolución Socialista Cubana en la refinería 'Ñico López' " (resumen publicado en el periódico *Hoy* el 24 de octubre de 1964), págs. 255–56.
——: "Discurso pronunciado en el acto de homenaje a Camilo Cienfuegos, en la sala *Granma* del Ministerio de la Construcción, el 28 de octubre de 1964" (versión taquigráfica), págs. 257–63.
——: "Discurso pronunciado en el acto de inauguración de la fábrica de brocas, escareadoras y fresas 'Alfredo Gamonal', en el edificio del antiguo mercado 'La Purísima' " (resumen publicado en el periódico *Hoy* el 29 de octubre de 1964), págs. 265–66.
——: "Entrevista en Moscú con un periodista uruguayo del periódico *El Popular*" (texto completo publicado en el periódico *Hoy* el 13 de noviembre de 1964), págs. 267–72.
——: "Entrevista en Moscú con periodistas de la agencia *Nóvosti,* la revista *Tiempos Nuevos* y Radio Moscú" (resumen publicado en el periódico *Hoy* el 18 de noviembre de 1964), págs. 273–75.
——: "Discurso pronunciado en la Plenaria de Industrias celebrada en Santiago de Cuba" (resumen publicado en el periódico *Hoy* el 29 de noviembre de 1964), págs. 277–79.
——: "Discurso pronunciado en el acto de inauguración del combinado industrial de Santiago de Cuba, y de homenaje a los caídos en la jornada del 30 de noviembre, en Santiago de Cuba, el 30 de noviembre de 1964" (versión taquigráfica), págs. 281–97.
——: "Discurso pronunciado como delegado de Cuba ante la XIX Asamblea General de las Naciones Unidas, el 11 de diciembre de 1964" (versión taquigráfica), págs. 299–320.
——: "Discurso pronunciado en la XIX Asamblea General de las Naciones Unidas, usando el derecho de réplica, para responder a los pronunciamientos anticubanos de los representantes de Costa Rica, Nicaragua, Venezuela, Colombia, Panamá y Estados Unidos, el 11 de diciembre de 1964" (versión taquigráfica), págs. 321–35.
——: "Comparecencia en el programa de televisión 'Ante la Nación' de la Columbia Broadcasting System (CBS), el 14 de diciembre de 1964" (traducción de la versión taquigráfica en inglés), págs. 337–48.
——: "Entrevista concedida a periodistas del periódico *La Etancel,* de Ghana, y de *Prensa Latina*" (resumen publicado en el periódico *Revolución* el 19 de enero de 1965), págs. 349–53.
——: "Declaraciones formuladas en Dar-es-Salam, Tanzania, al completar su gira por siete países africanos" (cable de Prensa Latina publicado en el periódico *Revolución* el 19 de febrero de 1965), págs. 355–56.

——: "Declaraciones formuladas en una reunión con dirigentes sindicales de Ghana" (cable de Prensa Latina publicado en el periódico *Revolución* el 20 de enero de 1965), págs. 357–58.
——: "Discurso pronunciado en el Segundo Seminario Económico de Solidaridad Afroasiática, en Argelia, el 24 de febrero de 1965" (versión taquigráfica), págs. 359–71.
——: "Discurso pronunciado en Egipto, el 10 de marzo de 1965" (versión taquigráfica), págs. 373–76.
——: "Charla pronunciada en el salón de actos del Ministerio de Industrias, al regreso de su viaje por los países afroasiáticos, marzo de 1965" (versión taquigráfica), págs. 377–97.

Tomo VI

Observaciones hechas en visitas a centros de producción:
——: "Visita a la Empresa Consolidada del Níquel", págs. 3–4.
——: "Visita a la escuela 'Bernardo Ponce' ", pág. 5.
——: "Visita a Tejidos Planos", pág. 6.
——: "Visita a la fábrica No. 2 de la Química Liviana", pág. 7.
——: "Visita a la fábrica de productos farmacéuticos", pág. 8.
——: "Visita a la Empresa Consolidada de Servicios 'Dionisio San Román' ", pág. 9.
——: "Visita a la fábrica de pintura 'Vicente Chávez Fernández' ", pág. 10.
——: "Visita a Tabaco Torcido", pág. 11.
——: "Visita a Suministros", págs. 12–13.
——: "Visita a Fertilizantes", págs. 14–15.
——: "Visita a construcción naval 'Astillero Chullima' ", págs. 16–17.
——: "Visita a Licores y Vinos, fábrica No. 201", pág. 18.
——: "Visita a Recuperación de Materias Primas", pág. 19.
——: "Visita a la fábrica No. 601 de la Sal", pág. 20.
——: "Visita al taller 202–19 Tejidos de Punto y Confecciones", pág. 21.
——: "Visita a la fábrica No. 207 de Silicatos", pág. 22.
——: "Visita a la Empresa Consolidada Automotriz", pág. 23.

Consejos de dirección:
——: "Informe de la Empresa Consolidada de Productos Farmacéuticos, el 21 de enero de 1963", págs. 25–26.
——: "Informe de la Empresa Consolidada del Cemento, el 25 de marzo de 1963", págs. 27–29.
——: "Informe de la Empresa Consolidada del Níquel, el 8 de abril de 1963", págs. 31–33.
——: "Informe de la Delegación Provincial de Matanzas, el 15 de abril de 1963", págs. 35–37.

——: "Informe de la Empresa Consolidada de la Metalurgia no Ferrosa, el 29 de abril de 1963", págs. 39–41.
——: "Informe de la Empresa Consolidada Automotriz, el 13 de mayo de 1963", págs. 43–45.
——: "Informe de la Empresa Consolidada Convertidora de Papel y Cartón, el 27 de mayo de 1963", págs. 47–49.
——: "Informe de la Empresa Consolidada de la Electricidad, el 3 de junio de 1963", págs. 51–54.
——: "Informe de la Empresa Consolidada de Azúcar, el 5 de agosto de 1963", págs. 55–58.
——: "Informe de la Empresa Consolidada del Fósforo, el 2 de septiembre de 1963", págs. 59–60.
——: "Informe de la Delegación Provincial de Camagüey, el 16 de septiembre de 1963", págs. 61–63.
——: "Informe de la Empresa Consolidada de Aguas Minerales y Refrescos, el 23 de septiembre de 1963", págs. 65–67.
——: "Informe de la Dirección de Métodos y Sistemas, el 7 de octubre de 1963", págs. 69–70.
——: "Informe de la Empresa Consolidada del Petróleo, 21 de octubre de 1963", págs. 71–75.
——: "Informe del Instituto Cubano de Recursos Minerales, el 11 de noviembre de 1963", págs. 77–81.
——: "Informe de la Empresa Consolidada de Recuperación de Materias Primas, el 18 de noviembre de 1963", págs. 83–85.
——: "Informe de la Empresa Consolidada de la Minería, el 2 de diciembre de 1963", págs. 87–89.
——: "Informe de la Empresa Consolidada de Suministros, el 9 de diciembre de 1963", págs. 91–93.
——: "Informe del Instituto Cubano para el Desarrollo de Maquinarias, el 6 de enero de 1964", págs. 95–96.
——: "Informe del Instituto Cubano para el Desarrollo de la Industria Química, el 13 de enero de 1964", págs. 97–100.
——: "Informe del Instituto Cubano de Investigaciones de los Derivados de la Caña de Azúcar, el 24 de febrero de 1964", págs. 101–02.
——: "Sesión Ordinaria, el 20 de abril de 1964", págs. 103–4.
——: "Informe de la Empresa Consolidada de Equipos Eléctricos, el 11 de mayo de 1964", págs. 105–07.
——: "Informe de la Empresa Consolidada de Construcción Naval, el 16 de junio de 1964", págs. 109–10.
——: "Informe del Viceministerio para la Producción de la Industria Ligera, el 29 de junio de 1964", págs. 111–12.
——: "Sesión Ordinaria, el 6 de julio de 1964", págs. 113–15.

——: "Informe de la Empresa Consolidada de Productos Farmacéuticos, el 13 de julio de 1964", págs. 117–20.
——: "Informe de la Empresa Consolidada de los Silicatos, el 20 de julio de 1964", págs. 121–25.
——: "Informe del Viceministerio para la Construcción Industrial, el 3 de agosto de 1964", págs. 127–28.
——: "Informe de la Empresa Consolidada de Tenerías, el 8 de agosto de 1964", págs. 129–31.
——: "Informe de la Delegación de Matanzas, el 10 de agosto de 1964", págs. 133–36.
——: "Informe de la Empresa Consolidada de Tejidos de Punto y sus Confecciones, el 14 de septiembre de 1964", págs. 137–40.
——: "Informe del Viceministerio para el Desarrollo Técnico, el 28 de septiembre de 1964", págs. 141–44.

Reuniones bimestrales:
——: "Enero 20 de 1962", págs. 145–71.
——: "Marzo 10 de 1962", págs. 173–252.
——: "Julio 14 de 1962", págs. 253–306.
——: "Septiembre 28 de 1962", págs. 307–33.
——: "Marzo 9 de 1963", págs. 335–54.
——: "Agosto 10 de 1963", págs. 355–79.
——: "Octubre 12 de 1963", págs. 381–412.
——: "Diciembre 21 de 1963", págs. 413–31.
——: "Febrero 22 de 1964", págs. 433–68.
——: "Mayo 9 de 1964", págs. 469–85.
——: "Julio 11 de 1964", págs. 487–512.
——: "Septiembre 12 de 1964", págs. 513–44.
——: "Diciembre 5 de 1964", págs. 545–81.

Tareas anuales del ministerio:
——: "Tareas generales para 1963", págs. 583–98.
——: "Orientaciones para 1964", págs. 599–622.
——: "Tareas fundamentales para 1965", págs. 623–63.

Informe de actividades al Consejo de Ministros:

Memoria Anual 1961–62:
——: "Tareas y fines del Ministerio", págs. 665–77.
——: "Conclusiones generales", págs. 679–94.
——: "Calificación del personal dirigente del Ministerio", págs. 695–99.
——: "Problemas fundamentales del Ministerio", págs. 701–03.
——: "Autocrítica y sugerencias críticas", págs. 705–08.

——: "Sugerencias de tipo general a los organismos", págs. 709–12.

Memoria Anual 1963:
——: "Conclusiones", págs. 713–18.

Otros documentos y escritos:
——: "Editorial en la revista *Nuestra Industria Tecnológica,* no. 1, mayo de 1962", págs. 719–22.
——: "Plan especial de integración al trabajo", octubre de 1964, págs. 723–27.
——: "Opiniones del Ministerio sobre el Plan Perspectivo", 1964, págs. 729–40.
——: "Prólogo del libro *Geología de Cuba* del Instituto Cubano de Recursos Minerales", págs. 741–43.

Huberman, Leo: *Los bienes terrenales del hombre.* La Habana: Imprenta Nacional de Cuba, 1961.
Jantichy: "Análisis económico a nivel de empresa". *Nuestra Industria: Revista Económica,* La Habana, 1963.
Jessin, Nicolás: "El concepto de cálculo económico y su significación metodológica para la economía política del socialismo". *Nuestra Industria: Revista Económica,* La Habana, octubre de 1964.
Kaganov, Gdali V.: *Organización y planificación de la circulación monetaria en la URSS.* La Habana: Editorial de Ciencias Sociales, 1977.
Lange, Oscar: *Problemas de la economía política del socialismo.* La Habana: Publicaciones económicas, 1966.
Laptin, M.: *V.I. Lenin: Acerca de los estímulos materiales y morales en el trabajo.* Moscú: Editorial Progreso.
Lavretski, I.: *Ernesto Guevara.* Moscú: Editorial Progreso, 1975.
Lenin, Vladimir Ilich: "Carlos Marx". En V.I. Lenin, *Obras completas,* tomo 26, págs. 45–95. Moscú: Editorial Progreso, 1981–90. En la presente edición, las referencias a los escritos y discursos de Lenin corresponden a esta edición en 54 tomos de sus *Obras completas.* Esta es la más actualizada en español y concuerda con la quinta edición de las obras de Lenin en ruso.
——: "Tres fuentes y tres partes del marxismo", tomo 23, págs. 41–49.
——: "Marxismo y revisionismo", tomo 17, págs. 15–26.
——: "¿Qué hacer?", tomo 6, págs. 1–203.
——: "Dos tácticas de la socialdemocracia en la revolución democrática", tomo 11, págs. 1–138.
——: "Sobre la reorganización del partido", tomo 12, págs. 83–94.
——: "Las enseñanzas de la insurrección de Moscú", tomo 13, págs. 395–403.

——: "El imperialismo, fase superior del capitalismo", tomo 27, págs. 301–426.
——: "Informe sobre la revolución de 1905", tomo 30, págs. 315–34.
——: "Cartas desde lejos", tomo 31, págs. 13–62.
——: "Las tareas del proletariado en la presente revolución", tomo 31, págs. 120–25.
——: "Las tareas del proletariado en nuestra revolución", tomo 31, págs. 157–98.
——: "VII Conferencia —de abril— de toda Rusia del POSDR(b)". De ella, "Informe sobre el programa agrario", tomo 31, págs. 435–42; y "Resolución sobre el programa agrario", *Ibid.*, págs. 445–48.
——: "I Congreso de Diputados Campesinos de toda Rusia". De él, "Proyecto de resolución sobre el problema agrario", tomo 32, págs. 177–79; y "Discurso sobre el problema agrario", *Ibid.*, 180–202.
——: "El estado y la revolución", tomo 33, págs. 1–124.
——: "La catástrofe que nos amenaza y cómo combatirla", tomo 34, págs. 157–206.
——: "Un problema fundamental de la revolución", tomo 34, págs. 207–14.
——: "Los bolcheviques deben tomar el poder", tomo 34, págs. 247–49.
——: "El marxismo y la insurrección", tomo 34, págs. 250–56.
——: "La crisis ha madurado", tomo 34, págs. 281–92.
——: "¿Se sostendrán los bolcheviques en el poder?", tomo 34, págs. 297–348.
——: "Carta al CC, a los comités de Moscú y Petrogrado y a los bolcheviques miembros de los soviets de Petrogrado y Moscú", tomo 34, págs. 349–50.
——: "Consejos de un ausente", tomo 34, págs. 393–95.
——: "Carta a los camaradas bolcheviques que participan en el Congreso de los Soviets de la Región del Norte", tomo 34, págs. 396–402.
——: "Segundo Congreso de los Soviets de Diputados Obreros y Soldados de toda Rusia". De él, "Informe acerca de la tierra", tomo 35, págs. 23–28; y "Resolución sobre la formación del gobierno obrero y campesino", *Ibid.*, págs. 29–30.
——: "A la población", tomo 35, págs. 67–69.
——: "Respuesta a las preguntas de los campesinos", tomo 35, págs. 70–71.
——: "Congreso extraordinario de los Soviets de Diputados Campesinos de toda Rusia", tomo 35, págs. 95–107.
——: "La alianza de los obreros y de los campesinos trabajadores y explotados", tomo 35, págs. 108–10.
——: "Informe sobre la situación económica de los obreros de Petrogrado y las tareas de la clase obrera, pronunciado en la reunión de la

sección obrera del Soviet de Diputados Obreros y Soldados de Petrogrado", tomo 35, págs. 154–56.
——: "Tesis sobre la Asamblea Constituyente", tomo 35, págs. 171–76.
——: "Por el pan y la paz", tomo 35, págs. 179–80.
——: "Discurso sobre la nacionalización de los bancos pronunciado en la sesión del Comité Ejecutivo Central de toda Rusia", tomo 35, págs. 181–83.
——: "Proyecto de decreto sobre la puesta en práctica de la nacionalización de los bancos y las medidas indispensables derivadas de ella", tomo 35, págs. 184–87.
——: "¿Cómo debe organizarse la emulación?", tomo 35, págs. 206–16.
——: "Declaración de los derechos del pueblo trabajador y explotado", tomo 35, págs. 231–33.
——: "Acerca de la historia de la paz desdichada", tomo 35, págs. 253–62.
——: "Epílogo a las Tesis sobre la conclusión inmediata de una paz separada y anexionista", tomo 35, págs. 263–64.
——: "III Congreso de los Soviets de Diputados Obreros, Soldados y Campesinos de toda Rusia", tomo 35, págs. 269–300.
——: "Posición del CC del POSD(b) de Rusia en el problema de la paz separada y anexionista", tomo 35, págs. 404–07.
——: "Una lección dura, pero necesaria", tomo 35, págs. 408–12.
——: "Peregrino y monstruoso", tomo 35, págs. 414–22.
——: "Séptimo Congreso Extraordinario del PC(b) de Rusia", tomo 36, págs. 1–80.
——: "La tarea principal de nuestros días", tomo 36, págs. 82–87.
——: "Cuarto Congreso Extraordinario de los Soviets de toda Rusia", tomo 36, págs. 95–129.
——: "Las tareas inmediatas del poder soviético", tomo 36, págs. 169–214.
——: "Borrador del plan de trabajos científico–técnicos", tomo 36, págs. 237–38.
——: "Seis tesis acerca de las tareas inmediatas del poder soviético", tomo 36, págs. 285–88.
——: "Acerca del infantilismo 'izquierdista' y del espíritu pequeño burgués", tomo 36, págs. 291–324.
——: "Tesis sobre la situación política actual", tomo 36, págs. 332–36.
——: "El hambre", tomo 36, págs. 368–76.
——: "Discurso pronunciado en el II Congreso de Comisarios del Trabajo de toda Rusia", tomo 36, págs. 377–82.
——: "Discurso pronunciado en el I Congreso de los Consejos de Economía Nacional de toda Rusia", tomo 36, págs. 389–98.

——: "Discurso pronunciado en la reunión conjunta del Comité Ejecutivo Central de toda Rusia, del soviet de Moscú de diputados obreros, campesinos y combatientes del Ejército Rojo y de los sindicatos", tomo 36, págs. 407–35.
——: "Carta a los obreros norteamericanos", tomo 37, págs. 49–66.
——: "Resolución aprobada en la reunión conjunta del Comité Ejecutivo Central de toda Rusia, del Soviet de Moscú, de los comités fabriles y de los sindicatos", tomo 37, págs. 129–31.
——: "Las preciosas confesiones de Pitirim Sorokin", tomo 37, págs. 194–204.
——: "La revolución proletaria y el renegado Kautsky", tomo 37, págs. 243–349.
——: "Primer Congreso de la Internacional Comunista", tomo 37, págs. 505–31.
——: "VIII Congreso del PC(b) de Rusia", tomo 38, págs. 135–227.
——: "Tesis del CC del PC(b) de Rusia en relación con la situación en el Frente Oriental", tomo 38, págs. 288–91.
——: "Un saludo a los obreros húngaros", tomo 38, págs. 409–13.
——: "Una gran iniciativa", tomo 39, págs. 1–31.
——: "¡Todos a la lucha contra Denikin!" tomo 39, págs. 47–68.
——: "Acerca del estado", tomo 39, págs. 69–90.
——: "Carta a los obreros y campesinos con motivo de la victoria sobre Kolchak", tomo 39, págs. 159–68.
——: "Economía y política en la época de la dictadura del proletariado", tomo 39, págs. 281–92.
——: "Informe en el II Congreso de toda Rusia de las organizaciones comunistas de los pueblos de Oriente", tomo 39, págs. 329–42.
——: "Discurso pronunciado en el I Congreso de las comunas rurales y arteles agrícolas", tomo 39, págs. 384–94.
——: "Carta a los obreros y campesinos de Ucrania a propósito de las victorias sobre Denikin", tomo 40, págs. 40–49.
——: "IX Congreso del PC(b) de Rusia", tomo 40, págs. 245–300.
——: "De la destrucción de un régimen secular a la creación de otro nuevo", tomo 40, págs. 328–30.
——: "La enfermedad infantil del 'izquierdismo' en el comunismo", tomo 41, págs. 1–108.
——: "II Congreso de la Internacional Comunista", tomo 41, págs. 219–73.
——: "Tareas de las Uniones de Juventudes", tomo 41, págs. 304–24.
——: "Sobre la cultura proletaria", tomo 41, págs. 342–44.
——: "Discurso pronunciado en la conferencia de toda Rusia de los organismos de educación política de las secciones provinciales y distritales de instrucción pública", tomo 41, págs. 407–17.

——: "VIII Congreso de los Soviets de toda Rusia", tomo 42, págs. 93–205.
——: "Una vez más acerca de los sindicatos", tomo 42, págs. 274–317.
——: "Sobre el plan económico único", tomo 42, págs. 352–61.
——: "X Congreso del PC(b) de Rusia", tomo 43, págs. 1–128.
——: "Sobre el impuesto en especie", tomo 43, págs. 204–48.
——: "X Conferencia de toda Rusia del PC(b) de Rusia", tomo 43, págs. 301–48.
——: "III Congreso de la Internacional Comunista", tomo 44, págs. 1–60.
——: "Con motivo del cuarto aniversario de la Revolución de Octubre", tomo 44, págs. 150–59.
——: "Acerca de la significación del oro ahora y después de la victoria completa del socialismo", tomo 44, págs. 230–38.
——: "Proyecto de tesis sobre el papel y las tareas de los sindicatos en las condiciones de la Nueva Política Económica", tomo 44, págs. 352–64.
——: "El significado del materialismo militante", tomo 45, págs. 24–34.
——: "XI Congreso del PC(b) de Rusia", tomo 45, págs. 71–147.
——: "Sobre la formación de la URSS", tomo 45, págs. 225–27.
——: "IV Congreso de la Internacional Comunista", tomo 45, págs. 291–310.
——: "Discurso pronunciado en el pleno del soviet de Moscú", tomo 45, págs. 291–310.
——: "Carta al congreso", tomo 45, págs. 359–64.
——: "Páginas del diario", tomo 45, págs. 379–84.
——: "Sobre la cooperación", tomo 45, págs. 385–93.
——: "Nuestra revolución", tomo 45, págs. 394–98.
——: "Cómo tenemos que reorganizar la inspección obrera y campesina", tomo 45, págs. 399–404.
——: "Más vale poco y bueno", tomo 45, págs. 405–22.
Lowy, Michael: *El pensamiento del Che Guevara.* México: Editorial Siglo XXI, 1971.
Maidanik, Kiva: "El revolucionario", en el número 4 de la revista *América Latina.* Moscú, 1977; págs. 185–213.
Martínez Sánchez, Augusto: "La implantación del nuevo sistema salarial en las industrias de Cuba", en el número 26 de *Cuba Socialista,* La Habana, octubre de 1963.
Marx, Carlos: "Tesis sobre Feuerbach". En Marx y Engels, *Obras escogidas.* Moscú: Editorial Progreso, 1973–76, tomo I, págs. 7–10.
——: *La ideología alemana* ("Prólogo," "Capítulo I," y "Apéndices"). La Habana: Editorial Pueblo y Educación, 1982.
——: "Trabajo asalariado y capital". En *Obras escogidas,* tomo I, 145–78.
——: *El manifiesto comunista,* Nueva York: Pathfinder, 1992.
——: *Fundamentos de la crítica de la economía política (Grundrisse).* La Ha-

bana: Editorial de Ciencias Sociales, 1970.
——: *Contribución a la crítica de la economía política.* La Habana: Edición Revolucionaria, 1970.
——: "Salario, precio y ganancia". En *Obras escogidas,* tomo II, págs. 28–76.
——: *El capital,* edición en 8 tomos. México: Siglo XXI Editores, 1975–85.
——: "Crítica del Programa de Gotha". En *Obras escogidas,* tomo III, págs. 5–27.
Mora, Alberto: "Sobre algunos problemas actuales de la construcción del socialismo". *Nuestra Industria: Revista Económica,* La Habana, agosto de 1965.
Oleinik, I.: *Manual de economía política,* 3 tomos, La Habana, 1977.
Risquet, Jorge: Discursos diversos publicados en la prensa cubana.
Roca, Blas: *Los fundamentos del socialismo en Cuba.* La Habana: Ediciones Populares, 1960.
Rodríguez, Carlos Rafael: *La revolución cubana y el periodo de transición.* La Habana, 1966.
——: *Letra con filo,* 2 tomos. La Habana: Editorial de Ciencias Sociales, 1983.
——: Discursos diversos publicados en la prensa cubana.
Rumiantsev, A.: *Categorías y leyes de la economía política de la formación comunista.* Moscú: Editorial Progreso.
Stalin, José: *Sobre el materialismo dialéctico e histórico.*
——: *Observaciones sobre cuestiones de economía relacionadas con la discusión de noviembre de 1951.*
——: *Respuesta al camarada Alexander Ilich Notkin.*
——: *Sobre los fundamentos del leninismo.*
——: *Otros errores del camarada Yarostrenko.*
Valdés, Ramiro: Discursos pronunciados en los actos de recordación al Che.
Zaródov, K.: *El leninismo y la transición del capitalismo al socialismo.* Moscú: Editorial Progreso, 1973.

Documentos

Declaración de la Conferencia de los Representantes de los Partidos Comunistas y Obreros celebrada en Moscú, Editorial Progreso.
Materiales del XXV Congreso del Partido Comunista de la Unión Soviética, Moscú, 1976.
Materiales del XXVI Congreso del PCUS, Moscú, 1981.
Pleno del Comité Central del PCUS, Moscú, 1982.
Primer Congreso del Partido Comunista de Cuba: Memorias, 3 tomos. La Habana: Departamento de Orientación Revolucionaria del PCC, 1976. (Incluye la "Plataforma Programática del Partido", "Informe

Central", "Tesis y Resoluciones" y demás documentos.)
Programa del PCUS, Moscú, 1971.
Segundo Congreso del Partido Comunista de Cuba: Documentos y discursos. La Habana: Editora Política, 1981.
VI, VII, VIII y IX Plenos del Comité Central del Partido Comunista de Cuba.

Publicaciones
Revista *América Latina.*
Revista *Cuba Socialista.*
Departamento de Orientación Revolucionaria (DOR), Comité Central del Partido Comunista de Cuba: *La organización salarial en Cuba (1959–1981),* conferencia, La Habana, 1983.
Revista *Economía y Desarrollo.*
Gaceta Oficial de la República de Cuba.
Nuestra Industria: Revista Económica.

NOTAS

Notas al prefacio

1. "Discurso en el Segundo Seminario Económico de Solidaridad Afroasiática", 24 de febrero de 1965, en *Ernesto Che Guevara: Escritos y discursos* (La Habana: Editorial de Ciencias Sociales, 1985), tomo 9, págs. 341–42.

2. "Las ideas del Che son de una vigencia absoluta y total", pág. 14 de este libro.

3. Carlos Marx y Federico Engels, "Feuerbach: oposición entre las concepciones materialista e idealista" (primer capítulo de *La ideología alemana*), en *Obras escogidas* (Moscú: Editorial Progreso, 1973), tomo I, pág. 38.

4. *Juventud Rebelde*, 6 de abril de 1997.

5. Ver pág. 7 de este libro.

6. Fidel Castro, discurso pronunciado en la velada solemne en memoria del comandante Ernesto Che Guevara, 17 de octubre de 1967, en *Ernesto Che Guevara: Escritos y discursos*, tomo 1, pág. 11.

7. Castro, discurso en la conmemoración del la muerte de Niceto Pérez y del XV aniversario de la primera ley de reforma agraria, 17 de mayo de 1974, en Fidel Castro, *Discursos* (La Habana: Editorial de Ciencias Sociales, 1975), tomo 2, pág. 201.

8. Ver pág. 15 de este libro.

9. Idem, pág. 16.

10. Idem, pág. 39.

11. Idem, pág. 60.

12. Idem.

13. Castro, discurso del 17 de octubre de 1967, en *Ernesto Che Guevara: Escritos y discursos*, tomo 1, pág. 13.

14. Artículos escritos por Guevara durante este debate a principios de los años sesenta, junto con discusiones a fines de los años ochenta y principios de los noventa sobre las ideas de

Che, aparecen en el número 2 de la revista *Nueva Internacional*, titulada "Che Guevara, Cuba y el camino al socialismo".

15. Ver pág. 40 de este libro.

16. Idem, pág. 16.

17. Idem, pág. 12.

18. Idem, pág. 13.

19. El discurso fue publicado en la edición del 3 de mayo de 1996 de *Granma*.

Notas a "Las ideas del Che son de una vigencia absoluta y total"

1. El 17 de abril de 1961, unos 1 500 mercenarios invadieron Cuba en Playa Girón, sobre la costa del sur. Organizados y financiados por el gobierno norteamericano, pretendían declarar un gobierno provisional que pidiera la intervención directa de Washington. Sin embargo, los invasores fueron derrotados en 72 horas por las milicias y las Fuerzas Armadas Revolucionarias de Cuba. El día antes de la fallida invasión, en una enorme concentración convocada en honor a los cubanos que habían sido muertos o heridos por ataques aéreos organizados por Washington contra La Habana, Santiago de Cuba y San Antonio de los Baños, Fidel Castro proclamó el carácter socialista de la revolución cubana y llamó al pueblo de Cuba a que tomara las armas en su defensa.

Ante los crecientes preparativos para una nueva invasión a Cuba por parte de Washington en 1962, el gobierno cubano firmó un acuerdo de defensa mutua con la Unión Soviética. En octubre de 1962, el presidente norteamericano John Kennedy exigió el retiro de los misiles nucleares soviéticos instalados en Cuba tras la firma de este pacto. Washington ordenó un bloqueo naval contra Cuba, aceleró sus preparativos de invasión, y puso sus fuerzas armadas en estado de alerta nuclear. Millones de obreros y campesinos cubanos se movilizaron en defensa de la revolución. Tras un intercambio de comunicaciones entre Washington y Moscú, el primer ministro Nikita Jruschov, sin consultar el gobierno cubano, anunció su decisión de retirar los misiles el 28 de octubre.

En respuesta a la escalada de agresiones por parte del imperialismo norteamericano, una gran manifestación celebrada el 2 de septiembre de 1960 adoptó la Primera Declaración de La Habana, que reafirmó la trayectoria de la revolución cubana y su carácter profundamente antiimperialista.

El 31 de enero de 1962, la Organización de Estados Americanos (OEA) expulsó a Cuba de sus filas. Todos los gobiernos de América Latina excepto el mexicano rompieron relaciones diplomáticas con Cuba. Cuatro días más tarde, una concentración de un millón de cubanos proclamó la Segunda Declaración de La Habana. El manifiesto reiteró el apoyo de Cuba a las luchas revolucionarias en América y planteó el carácter socialista de la revolución que estaba al orden del día a nivel continental.

2. Camilo Cienfuegos (1932–59), expedicionario del *Granma,* fue comandante del Ejército Rebelde y jefe de la columna número 2 "Antonio Maceo". En enero de 1959, asumió el cargo de jefe del estado mayor del Ejército Rebelde. Murió el 28 de octubre de 1959 cuando el avión en que volaba se perdió en alta mar.

3. Jorge Ricardo Masetti nació en Buenos Aires, Argentina, en 1929. Fue el primer periodista latinoamericano que entrevistó a Fidel Castro en la Sierra Maestra. Fundador y primer director de la agencia de noticias Prensa Latina. Cayó en combate el 21 de abril de 1964 en las montañas de Salta en Argentina.

4. El 17 de abril de 1967, la unidad guerrillera fue dividida en dos. El grupo principal fue encabezado por Guevara y la retaguardia de 17 combatientes por Joaquín (Juan Vitalio Acuña). Aunque la separación debía durar tan sólo unos días, los dos grupos perdieron contacto permanentemente. El 31 de agosto, los que quedaban del grupo de Joaquín cayeron en una emboscada, y fueron aniquilados.

5. Del 25 al 26 de junio de 1987, los directores de empresas estatales en las provincias de La Habana y Ciudad de La Habana se reunieron para evaluar el avance concreto que las empresas habían conseguido en el año anterior mediante el proceso de rectificación. Fidel Castro fue uno de los que presidió la reunión. El Primer Congreso del Partido Comunista de Cuba, celebrado en 1975, adoptó el Sistema de Dirección y Planificación de la Economía. Este se basa en el sistema del cálculo económico, debatido por Ernesto Che Guevara en el artículo "Sobre el Sistema Presupuestario de Financiamiento", reproducido en el libro *El socialismo y el hombre en Cuba* (Nueva York: Pathfinder, 1992).

6. Este concepto consiste en formar brigadas con trabajadores de un centro de labores, que se ofrecen como voluntarios para ser relevados de sus responsabilidades normales por un periodo de tiempo determinado con el objetivo de participar en la construcción de viviendas, escuelas, guarderías infantiles y otras obras sociales. Suspendidas a mediados de la década del 70, fueron reiniciadas en 1986. Sin embargo, debido a la escasez de materiales en Cuba, a partir de 1991 sólo se continúan algunos proyectos de construcción considerados prioritarios, y éstos, con interrupciones.

7. José Martí (1853–1895), héroe nacional cubano; reconocido poeta, escritor, orador y periodista. Fundó el Partido Revolucionario Cubano en 1892 para luchar contra el dominio español y combatir los designios norteamericanos; lanzó la guerra de independencia en 1895; murió en batalla.

Notas al capítulo 1

1. Ernesto Che Guevara, "El socialismo y el hombre en Cuba", artículo principal del libro *El socialismo y el hombre en Cuba* (Nueva York: Pathfinder, 1992), pág. 57.

2. Guevara, "Carta a José Mederos", en la colección de nueve tomos, *Ernesto Che Guevara: Escritos y discursos* (La Habana: Editorial de Ciencias Sociales, 1985), tomo 9, págs. 384–85. A partir de aquí se referirá a esta colección como *Escritos y discursos.*

3. Guevara, *El socialismo y el hombre en Cuba,* pág. 63.

4. El 26 de julio de 1953, unos 160 combatientes participaron en ataques simultáneos al cuartel Moncada en Santiago de Cuba y al cuartel de la cercana ciudad de Bayamo, lanzando el inicio de la lucha revolucionaria popular contra la dictadura de Fulgencio Batista. Tras el fracaso del ataque, las fuerzas batistianas asesinaron a más de 50 de los revolucionarios capturados. Fidel Castro, principal líder del grupo y comandante del asalto al Moncada, y otros rebeldes fueron apresados, enjuiciados y condenados a la cárcel. Fueron puestos en libertad en mayo de 1955 después de una campaña pública en su defensa que obligó a Batista a declarar una amnistía.

5. Guevara, *El diario del Che en Bolivia* (La Habana: Editora Política, 1987), pág. 296. Anotación del 26 de julio de 1967.

6. Guevara, "Notas para el estudio de la ideología de la revolución cubana", en *Escritos y discursos,* tomo 4, pág. 203.

7. Carlos Marx, *El capital* (México: Siglo Veintiuno Editores, 1975–85), cuyos tres libros están contenidos en ocho tomos. Prólogo a la primera edición, libro primero, tomo 1, pág. 6.

8. Marx, *Introducción a la crítica de la economía política (Grundrisse)*

(México: Siglo Veintiuno Editores, 1980), pág. 320. El subrayado es de Marx.

9. Marx y Engels, *El manifiesto comunista* (Nueva York: Pathfinder, 1992), pág. 28.

10. Guevara, "Discurso pronunciado en el acto de entrega de Certificados de Trabajo Comunista", 11 de enero de 1964, en la edición en siete tomos *El Che en la revolución cubana* (La Habana: Ministerio del Azúcar, 1966), tomo V, págs. 9–10. Ver la bibliografía en este libro.

11. La guerra revolucionaria por la independencia de Cuba comenzó con una guerra de 10 años iniciada en 1868.

12. Guevara, "Reuniones bimestrales, 12 de octubre de 1963". En dichas reuniones participaban los directores de empresas, los delegados provinciales y los viceministros del Ministerio de Industrias, a cuyo cargo estaba Guevara. En *El Che en la revolución cubana,* tomo VI, pág. 387. El subrayado es del autor.

13. Entrevista concedida a Jean Daniel en Argelia, titulada "La profecía del Che" y recogida del texto publicado por la Editorial Escorpión en Buenos Aires, en 1964. Fue publicada por primera en la edición del 25 de julio de 1963 de *L'Express;* en *El Che en la revolución cubana,* tomo IV, págs. 469–70.

14. "Nuestra aspiración es que el partido sea de masas, pero cuando las masas hayan alcanzado el nivel de desarrollo de la vanguardia, es decir, cuando estén educadas para el comunismo". En Guevara, *El socialismo y el hombre en Cuba,* pág. 67.

15. Marx y Engels, en "Feuerbach: oposición entre las concepciones materialista e idealista" (primer capítulo de *La ideología alemana*), en *Obras escogidas* (Moscú: Editorial Progreso, 1973), tomo I, pág. 38. El subrayado es del autor.

16. En 1845 con su *Tesis sobre Feuerbach* Marx rebasaba esta noción antropológica y falsa del ser humano. En la sexta tesis afirmaba certeramente:

"Feuerbach resuelve la esencia religiosa en la esencia *humana. Pero la esencia humana no es algo abstracto* e inmanente a cada individuo. Es en su realidad *el conjunto de las relaciones sociales.* Feuerbach, quien no entra en la crítica de esta esencia real, se ve, por tanto, obligado:

"1. a prescindir del proceso histórico plasmando el sentimiento religioso de por sí y presuponiendo un individuo humano abstracto, aislado.

"2. la esencia solo puede concebirse, por tanto, de un modo 'genérico', como una generalidad interna, muda, que une de un modo *natural* a los individuos".

En Marx y Engels, *Obras escogidas*, tomo I, pág. 9; el subrayado es del autor.

17. "De todos los instrumentos de producción, la fuerza productiva más grande es la propia clase revolucionaria". Marx, *Miseria de la filosofía* (Moscú: Editorial Progreso, 1979), pág. 142.

18. Marx explicó su propio enfoque: "El modo de producción dado y las relaciones de producción correspondientes al mismo, en suma, 'la estructura económica de la sociedad es la base real sobre la que se alza una *superestructura* jurídica y política, y a la que corresponden determinadas formas sociales de conciencia', ese enfoque para el cual 'el modo de producción de la vida material condiciona en general el proceso de la vida social, política y espiritual' ". El subrayado es del autor.

19. Marx y Engels, *La ideología alemana*, en *Obras escogidas*, tomo I, pág. 39. El subrayado es de Marx y Engels.

20. Marx, "Crítica del Programa de Gotha", *Obras escogidas*, tomo III, pág. 15. El subrayado es del autor.

21. Ver el artículo de Guevara "Planificación y conciencia en la transición al socialismo: Sobre el Sistema Presupuestario de Financiamiento", en *El socialismo y el hombre en Cuba*, pág. 88.

22. Guevara, *El socialismo y el hombre en Cuba*, pág. 57.

23. Ante el IX Congreso del Partido Comunista de Rusia, en marzo de 1922, Lenin dijo: "Hemos retrocedido durante un año. Ahora debemos declarar en nombre del partido: ¡Basta! El objetivo que perseguíamos con nuestro repliegue ha sido alcanzado. Este periodo toca a su fin o ha finalizado ya. Ahora pasa a primer plano otro objetivo: el de reagrupar las fuerzas. Hemos llegado a un nuevo punto. En su conjunto hemos llevado a cabo el repliegue, a pesar de todo, con relativo orden". V.I. Lenin, "Informe político del Comité Central del PC(b) de Rusia" al XI Congreso del partido, *Obras completas*, (Moscú: Editorial Progreso, 1975–85), tomo 45, págs. 93–94.

24. Utilizaremos y entenderemos un sistema como "un conjunto de elementos, propiedades y relaciones que perteneciendo a la realidad objetiva, representa para el investigador el objeto de su estudio o análisis. Un sistema es un todo, y como tal es capaz de poseer propiedades o resultados que no es posible hallar en sus componentes vistos en forma aislada. Todo este complejo de elementos, propiedades, relaciones y resultados se produce en determinadas condiciones de espacio y tiempo". Orlando Borrego: *Acerca de los problemas del perfeccionamiento de la dirección económica en Cuba,* Tesis de Candidato a Doctor en Ciencias Económicas, Moscú, 1979.

25. Entendemos por modelo el ordenamiento del pensamiento que enseña el funcionamiento y el ulterior desarrollo del objeto de estudio, en nuestro caso, la economía del país. La modelación es el factor de enlace entre la realidad y la teoría, de donde un modelo es una representación de un sistema.

26. Guevara, "Planificación y conciencia en la transición al socialismo: Sobre el Sistema Presupuestario de Financiamiento", en *El socialismo y el hombre en Cuba,* pág. 82.

27. Guevara, "Reuniones bimestrales, 21 de diciembre de 1963", *El Che en la revolución cubana,* tomo VI, pág. 421.

Notas al capítulo 2

28. En un folleto publicado en enero de 1921, Lenin escribió: "La política es la expresión concentrada de la economía. . . . La política no puede dejar de tener supremacía sobre la economía. Pensar de otro modo significa olvidar el abecé del marxismo". Lenin, "Una vez más acerca de los sindicatos", *Obras completas,* tomo 42, pág. 289.

29. Guevara, *El socialismo y el hombre en Cuba,* pág. 57.

30. Guevara, *El socialismo y el hombre en Cuba,* pág. 68.

31. Guevara, "Discurso en la asamblea general de trabajadores de la 'Textilera Ariguanabo' ", pronunciado en el acto de presentación de los obreros de la planta electos como militantes del Partido Unido de la Revolución Socialista, 24 de marzo de 1963. Ver *Escritos y discursos,* tomo 7, pág. 47. El subrayado es del autor.

32. Guevara, "Reuniones bimestrales, 21 de diciembre de 1963", *El Che en la revolución cubana,* tomo VI, pág. 423. El subrayado es del autor.

33. Guevara, "Discurso en homenaje a obreros que superaron la producción y a trabajadores de la RDA", 21 de agosto de 1962, *Escritos y discursos,* tomo 6, pág. 229.

34. Fidel Castro, "Discurso de clausura del IV Congreso de la Unión de Jóvenes Comunistas", 4 de abril de 1982", en *Discursos en tres congresos* (La Habana: Editora Política, 1982), págs. 86–87,

98–100, 109. Publicado también en el diario *Granma* del 6 de abril de 1982.

Notas al capítulo 3

35. Los criterios expuestos por Lenin en artículos y discursos sobre la Nueva Política Económica pueden hallarse en los tomos 42–45 de sus *Obras completas* (Moscú: Editorial Progreso, 1975–85). Esta edición en 54 tomos es la más completa en español y corresponde a la quinta edición de las obras de Lenin en ruso.

36. Las tesis de Lenin a las que se refiere Che —citadas también por éste en la misma obra—, son las siguientes: "La desigualdad del desarrollo económico y político es una ley absoluta del capitalismo. De aquí se deduce que es posible que la victoria del socialismo empiece por unos cuantos países capitalistas, e incluso por un solo país capitalista. El proletariado triunfante de este país, después de expropiar a los capitalistas y de organizar la producción socialista dentro de sus fronteras, se enfrentaría con el resto del mundo, con el mundo capitalista, atrayendo a su lado a las clases oprimidas de los demás países, levantando en ellos la insurrección contra los capitalistas, empleando en caso necesario, incluso la fuerza de las armas contra las clases explotadoras y sus estados. La forma política de la sociedad en que triunfe el proletariado, derrocando a la burguesía, será la república democrática, que centralizará cada vez más las fuerzas del proletariado de dicha nación o de dichas naciones en la lucha contra los estados que aún no hayan pasado al socialismo. Es imposible suprimir las clases sin una dictadura de la clase oprimida, del proletariado. La libre unión de las naciones en el socialismo es imposible sin una lucha tenaz, más o menos prolongada, de las repúblicas socialistas contra los estados atrasados". V.I. Lenin, "La consigna de los Estados Unidos de Europa", en *Obras completas*, tomo 26, pág. 378.

37. Lenin, "Cinco años de la revolución rusa y perspectivas de la revolución mundial", *Obras completas*, tomo 45, págs. 296–99.

38. Al hablar de las hordas blancas se refiere a las fuerzas contrarrevolucionarias organizadas por los latifundistas y capitalistas en el ex imperio zarista de Rusia tras la Revolución de Octubre. Recibieron el apoyo de invasiones militares por parte de las principales potencias imperialistas. Tropas alemanas ocuparon territorios que abarcaban un tercio de la población del ex imperio zarista; los gobiernos británico y japonés ocuparon el puerto oriental de Vladivostok; y los gobiernos de Londres y Washington capturaron los puertos norteños de Murmansk y Arjangelsk, y sus alrededores.

39. Guevara, "Planificación y conciencia en la transición al socialismo: Sobre el Sistema Presupuestario de Financiamiento", en *El socialismo y el hombre en Cuba,* págs. 78–81. El subrayado es del autor.

40. Wlodzimierz Brus nació en 1921 en Pick cerca de Varsovia. Se doctoró en 1950 en la Escuela Central de Planificación y Estadística de Varsovia. Ha sido director de la cátedra de Economía Política del Instituto de Ciencias Sociales y de la Escuela Central de Planificación y, entre 1957 y 1962, vicepresidente del Consejo Económico de la Presidencia del Consejo de Ministros. Su influencia político-económica se hizo sentir en el periodo gubernamental de Gomulka. En marzo de 1968 fue expulsado del Comité Central del Partido Comunista Polaco y algunas semanas después del propio partido. También fue separado de todos sus cargos académicos por sus posiciones revisionistas.

41. Wlodzimierz Brus, *El funcionamiento de la economía socialista,* (Barcelona: Editorial OIKOS-TAU, 1969), pág. 61.

42. Las tesis de Lenin, "Las tareas del proletariado en la presente revolución", redactadas inmediatamente tras su llegada a Rusia en abril de 1917, orientaron al Partido Bolchevique para dirigir a los obreros y campesinos hacia la toma del poder. Ver *Obras completas,* tomo 31, págs. 21–25.

43. Los mencheviques comenzaron como fracción minoritaria del Partido Obrero Socialdemócrata de Rusia en su segundo congreso en 1903, en oposición a la mayoría (los bolcheviques) del partido dirigida por Lenin. Ellos se opusieron a la toma del poder por los obreros y campesinos, so pretexto ideológico de que lo único que estaba al orden del día en Rusia era una revolución burguesa. Después de 1907 se fueron desplazando más a la derecha, participaron en el gobierno provisional —un régimen procapitalista— a principios de 1917, y se opusieron a la revolución de octubre de 1917. Sujánov, al que Lenin respondía, fue miembro de los mencheviques de 1909 a 1919 y escribió *Apuntes sobre la revolución* en siete tomos.

44. Al evaluar las perspectivas de un auge revolucionario en Alemana, Marx escribió lo siguiente en una carta a Engels en

1856: "En Alemania todo dependerá de la posibilidad de respaldar la revolución proletaria con alguna segunda edición de la guerra campesina. Entonces todo saldrá a pedir de boca". Marx, carta a Engels del 16 de abril de 1856, en Marx y Engels, *Obras escogidas,* tomo I, pág. 543.

45. Lenin, "Nuestra revolución (A propósito de los apuntes de N. Sujánov)", *Obras completas,* tomo 45, págs. 396–97. El subrayado es de Lenin.

46. El IX Congreso de Soviets, celebrado en diciembre de 1921, calculó que el número de personas directamente afectadas por la hambruna fue de no menos de 22 millones.

47. Lenin, "Discurso pronunciado en el pleno del Soviet de Moscú", *Obras completas,* tomo 45, pág. 320.

48. Lenin, "Informe al X Congreso del Partido Comunista (bolchevique) Ruso sobre la sustitución del sistema de contingentación por el impuesto en especie", *Obras completas,* tomo 43, pág. 68.

49. Lenin, "Nuestra revolución. (A propósito de los apuntes de N. Sujánov)", *Obras completas,* tomo 45, pág. 396.

50. Lenin, "Discurso de clausura en la X Conferencia del PC(b)R", *Obras completas,* tomo 43, pág. 347.

51. Lenin, "Con motivo del cuarto aniversario de la Revolución de Octubre", *Obras completas,* tomo 44, pág. 158.

52. Lenin, "Informe político del Comité Central del PC(b)R" al XI Congreso del partido, *Obras completas,* tomo 45, pág. 83. El subrayado es del autor.

53. Lenin, "Informe sobre la sustitución del sistema de contingentación por el impuesto en especie" dado ante el X Congreso del PC(b)R, en *Obras completas,* tomo 43, pág. 60.

54. *Smena Vej* fue el nombre de una colección de artículos publicados en Praga en 1921, y luego de un periódico editado en París entre octubre de 1921 y marzo de 1922. Alexandr Kolchak fue un almirante zarista que después de la Revolución de Octubre estableció un gobierno antibolchevique en Siberia. Los ejércitos blancos que él dirigió en Siberia durante la guerra civil fueron derrotados por el Ejército Rojo. Kolchak fue ejecutado en febrero de 1920 por su responsabilidad en la contrarrevolución armada.

55. Lenin, "Informe político del Comité Central del PC(b)R" al XI Congreso del partido, *Obras completas,* tomo 45, pág. 100–02. El subrayado es del autor.

56. El tratado de Brest-Litovsk puso fin a la guerra alemana contra el nuevo gobierno soviético en marzo de 1918. Lenin argumentó que había que aceptar las condiciones —muy desfavorables— impuestas por los capitalistas alemanes porque la continuación de la guerra habría destrozado la alianza obrero-campesina sobre la cual se basaba el gobierno soviético y su capacidad de autodefensa.

57. Lenin, "Informe sobre la sustitución del sistema de contingentación por el impuesto en especie" dado ante el X Congreso del PC(b)R, en *Obras completas,* tomo 43, pág. 60–61. El subrayado es del autor.

58. "El papel y las tareas de los sindicatos en las condiciones de la Nueva Política Económica", resolución del Comité Central del PC(b)R, 12 de enero de 1922, cuyo proyecto de tesis fue redactado por Lenin. Ver *Obras completas,* tomo 44, págs. 352–54.

Notas al capítulo 4

59. La creación del Departamento de Industrias del Instituto Nacional de Reforma Agraria (INRA) se oficializa por la Resolución No. 94 del 21 de noviembre de 1959.

El 26 de noviembre de este mismo año, el Consejo de Ministros nombra a Che, Presidente del Banco Nacional. Esta nueva responsabilidad no le impide la atención del Departamento de Industrias y demás responsabilidades que se le van asignando.

Al crearse en 1961 un Ministerio de Industrias separado, encabezado por Che Guevara, el INRA continuó a cargo de las empresas industriales que estaban directamente vinculadas a la agricultura, por ejemplo los centrales azucareros. Entre 1962 y 1965, Carlos Rafael Rodríguez dirigió el INRA.

60. Se refiere al periodo de guerra revolucionaria contra la dictadura de Batista, cuando el Ejército Rebelde, bajo la dirección de Castro, estaba basado en la Sierra Maestra sobre la costa suroriental de Cuba.

61. La ley de reforma agraria promulgada el 17 de mayo de 1959 limitó las propiedades individuales a 30 caballerías (400 hectáreas). Al aplicarse la ley se confiscaron las grandes haciendas en Cuba, muchas de las cuales eran propiedad de compañías estadounidenses. La ley además le otorgó a los aparceros, arrendatarios y colonos el título a las tierras que trabajaban. Una segunda ley de reforma agraria, promulgada el 4 de octubre de 1963, limitó las propiedades individuales a cinco caballerías (67 hectáreas).

62. En noviembre de 1959, el gobierno revolucionario aprobó una ley que autorizó que el Ministerio del Trabajo "interviniera" las empresas, asumiendo el control de su administración sin cambiar su propietario. En muchos casos se tomó esta acción a iniciativa de los obreros para impedir la descapitalización, el sabotaje de la producción, medidas antiobreras u otros abusos patronales. Los dueños privados de la empresa intervenida guardaban el derecho de percibir ganancias. El gobierno revolucionario continuó con este procedimiento hasta fines de 1961, cuando se nacionalizaron las principales ramas industriales de la economía.

63. Guevara, "Intervención en una reunión". Discurso pronunciado en una reunión con los directores y jefes de capacitación de las empresas consolidadas y secretarios de educación y de trabajo de los veinticinco sindicatos nacionales de industrias, 16 de marzo de 1962, en *El Che en la revolución cubana,* tomo IV, págs. 105–06.

64. En *Nuestra Industria: Revista Económica,* editada por el Ministerio de Industrias, se expone, en los artículos de diversos compañeros, el funcionamiento contable-financiero del sistema.

65. Guevara, "Yugoslavia, un pueblo que lucha por sus ideales", en *El Che en la revolución cubana,* tomo I, págs. 33–35. El subrayado es del autor.

66. El Departamento de Industrias del INRA se disolvió. Las otras leyes eran la nueva ley del Banco Nacional de Cuba, en la que se centralizaba el sistema bancario, la Ley Orgánica del Ministerio de Hacienda y la Ley Orgánica de la Junta Central de Planificación.

67. "La Empresa Consolidada del Petróleo, formada a partir de la unificación de las tres refinerías imperialistas existentes (Esso, Texaco y Shell) mantuvo y, en algunos casos, perfeccionó sus sistemas de controles y es considerada modelo en este ministerio [de Industrias]. En aquellas en que no existía la tradición centralizadora ni las condiciones prácticas, éstas fueron creadas sobre la base de una experiencia nacional, como en la Empresa Consolidada de la Harina, que mereció el primer lugar entre las del viceministerio de la industria ligera", en Guevara, "Planificación y conciencia en la transición al socialismo: Sobre el Sistema Presupuestario de Financiamiento", en *El socialismo y el hombre en Cuba,* pág. 82.

68. En diciembre de 1959 Che comienza a estudiar matemáticas superiores con el doctor Salvador Vilaseca. Este le impartió clases hasta que Che partió de Cuba en 1965 para realizar misiones internacionalistas en Africa y Bolivia.

69. Guevara, "Reuniones bimestrales, 21 de diciembre de 1963", en *El Che en la revolución cubana,* tomo VI, pág. 420.

70. El 31 de diciembre de 1962, mediante la Ley 1084 se oficializó la interconexión entre las operaciones y los planes financieros de las empresas y el presupuesto nacional. Y el 23 de agosto de 1963, mediante la Ley 1122 se oficializó el Sistema Presupuestario de Financiamiento.

71. Lenin repitió este punto en varias ocasiones, por ejemplo en su discurso para conmemorar el primer aniversario de la Revolución de Octobre, cuando dijo: "Siempre nos hemos percatado de que si hemos tenido que empezar la revolución, que dimanaba de la lucha en todo el mundo, no ha sido en virtud de méritos algunos del proletariado ruso o en virtud de que él estuviera delante de otros; antes al contrario, sólo la debilidad peculiar, el atraso del capitalismo y, sobre todo, las agobiadoras circunstancias estratégicas y militares nos hicieron ocupar, por la lógica de los acontecimientos, un lugar delante de otros destacamentos, sin esperar a que éstos se acercasen, se alzasen". Lenin, "VI Congreso Extraordinario de los Soviets de Toda Rusia: Discurso sobre el aniversario de la revolución, 6 de noviembre de 1918", en Lenin, *Obras completas,* tomo 37, pág. 142.

72. Guevara, "Reuniones bimestrales, 11 de julio de 1964", en *El Che en la revolución cubana,* tomo VI, págs. 506–07.

73. Guevara, "Planificación y conciencia en la transición al socialismo: Sobre el Sistema Presupuestario de Financiamiento", en *El socialismo y el hombre en Cuba,* págs. 83–84. El subrayado es de Guevara.

74. Guevara, "Reuniones bimestrales, 21 de diciembre de 1963", en *El Che en la revolución cubana,* tomo VI, págs. 421–22.

75. Guevara, "Planificación y conciencia en la transición al socialismo: Sobre el Sistema Presupuestario de Financiamiento", en *El socialismo y el hombre en Cuba,* págs. 108–09.

76. Guevara, "Reuniones bimestrales, 11 de julio de 1964", en *El Che en la revolución cubana,* tomo VI, pág. 506.

Notas al capítulo 5

77. Guevara, "Notas para el estudio de la ideología de la revolución cubana", 8 de octubre de 1960, en *Escritos y discursos,* tomo 4, pág. 203.

78. Guevara, "Planificación y conciencia en la transición al socialismo: Sobre el Sistema Presupuestario de Financiamiento", en *El socialismo y el hombre en Cuba,* pág. 99.

79. Marx, *El capital,* ed. cit., libro primero, tomo I, pág. 93. El subrayado es de Marx.

80. Marx, *El capital,* ed. cit., libro primero, tomo I, págs. 88–89. El subrayado al final es del autor.

81. Marx, *El capital,* ed. cit., libro primero, tomo I, págs. 97–99. El subrayado es del autor.

82. Guevara, "Planificación y conciencia en la transición al socialismo: Sobre el Sistema Presupuestario de Financiamiento", en *El Socialismo y el hombre en Cuba,* pág. 98.

83. Guevara, *El socialismo y el hombre en Cuba,* pág. 57.

84. Guevara, "El socialismo y el hombre en Cuba", pág. 55.

85. Guevara, "Reuniones bimestrales, 21 de diciembre de 1963", en *El Che en la revolución cubana,* tomo VI, pág. 423. El subrayado es del autor.

86. "Que todas las anteriores revoluciones dejaban intacto el modo de actividad y sólo trataban de lograr otra distribución de ésta, una nueva distribución del trabajo entre otras personas, al paso que la revolución comunista va dirigida contra el *carácter* anterior de actividad". Del capítulo primero de *La ideología alemana* publicado en Marx y Engels, *Obras escogidas,* tomo I, pág. 38. El subrayado es de Marx y Engels.

87. El *Manual de economía política* fue publicado por el Instituto de Economía de la Academia de Ciencias de la Unión Soviética.

88. Guevara, "Planificación y conciencia en la transición al socialismo: Sobre el Sistema Presupuestario de Financiamiento", en *El socialismo y el hombre en Cuba,* págs. 95–99. El subrayado es de Che.

89. Guevara, "Consideraciones sobre los costos de producción como base del análisis económico en las empresas sujetas al sistema presupuestario", junio de 1963, en *Escritos y discursos,* tomo 7, pág. 97.

90. Se refiere al artículo de Alberto Mora, entonces ministro del comercio exterior, titulado, "En torno a la cuestión del funcionamiento de la ley del valor en la economía cubana en los actuales momentos", publicado en la revista *Comercio Exterior.* Se reprodujo en el número de octubre de 1963 de *Nuestra Industria:*

Revista Económica, publicación del Ministerio de Industrias, junto al artículo de Guevara. Este último, "Sobre la concepción del valor", aparece en el número 2 de la revista *Nueva Internacional.*

91. Guevara, "Consideraciones sobre los costos de producción", citado arriba.

92. Guevara, "Sobre la concepción del valor (Contestando algunas afirmaciones sobre el tema)", en el número 2 de *Nueva Internacional,* págs. 161–63.

93. Guevara, *El socialismo y el hombre en Cuba,* págs. 56–57.

Notas al capítulo 6

94. Ver *El capital,* en particular el libro primero, capítulo III, "El dinero, o la circulación de mercancías"; y la quinta sección del libro tercero, capítulos XXI–XXXVI, "Escisión de la ganancia en interés y ganancia empresarial". Ver además, "La banca, el crédito y el socialismo", marzo de 1964, en *Escritos y discursos,* tomo 8. En ese artículo se encuentra la caracterización que realiza Che de la banca a través de una inteligente utilización de pasajes de *El capital.*

95. Guevara, "La banca, el crédito y el socialismo", en *Escritos y discursos,* tomo 8, pág. 40.

96. Las otras tres funciones del dinero mencionadas por Marx son: atesoramiento, medio de pago y dinero mundial (divisas). Ver "El dinero, o la circulación de mercancías", en El capital, libro primero, capítulo III, págs. 158–178.

97. Guevara, "Planificación y conciencia en la transición al socialismo: Sobre el Sistema Presupuestario de Financiamiento", en *El socialismo y el hombre en Cuba,* págs. 85–86. El subrayado es de Che.

98. Marx, *El capital,* libro primero, tomo I, pág. 168. El subrayado es de Marx.

99. Guevara, "Reuniones bimestrales, 20 de enero de 1962", en *El Che en la revolución cubana,* tomo VI, pág. 151.

100. Guevara, "Reuniones bimestrales, 10 de marzo de 1962", en *El Che en la revolución cubana,* tomo VI, págs. 180–81.

101. Ver Luis Alvarez Rom, "Sobre el método de análisis de los sistemas de financiamiento", *Cuba Socialista,* no. 35, La Habana, julio de 1964, donde aborda estas cuestiones.

102. Guevara, "La banca, el crédito y el socialismo", en *Escritos y discursos,* tomo 8, pág. 40.

103. Guevara, "La banca, el crédito y el socialismo", en *Escritos y discursos,* tomo 8, pág. 42.

104. Guevara, "La banca, el crédito y el socialismo", en *Escritos y discursos,* tomo 8, pág. 57.

105. José Stalin, *Cuestiones del leninismo* (Moscú: Ediciones en Lenguas Extranjeras, 1941), pág. 416. Citado por Che.

106. Guevara, "La banca, el crédito y el socialismo", en *Escritos y discursos,* tomo 8, págs. 50–51. El subrayado es del autor.

107. Marx subrayó las palabras "jamás" y "crédit gratuit"; el resto del subrayado es de Che. Citado en su artículo "La banca, el crédito y el socialismo", en *Escritos y discursos,* tomo 8, págs. 44–46. Ver también el capítulo XXXVI, "Condiciones precapitalistas", en el libro tercero, tomo VII, de *El capital,* págs. 781–83.

108. Guevara, "La banca, el crédito y el socialismo", en *Escritos y discursos,* tomo 8, pág. 46. La cita de Marx pertenece a *El capital;* ver "Enajenación de la relación de capital bajo la forma del capital que devenga interés", capítulo XXIV del libro tercero, tomo 7, pág. 499. El subrayado es de Marx.

109. Guevara, "La banca, el crédito y el socialismo", en *Escritos y discursos,* tomo 8, pág. 47.

110. Che se refiere al artículo "Sobre el método de análisis de los sistemas de financiamiento", publicado posteriormente en el número 35 de la revista *Cuba Socialista,* La Habana, julio de 1964.

111. Guevara, "La banca, el crédito y el socialismo", en *Escritos y discursos,* tomo 8, págs. 47–48.

112. Guevara, "Planificación y conciencia en la transición al socialismo: Sobre el Sistema Presupuestario de Financiamiento", en *El socialismo y el hombre en Cuba,* pág. 85.

113. A continuación Che reproduce unos fragmentos de un trabajo de Luis Alvarez Rom: "En este sistema [presupuestario de financiamiento] el principio del rendimiento comercial dentro de la esfera estatal, es estrictamente formal y dominado por el plan, solamente a los efectos del cálculo económico, la contabilidad, el control financiero, etc.; pero nunca llegará a predominar en forma fetichista sobre el contenido social de la producción, ya que como la empresa no tiene patrimonio contrapuesto al estado, no retiene, ni acumula, por lo tanto, en fondos propios, el resultado de su producción ni la reposición de sus costos. En el sistema presupuestario, la compra-venta mercantil sólo tiene lugar allí donde el estado vende (sin comillas) a otras formas de propiedad; y en la realización de este acto de cambio mercantil de carácter esencial, la empresa traslada al presupuesto nacional, a través del cobro y depósito del precio de la mercancía vendida, la totalidad de los costos y acumulaciones internas que han tenido lugar desde el primero hasta el último acto de producción y comercialización. De esta manera, si alguno de los actos formales intermedios de 'pago y cobro', que no son más que compensaciones contables sin efecto económico, no llegaran a complementarse por falta de organización o negligencia, etcétera, el fondo de acumulación nacional no sería perjudicado si el último acto de cambio, que es el único de contenido esencialmente económico, se realiza. Este sistema debilita el concepto de patrimonio de grupos individualizados en fábricas del estado, lo cual es objetivamente beneficioso al desarrollo filosófico del marxismo-leninismo. Hace innecesario el impuesto y el préstamo con interés, ya que la empresa no retiene ni acumula en fondos propios, eliminando, desde ahora, en su fondo y en su forma, categorías que en el desarrollo del proceso comenzarán a luchar entre sí".

114. Guevara, "La banca, el crédito y el socialismo", en *Escritos y discursos,* tomo 8, págs. 53–55.

115. Guevara, "Planificación y conciencia en la transición al socialismo: Sobre el Sistema Presupuestario de Financiamiento", en *El socialismo y el hombre en Cuba,* págs. 99–100. El subrayado es de Che.

116. Guevara, "Reuniones bimestrales, 20 de enero de 1962", en *El Che en la revolución cubana,* tomo VI, pág. 151.

117. Guevara, "Consideraciones sobre los costos de producción como base para el análisis económico en las empresas sujetas al sistema presupuestario", en *Escritos y discursos,* tomo 7, págs. 97–98, 100–02. El subrayado es del autor.

118. Guevara, "Planificación y conciencia en la transición al socialismo: Sobre el Sistema Presupuestario de Financiamiento", en *El socialismo y el hombre en Cuba,* págs. 99, 100–02.

Notas al capítulo 7

119. "Discurso pronunciado en el acto de masas en Katowice, Polonia, 7 de junio de 1972", publicado en la colección de discursos de Fidel Castro, *El futuro es el internacionalismo* (La Habana: Instituto Cubano del Libro, 1972), pág. 237; y en *Resumen Semanal Granma,* 18 de junio de 1972.

120. Guevara, "Planificación y conciencia en la transición al socialismo: Sobre el Sistema Presupuestario de Financiamiento", en *El socialismo y el hombre en Cuba*, pág. 98.

121. Guevara, "Discurso en el Segundo Seminario Económico de Solidaridad Afroasiática", 24 de febrero de 1965; en *Escritos y discursos*, tomo 9, págs. 343–44. El seminario se celebró en Argel.

122. Guevara, "Discurso en el Segundo Seminario Económico de Solidaridad Afroasiática", 24 de febrero de 1965; en *Escritos y discursos*, tomo 9, págs. 342–43, 344, 347. El subrayado es del autor.

123. Guevara, "Discurso pronunciado en la Conferencia de Naciones Unidas sobre Comercio y Desarrollo", 25 de marzo de 1964, en *Escritos y discursos*, tomo 9, págs. 266–67.

124. Guevara, "Discurso en el Segundo Seminario Económico de Solidaridad Afroasiática", en *Escritos y discursos*, tomo 9, pág. 342.

125. De la conferencia de prensa ofrecida por Fidel Castro a los periodistas extranjeros durante su visita a Chile, 3 de diciembre de 1971; en *Cuba-Chile: Encuentro simbólico de dos procesos históricos* (La Habana: Ediciones Políticas, Comisión de Orientación Revolucionaria del Comité Central del Partido Comunista de Cuba, 1972), págs. 507–08.

126. Marx, traducido de *Grundrisse. Foundations of the Critique of Political Economy (Rough Draft)* [Grundrisse. Fundamentos de la crítica de la economía política (borrador)], (Londres: Penguin Books, 1973), pág. 872. El subrayado es de Marx.

127. Marx, *El capital*, libro tercero, tomo VI, pág. 304. El subrayado es del autor.

128. Guevara, "Discurso en el Segundo Seminario Económico de Solidaridad Afroasiático", 24 de febrero de 1965, en *Escritos y discursos*, tomo 9, pág. 345. El subrayado es del autor.

129. Guevara, "Discurso en el Segundo Seminario Económico de Solidaridad Afroasiática", 24 de febrero de 1965; en *Escritos y discursos*, tomo 9, págs. 344–45. El subrayado es del autor.

130. Guevara, "Discurso en el Segundo Seminario Económico de Solidaridad Afroasiática", 24 de febrero de 1965; en *Escritos y discursos*, tomo 9, págs. 345–46.

131. Ver el contenido de los cinco convenios en Fidel Castro, "Informe al pueblo cubano sobre los acuerdos suscritos con la Unión Soviética", publicado en *Granma*, La Habana, 4 de enero de 1973. Aparece también en *La revolución de octubre y la revolución cubana* (La Habana: Ediciones del Departamento de Orientación Revolucionaria del Comité Central del Partido Comunista de Cuba, 1977), págs. 227–33.

132. Castro, "Informe al pueblo cubano", *La revolución de octubre*, págs. 227–28, 231, 233.

133. *Resumen Semanal Granma*, 21 de enero de 1973.

Notas al capítulo 8

134. Guevara, "Discurso pronunciado en la clausura del seminario 'La Juventud y la Revolución' ", 9 de mayo de 1964, en *Escritos y discursos*, tomo 8, pág. 79.

135. Lenin, *Obras completas*, tomo 39, págs. 1–31.

136. Guevara, "El trabajo voluntario, escuela de conciencia comunista", discurso pronunciado en la entrega de Certificados de Trabajo Comunista, 15 de agosto de 1964, en *El socialismo y el hombre en Cuba*, pág. 124.

137. Guevara, "Discurso pronunciado en la clausura del seminario 'La Juventud y la Revolución' ", *Escritos y discursos*, tomo 8, pág. 77.

138. Guevara, "El trabajo voluntario, escuela de conciencia comunista", en *El socialismo y el hombre en Cuba*, pág. 124.

139. Guevara, "Discurso pronunciado en la entrega de premios a los ganadores de la Emulación Socialista en el Ministerio de Industrias", 22 de octubre de 1964, en *Escritos y discursos*, tomo 8, pág. 202.

140. Guevara, "Reuniones bimestrales, 11 de julio de 1964", en *El Che en la revolución cubana*, tomo VI, pág. 510.

141. Guevara, "Reuniones bimestrales", pág. 508.

142. Guevara, "El trabajo voluntario, escuela de conciencia comunista", en *El socialismo y el hombre en Cuba*, pág. 125.

143. Guevara, "Reuniones bimestrales, 5 de diciembre de 1964", en *El Che en la revolución cubana*, tomo VI, pág. 563.

Notas al capítulo 9

144. Notas de una entrevista realizada por el autor en 1979, al Dr. Orlando Borrego Díaz, viceministro primero de Che en el Ministerio de Industrias.

145. Guevara, "Discurso pronunciado en el acto de entrega de premios a los 45 obreros más destacados del Ministerio de Industrias", 30 de abril de 1962, en *Escritos y discursos*, tomo 6, págs. 157–58.

146. Guevara, "Discurso pronunciado en el acto de entrega de premios a los obreros más destacados durante 1962", 27 de enero de 1963, en *El Che en la revolución cubana*, tomo IV, pág. 341.

147. Guevara, comparecencia televisada "Acerca de la implantación de normas de trabajo y escala salarial en los sectores industriales", 26 de diciembre de 1963, en *Escritos y discursos,* tomo 7, pág. 181.

148. Acerca de la producción de plusvalía, ver Marx, *El capital,* libro primero, especialmente la "Sección segunda: la transformación de dinero en capital" y la "Sección tercera: producción del plusvalor absoluto" (México: Siglo Veintiuno Editores, 1975–85).

149. Guevara, "Discurso pronunciado en la entrega de premios a obreros más destacados del mes de julio", 15 de septiembre de 1962, en *El Che en la revolución cubana,* tomo IV, pág. 262.

150. Guevara, "Acerca de la implantación de normas de trabajo y escala salarial en los sectores industriales", en *Escritos y discursos,* tomo 7, pág. 179.

151. Guevara, "Acerca de la implantación de normas de trabajo y escala salarial en los sectores industriales", en *Escritos y discursos,* tomo 7, págs. 163–64.

152. Ver *La organización salarial en Cuba (1959–1981),* (La Habana: Departamento de Orientación Revolucionaria, Comité Central del Partido Comunista de Cuba, 1983).

153. *La organización salarial en Cuba (1959–1981).*

154. Guevara, "Acerca de la implantación de normas de trabajo y escala salarial en los sectores industriales", en *Escritos y discursos,* tomo 7, pág. 164

155. Augusto Martínez Sánchez, "La implantación del nuevo sistema salarial en las industrias de Cuba", en el número 26 de *Cuba Socialista,* octubre, 1963, pág. 10.

156. Guevara, "Acerca de la implantación de normas de trabajo y escala salarial en los sectores industriales", en *Escritos y discursos,* tomo 7, págs. 179–81.

157. Guevara, "En la clausura del Consejo Nacional de la Central de Trabajadores de Cuba", 15 de abril de 1962, en *Escritos y discursos,* tomo 6, pág. 143.

158. Augusto Martínez Sánchez, "La implantación del nuevo sistema salarial en las industrias de Cuba", en el número 26 de *Cuba Socialista,* octubre, 1963, pág. 11.

159. Martínez, "La implantación del nuevo sistema salarial en las industrias de Cuba", págs. 10–11.

160. Guevara, "Intervención en una reunión" con directores y jefes de capacitación de las empresas consolidadas y secretarios de educación y de trabajo de los 25 sindicatos nacionales de industrias, 16 de marzo de 1962, en *El Che en la revolución cubana,* tomo IV, pág. 109.

161. Guevara, "Discurso pronunciado en la graduación en la escuela de administradores 'Patricio Lumumba' ", 21 de diciembre de 1962, en *Escritos y discursos,* tomo 6, pág. 277.

162. Guevara, "Acerca de la implantación de normas de trabajo y escala salarial en los sectores industriales", en *Escritos y discursos,* tomo 7, pág. 184.

163. Guevara, "Planificación y conciencia en la transición al socialismo: Sobre el Sistema Presupuestario de Financiamiento", en *El socialismo y el hombre en Cuba,* págs. 94–95. El subrayado es de Che.

164. Las formas de pago se expusieron en detalle en el folleto *Bases para la organización de los salarios y sueldos de los trabajadores,* editado por el Ministerio del Trabajo. De este documento tomaremos lo esencial para la exposición del presente acápite.

165. Martínez, "La implantación del nuevo sistema salarial en las industrias de Cuba", pág. 9.

166. Guevara, "Acerca de la implantación de normas de trabajo y escala salarial en los sectores industriales", en *Escritos y discursos,* tomo 7, pág. 165–66.

167. Guevara, "Intervención en una reunión", 16 de marzo de 1962, en *El Che en la revolución cubana,* tomo IV, págs. 100–01.

168. "En marzo de 1968 se llevó a cabo una ofensiva revolucionaria, en virtud de la cual un gran número de pequeñas empresas pasó a manos de la nación. Tal medida no era necesariamente una cuestión de principios en la construcción del socialismo en esa etapa, sino el resultado de la situación específica de nuestro país en las condiciones de duro bloqueo económico impuesto por el imperialismo y la necesidad de utilizar de modo óptimo los recursos humanos y financieros, a lo que se sumaba la acción política negativa de una capa de capitalistas urbanos, que obstruían el proceso. Esto, desde luego, no exonera a la revolución de la responsabilidad y las consecuencias de una administración ineficiente de los recursos, que contribuyeron a agravar el problema financiero y la escasez de fuerza de trabajo. Como únicas formas de propiedad privada permanecieron las parcelas campesinas, que abarcaban un 30 por ciento de las tierras, y una parte reducida del transporte que siguió funcionando como propiedad personal de los que la explotaban directamente". Ver *Informe Central: I, II y III Congreso del Partido Comunista de Cuba* (La Habana: Editora Política, 1990), pág. 47.

169. A mediados de los años 60, la dirección cubana inició una batalla contra el burocratismo, enfocándose en las planillas infladas y las malas normas de trabajo en el aparato administrativo. Este esfuerzo se describe en una serie de editoriales en el diario *Granma* en marzo de 1967. Ver las ediciones de *Resumen Semanal Granma* del 5 y del 12 de marzo de 1967.

170. Castro, *Informe Central: I, II y III Congreso del Partido Comunista de Cuba*, págs. 104–05.

171. Castro, *Informe Central: I, II y III Congreso del Partido Comunista de Cuba*, pág. 92.

172. Guevara, "Planificación y conciencia en la transición al socialismo: Sobre el Sistema Presupuestario de Financiamiento", en *El socialismo y el hombre en Cuba*, pág. 88.

173. Guevara, "Planificación y conciencia en la transición al socialismo: Sobre el Sistema Presupuestario de Financiamiento", en *El socialismo y el hombre en Cuba*, pág. 92.

174. Guevara, "Planificación y conciencia en la transición al socialismo: Sobre el Sistema Presupuestario de Financiamiento", en *El socialismo y el hombre en Cuba*, págs. 87–88. El subrayado es de Che.

175. Guevara, "Planificación y conciencia en la transición al socialismo: Sobre el Sistema Presupuestario de Financiamiento", en *El socialismo y el hombre en Cuba*, pág. 87. El subrayado es de Che.

176. Guevara, "Reuniones bimestrales, 12 de octubre de 1963", en *El Che en la revolución cubana*, tomo VI, pág. 388.

177. Guevara, "Entrevista con visitantes latinoamericanos", publicada en el periódico *Hoy* del 21 de agosto de 1963, reproducida en *El Che en la revolución cubana*, tomo IV, pág. 482.

178. Guevara, "Charla con delegados extranjeros al Primero de Mayo", 2 de mayo de 1962, en *Escritos y discursos*, tomo 6, pág. 186.

179. Guevara, "Discurso en la asamblea general de trabajadores de la 'Textilera Ariguanabo' ", pronunciado en el acto de presentación de los obreros de la planta electos como militantes del Partido Unido de la Revolución Socialista, 24 de marzo de 1963. Ver *Escritos y discursos*, tomo 7, págs. 43–44. El subrayado es del autor.

180. Guevara, "Discurso en la asamblea general de trabajadores de la 'Textilera Ariguanabo' ", en *Escritos y discursos*, tomo 7, págs. 43–44.

181. Guevara, "Charla con delegados extranjeros al Primero de Mayo", en *Escritos y discursos,* tomo 6, pág. 187.

182. Marx, *Crítica del Programa de Gotha,* en *Obras escogidas,* tomo III, pág. 13 (el subrayado es de Marx). Marx estaba criticando las concesiones innecesarias hechas por sus partidarios en Alemania al adoptar el programa político del recién fundado Partido Obrero Socialista de Alemania, que estaba fuertemente influenciado por las concepciones pequeñoburguesas de Ferdinand Lassalle.

183. Guevara, "Planificación y conciencia en la transición al socialismo: Sobre el Sistema Presupuestario de Financiamiento", en *El socialismo y el hombre en Cuba,* pág. 92. El subrayado es del autor.

184. Guevara, "Discurso pronunciado en el acto homenaje a trabajadores y técnicos más destacados en el año 1962", 30 de abril de 1963, en *El Che en la revolución cubana,* tomo IV, pág. 425.

185. Guevara, "Discurso pronunciado en el acto de entrega de premios a los obreros más destacados del Ministerio de Industrias en los meses de noviembre y diciembre de 1962", 2 de febrero de 1963, en *El Che en la revolución cubana,* tomo IV, pág. 352. El subrayado es del autor.

186. Guevara, "Planificación y conciencia en la transición al socialismo: Sobre el Sistema Presupuestario de Financiamiento", en *El socialismo y el hombre en Cuba,* pág. 92.

187. Marx, *Crítica del Programa de Gotha,* en *Obras escogidas,* tomo III, pág. 15.

188. Guevara, "Planificación y conciencia en la transición al socialismo: Sobre el Sistema Presupuestario de Financiamiento", en *El socialismo y el hombre en Cuba,* págs. 87–88.

189. Castro, *Informe Central: I, II y III Congreso del Partido Comunista de Cuba* (La Habana: Editora Política, 1990), pág. 111.

190. Guevara, "Reuniones bimestrales, 22 de febrero de 1964", en *El Che en la revolución cubana,* tomo VI, pág. 438.

191. Guevara, "Reuniones bimestrales, 22 de febrero de 1964", en *El Che en la revolución cubana,* tomo VI, pág. 435.

192. Guevara, "Intervención en una reunión", 16 de marzo de 1962, en *El Che en la revolución cubana,* tomo IV, pág. 98.

193. Guevara, "Discurso pronunciado en homenaje a trabajadores destacados", 21 de agosto de 1962, en *Escritos y discursos,* tomo 6, págs. 227, 238.

194. Guevara, "Discurso pronunciado en la clausura del Consejo Nacional de la Central de Trabajadores de Cuba", 15 de abril de 1962, en *Escritos y discursos,* tomo 6, págs. 134–35.

195. Guevara, "Discurso pronunciado en la Plenaria Nacional Azucarera", 9 de febrero de 1963, en *Escritos y discursos,* tomo 7, págs. 15–16.

Notas al capítulo 10

196. Che no abandonó sus estudios del periodo de transición. Llevó consigo a los campos de batalla, los libros indispensables para su estudio. No se limitó a esto, sino que impartió clases de economía política a sus compañeros en la selva boliviana.

197. Guevara, "El trabajo voluntario, escuela de conciencia comunista", discurso en el acto de entrega de Certificados de Trabajo Comunista, 15 de agosto de 1964, en *El socialismo y el hombre en Cuba,* pág. 128.

198. Guevara, "En el programa de televisión 'Información Pública' ", 25 de febrero de 1964, en *El Che en la revolución cubana,* tomo V, pág. 44.

199. Guevara, "Consejos de Dirección: Informe de la Empresa Consolidada de Equipos Eléctricos", 11 de mayo de 1964, en *El Che en la revolución cubana,* págs. 106–7.

200. Guevara, "En el programa de televisión 'Información Pública' ", 25 de febrero de 1964, en *El Che en la revolución cubana,* tomo V, págs. 36–38, 46.

201. Guevara, "Discurso en la Asamblea de Emulación Socialista del Ministerio de Industrias", 22 de octubre de 1964, en *Escritos y discursos,* tomo 8, pág. 193.

Notas al capítulo 11

202. Guevara, "El cuadro, columna vertebral de la Revolución", en el número 13 de *Cuba Socialista,* septiembre de 1962. También se encuentra en *Escritos y discursos,* tomo 6, págs. 239–40.

203. Orlando Borrego Díaz fue el primer viceministro del Ministerio de Industrias bajo la dirección de Che.

204. Guevara, "El trabajo voluntario, escuela de conciencia comunista", en *El socialismo y el hombre en Cuba,* pág. 116.

205. Guevara, "Reuniones bimestrales, 22 de febrero de 1964", en *El Che en la revolución cubana,* tomo VI, págs. 453–54.

206. Guevara, "Reuniones bimestrales, 22 de febrero de 1964", en *El Che en la revolución cubana,* tomo VI, pág. 453.

207. Guevara, "El socialismo y el hombre en Cuba", en el libro del mismo nombre, págs. 69–70.

208. Guevara, "Reuniones bimestrales, 22 de febrero de 1964", en *El Che en la revolución cubana,* tomo VI, pág. 443.

209. Guevara, "En el programa de televisión 'Información pública' ", 25 de febrero de 1964, en *El Che en la revolución cubana,* tomo V, pág. 45.

210. Gracias a una campaña sistemática de educación para adultos, Cuba se fijo la meta de elevar el nivel educativo de la población general. En 1973 este esfuerzo se concretizó con la Batalla por el Sexto Grado, que logró este objetivo aún antes de su meta de 1980. Entonces Cuba lanzó la Batalla por el Noveno Grado.

211. Guevara, "En el programa de televisión 'Información pública' ", en *El Che en la revolución cubana,* tomo V, págs. 41–42.

212. Guevara, "Graduación del Curso de Administradores del Ministerio de Industrias", 21 de diciembre de 1961, en *El Che en la revolución cubana,* tomo III, pág. 554.

213. Guevara: "Reuniones bimestrales, 5 de diciembre de 1964", en *El Che en la revolución cubana,* tomo VI, págs. 551–52.

Notas al capítulo 12

214. Discurso de clausura del IV Congreso de la Unión de Jóvenes Comunistas, el 4 de abril de 1982, en *Fidel Castro: Discursos en tres congresos* (La Habana: Editora Política, 1982), pág. 109.

215. Guevara, "Reuniones bimestrales, 12 de octubre de 1963", en *El Che en la revolución cubana,* tomo VI, pág. 387.

216. Guevara, "Entrevista concedida a Jean Daniel", Argelia, julio de 1963, en *El Che en la revolución cubana,* tomo IV, págs. 469–70.

217. Discurso de clausura del IV Congreso de la Unión de Jóvenes Comunistas, en *Fidel Castro: Discursos en tres congresos,* págs. 99–100.

218. Guevara, "El socialismo y el hombre en Cuba", en el libro del mismo nombre, pág. 57.

219. Guevara, "Reuniones bimestrales, 21 de diciembre de 1963", en *El Che en la revolución cubana,* tomo VI, pág. 423.

220. Guevara, "Discurso en homenaje a trabajadores destacados", 21 de agosto de 1962, en *Escritos y discursos,* tomo 6, pág. 229.

221. Guevara, "Planificación y conciencia en la transición al socialismo: Sobre el Sistema Presupuestario de Financiamiento", en *El socialismo y el hombre en Cuba,* págs. 97–98. El subrayado es de Che.

222. Guevara, "La banca, el crédito y el socialismo", marzo de 1964, en *Escritos y discursos,* tomo 8, pág. 40.

223. Guevara, "El trabajo voluntario, escuela de conciencia comunista", en *El socialismo y el hombre en Cuba,* pág. 128.

Notas a la bibliografía

224. La mayoría de las obras de Guevara puede hallarse también en la colección en nueve tomos titulada *Ernesto Che Guevara: Escritos y discursos,* publicada en La Habana en 1985 por la Editorial de Ciencias Sociales. Además, *El Socialismo y el hombre en Cuba,* publicado por Pathfinder, contiene los siguientes artículos de Che Guevara: "El socialismo y el hombre en Cuba", "Planificación y conciencia en la transición al socialismo (Sobre el Sistema Presupuestario de Financiamiento)", y "El trabajo voluntario, escuela de conciencia comunista".

INDICE

Obtenga de Pathfinder

El rostro cambiante de la política en Estados Unidos

La política obrera y los sindicatos

JACK BARNES

Una guía para la generación de obreros que ingresa a las fábricas, minas y acerías, y que reacciona ante la vida incierta, tumulto constante y brutalidad del capitalismo al cierre del siglo veinte. Explica cómo millones de trabajadores, al ir creciendo la resistencia política, se revolucionarán a sí mismos, revolucionarán a sus sindicatos y a toda la sociedad. US$21.95

La última lucha de Lenin

V.I. LENIN

La última lucha de Lenin
1922-23
Discursos y escritos

Documenta la última batalla política que libró Lenin para mantener la perspectiva comunista con la cual el Partido Bolchevique había conducido a los obreros y campesinos en Rusia al derrocar a los terratenientes y capitalistas del imperio zarista, emprender la primera revolución socialista y comenzar a forjar un movimiento comunista mundial. US$21.95

Wall Street enjuicia al socialismo

JAMES P. CANNON

Las ideas básicas del socialismo, explicadas en el testimonio de Cannon durante un juicio político contra 18 líderes del sindicato de camioneros Teamsters en Minnesota y del Partido Socialista de los Trabajadores, acusados de sedición durante la Segunda Guerra Mundial. US$16.95

Habla Malcolm X

La edición más completa en español de los discursos de este destacado líder clasista de la lucha por la liberación de la nacionalidad negra en Estados Unidos. US$17.95

Escriba a Pathfinder para obtener catálogo gratis

El socialismo y el hombre en Cuba

ERNESTO CHE GUEVARA

Rechazando las "armas melladas que nos legara el capitalismo", Guevara plantea —recurriendo a sus experiencias como uno de los principales dirigentes de la revolución cubana— que los trabajadores, por su esfuerzo colectivo, pueden transformar las bases económicas de la sociedad, y así transformarse a sí mismos y todas las relaciones sociales. Contiene también "Planificación y conciencia en la transición al socialismo (Sobre el Sistema Presupuestario de Financiamiento)" y "El trabajo voluntario, escuela de conciencia comunista". US$14.95

In Defense of Socialism

(En defensa del socialismo)

FIDEL CASTRO

En estos cuatro discursos, pronunciados por el 30 aniversario de la revolución cubana, Castro plantea que no sólo es posible avanzar económica y socialmente sin la competencia a muerte fomentada por el capitalismo, sino que el socialismo es la única vía por la cual la humanidad puede progresar. En inglés. US$13.95

El manifiesto comunista

CARLOS MARX Y FEDERICO ENGELS

El documento de fundación del movimiento obrero mundial, publicado en 1848. Explica por qué los comunistas actúan no a partir de principios preconcebidos sino de los hechos de la propia lucha de clases, y por qué el comunismo, en tanto teoría, es la generalización de la marcha histórica de la clase obrera y de las condiciones políticas para su liberación. US$5.00

History of the Russian Revolution

(Historia de la revolución rusa)

LEON TROTSKY

La dinámica política, social y económica de la primera revolución socialista victoriosa, en las palabras de uno de sus principales dirigentes. Edición íntegra, tres tomos en uno, en inglés. US$35.95 También en el ruso original en tres tomos. US$195.00

Pasajes de la guerra revolucionaria cubana, 1956–58

ERNESTO CHE GUEVARA

Un recuento de las campañas militares y los sucesos políticos que culminaron en la insurrección popular que en 1959 derrocó en Cuba a la dictadura respaldada por Washington. Con claridad y sentido del humor, Che describe su propia educación política y cómo la lucha transformó a los hombres y mujeres del Ejército Rebelde y del Movimiento 26 de Julio dirigidos por Fidel Castro. Introducción por Mary-Alice Waters. En inglés, US$23.95.

Edición cubana en español de *Pasajes de la guerra revolucionaria,* US$15.95

La segunda declaración de La Habana

En 1962, al propagarse el ejemplo de la revolución socialista de Cuba por toda América, los obreros y campesinos cubanos lanzaron este llamamiento a la lucha revolucionaria, desde Tierra del Fuego hasta el Río Bravo. Este folleto incluye "La primera declaración de La Habana". US$4.50

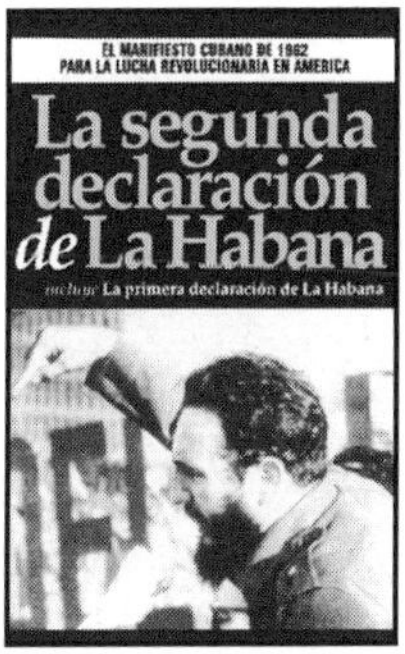

To Speak the Truth

Why Washington's 'Cold War' Against Cuba Doesn't End

(Hay que decir la verdad: por qué no cesa la 'Guerra Fría' de Washington contra Cuba)

FIDEL CASTRO Y ERNESTO CHE GUEVARA

En discursos históricos ante Naciones Unidas y sus organismos, Guevara y Castro se dirigen a los trabajadores del mundo, explicando por qué Washington está empeñado en destruir el ejemplo de la revolución cubana y por qué va a fracasar en sus intentos. En inglés. US$16.95

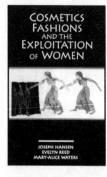

Pombo: Un hombre de la guerrilla del Che

La historia inédita de Harry Villegas sobre la campaña revolucionaria dirigida por Ernesto Che Guevara en 1966–67 en Bolivia. Es el diario y testimonio de Pombo, miembro del Estado Mayor de Guevara, combatiente de apenas veintitantos años pero ya veterano de una década de lucha internacional. El autor es hoy general de brigada de las Fuerzas Armadas Revolucionarias de Cuba. En inglés, US$21.95. Edición en español por Editora Política, US$18.95.

Sobre el sindicato de los camioneros

LECCIONES DE LAS BATALLAS OBRERAS DE LOS AÑOS 30

Farrell Dobbs

Cuatro tomos en inglés sobre las huelgas y campañas de sindicalización de los años 30 que transformaron el sindicato Teamsters en Minnesota y la región norte-central en un combativo movimiento de sindicatos industriales. Escrito por un líder del movimiento comunista en Estados Unidos y organizador de los Teamsters durante el ascenso de movimiento sindical industrial del CIO. Herramienta necesaria para el trabajo político y organizativo y la estrategia sindical de los revolucionarios.

Teamster Rebellion *(La rebelión de los camioneros)* US$16.95

Teamster Power *(El poder de los camioneros)* US$17.95

Teamster Politics *(La política de los camioneros)* US$17.95

Teamster Bureaucracy *(La burocracia de los camioneros)* US$18.95

Lista de distribuidores: **ver el frente del libro**

Nueva Internacional

UNA REVISTA DE POLITICA Y TEORIA MARXISTAS

La marcha del imperialismo hacia el fascismo y la guerra

Jack Barnes Plantea que de la respuesta que den la clase obrera y sus aliados a los ataques que resultan del acelerado desorden capitalista mundial dependerá si la marcha del imperialismo hacia el fascismo y la guerra se puede detener.

La defensa de Cuba, la defensa de la revolución socialista cubana

Mary-Alice Waters Explica que el pueblo trabajador cubano, por sus propios esfuerzos colectivos, ha sobrevivido en los últimos años la crisis más difícil en la historia de la revolución. Esta prueba ha reforzado la confianza política de amplios sectores de la clase obrera para defender la trayectoria socialista de la revolución. **En el no. 4, $15.00.**
En inglés, en el no. 10 de *New International.* $14.00

El ascenso y el ocaso de la revolución nicaragüense

Sobre los logros y el impacto mundial del gobierno obrero y campesino que subió al poder en Nicaragua en 1979, y el repliegue político de la dirección del Frente Sandinista de Liberación Nacional que llevó a la caída de este gobierno a finales de los años ochenta. **En el no. 3, $15.00.** En inglés, en el no. 9 de *New International.* $14.00

Che Guevara, Cuba y el camino al socialismo

Ernesto Che Guevara, Carlos Rafael Rodríguez, Carlos Tablada, Mary-Alice Waters, Steve Clark, Jack Barnes
Debates de comienzos de los años sesenta y actuales en torno a la vigencia e importancia de las perspectivas políticas y económicas defendidas por Guevara.
En el no. 2, $12.00.
En inglés, en el no. 8 de *New International.* $10.00

"Guevara planteaba que el progreso hacia el socialismo puede ser solamente el fruto de la acción política consciente de los obreros y campesinos organizados. La clase obrera debe convertirse cada vez más en la 'planificacadora' de la economía planificada".
—Del artículo de Steve Clark y Jack Barnes, "La política de la economía: Che Guevara y la continuidad marxista".

Los cañonazos iniciales de la tercera guerra mundial

Jack Barnes Sostiene que el ataque asesino de Washington contra Iraq sólo fue el preludio de conflictos interimperialistas cada vez más agudos, del desarrollo de fuerzas de corte fascista, de una creciente inestabilidad del capitalismo internacional, y de más guerras. El no. 1 también incluye "Una política comunista tanto para tiempos de guerra como para tiempos de paz" *por Mary-Alice Waters.* **$13.00.** En inglés, en el no. 7 de *New International.* $12.00

DISTRIBUIDA POR PATHFINDER

New International

A MAGAZINE OF MARXIST POLITICS AND THEORY

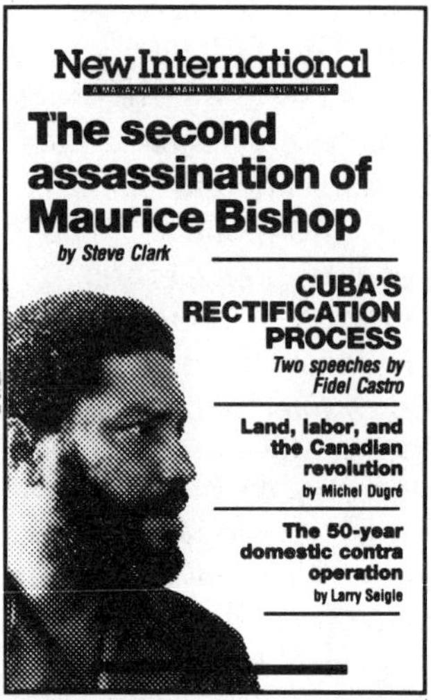

New International es la revista hermana en inglés de *Nueva Internacional.* De los artículos listados a continuación, los que aparecen con un asterisco se pueden obtener en español por US$3.00; los que tienen dos asteriscos existen en forma de folleto y cuestan US$6.95.

NUMERO 6

El segundo asesinato de Maurice Bishop* *por Steve Clark* • **50 años de guerra encubierta**** *por Larry Seigle* • **La tierra, el trabajo y la revolución socialista en Canadá** *por Michel Dugré* • **Renovación o muerte: el proceso de rectificación en Cuba** *dos discursos por Fidel Castro* US$10.00

NUMERO 5

Sudáfrica: la revolución en camino** *por Jack Barnes* • **El futuro pertenece a la mayoría** *por Oliver Tambo* • **Por qué hay voluntarios cubanos en Angola** *dos discursos por Fidel Castro* US$9.00

NUMERO 4

La lucha por un gobierno de obreros y agricultores en Estados Unidos *por Jack Barnes* • **La crisis que enfrentan los pequeños agricultores*** *por Doug Jenness* • **La reforma agraria y las cooperativas agropecuarias en Cuba** *dos discursos por Fidel Castro* US$9.00